物流部规范化管理工具箱

李中凯◎主编

中国纺织出版社

内容提要

本书从企业物流工作规范化的实际需求出发，以岗位人员配置与岗位职责、工作细节规范、实用管理制度举例及实用图表为主要内容，全部表格化阐述，为每个工作细节给出可参照的执行建议，为物流工作的规范化提供最有效的指导范本。本书内容翔实、全面、具体，易于操作，实用性强，是物流从业人员及管理人员案头必备的参考工具书。

本书适合企业各级物流管理人员、人力资源管理人员及企业培训师、咨询师和高校相关专业师生阅读、使用。

图书在版编目（CIP）数据

物流部规范化管理工具箱 / 李中凯主编 . -- 北京：中国纺织出版社，2016.9

ISBN 978-7-5180-2856-6

Ⅰ . ①物… Ⅱ . ①李… Ⅲ . ①企业管理—物流管理—规范化 Ⅳ . ① F273.4-65

中国版本图书馆 CIP 数据核字（2016）第 197473 号

策划编辑：曹炳镝　　责任印制：储志伟

中国纺织出版社出版发行
地址：北京市朝阳区百子湾东里 A407 号楼　邮政编码：100124
销售电话：010—67004422　传真：010—87155801
http：//www.c-textilep.com
E-mail：faxing@c-textilep.com
中国纺织出版社天猫旗舰店
官方微博 http：//weibo.com/2119887771
三河市宏盛印务有限公司印刷　各地新华书店经销
2016 年 9 月第 1 版第 1 次印刷
开本：710×1000　1/16　印张：24
字数：412 千字　定价：42.00 元

前言

PREFACE

从事物流工作多年，对这个行业有了比较深刻的了解，深感物流行业依托“互联网 + 物流”模式迎来了快速发展期，80% 以上的物流从业者，都面临行业整体升级的挑战。这其中“规范化管理”是管理升级中的核心要务。

物流工作的规范化是提高整体效率与效益的载体，没有规范化的物流，在面临行业的整体升级中，必然会在市场的大潮中溃退难挡。

笔者在工作中结识了行业多位前辈与资深者，参见了诸多物流公司，尤其对欧美物流发展历程及现代物流操作的最新手法，有了更新的认识，形成了具有一定实操价值的具体方案。恰巧与出版社编辑老师的不期而遇，深谈后，决定将多年的工作经验总结下来，分享给同行朋友们，深感如虎添翼。

在构思本书时，决定以“规范化管理”——这个物流核心要务为主题并贯穿全书，没想到的是，在创作过程中，如葡萄藤蔓般，勾连出很多最棒的工作细节，让我很是兴奋。如果说，规范化管理是贯穿全书的主体，那么本书每一条令人兴奋的工作细节规范总结就是构筑这个主体的基因。

本书的大体架构主要从岗位人员配置与工作职责、工作细节规范、实用管理制度举例及实用管理图表来展开。在书中，你会发现我们工作中经常出现的模糊问题，在这里却找到了清晰的解决方案。同样地，也会让我们深入学习物流专业知识，在工作之余使得我们的工作水平节节升高。翻开书你也会发现，全书几乎没有大段落的长篇累牍，而是全部的表格化阐述，读者朋友可以以最短时间、最方便、最舒服的方式使用它。尤其标题的设定方面，我们也花了很多心思，读者朋友在工作中，如果出现问题可以随时按照标题搜索到你想要的答案。

翻开这本书吧，你一定会从中受益，因为它是我们可以信赖的朋友。

作者

2016.6.20

目录

CONTENTS

第 1 章　物流部人员配置及岗位职责

1.1 物流部经理 \ 002

1.2 物流部经理助理 \ 003

1.3 入库验收主管 \ 004

1.4 入库验收专员 \ 004

1.5 入库主管 \ 005

1.6 入库专员 \ 006

1.7 仓储主管 \ 006

1.8 保管员 \ 007

1.9 养护员 \ 008

1.10 机务员 \ 009

1.11 安全管理员 \ 009

1.12 仓库管理会计 \ 010

1.13 盘点员 \ 011

1.14 库存控制主管 \ 011

1.15 库存控制专员 \ 012

1.16 出库主管 \ 012

1.17 出库专员 \ 013

1.18 运输配送主管 \ 014

1.19 运输调度专员 \ 015

1.20 配送专员 \ 016
1.21 装卸专员 \ 016

第 2 章 仓储管理工作规范

2.1 仓储规划工作规范 \ 019
2.2 仓库平面布置细节规范 \ 020
2.3 不同货区管理细节规范 \ 021
2.4 仓单制作细节规范 \ 022
2.5 仓单中常见业务处理细节规范 \ 024
2.6 仓储合同常见欺诈行为处理规范 \ 026
2.7 仓储合同订立细节规范 \ 027
2.8 仓储合同解除工作规范 \ 028
2.9 库存数量确定工作规范 \ 029
2.10 零库存管理规范 \ 030
2.11 JIT 存货管理方式操作规范 \ 031
2.12 仓库温湿度控制细节规范 \ 033
2.13 金属商品锈蚀预防工作规范 \ 034
2.14 商品储存中霉变预防工作细节规范 \ 036
2.15 仓库消防管理工作规范 \ 037
2.16 木材保管工作规范 \ 039
2.17 安全作业管理工作规范 \ 040
2.18 仓储机械安全作业规范 \ 041
2.19 冷库仓储工作规范 \ 043
2.20 冷库卫生管理规范 \ 046
2.21 冷库商品质量把控细节规范 \ 049
2.22 冷库节能工作规范 \ 050

2.23 危险品仓库管理工作规范 \ 052
2.24 危险品应急处理工作规范 \ 053
2.25 危险化工产品的养护管理工作规范 \ 054
2.26 粮仓管理工作规范 \ 056
2.27 集装箱堆场管理规范 \ 058
2.28 集装箱堆场倒箱预防工作规范 \ 060
2.29 仓库地点选择规范 \ 061

第 3 章　物料管理工作规范

3.1 货物入库准备工作细节规范 \ 063
3.2 物料验收工作规范 \ 064
3.3 进料验收工作规范 \ 065
3.4 设备开箱验收工作规范 \ 067
3.5 验收状态标识工作规范 \ 067
3.6 不合格物料退料工作规范 \ 068
3.7 进料作业规范 \ 069
3.8 入库管理工作规范 \ 070
3.9 储位管理工作规范 \ 070
3.10 仓储物料保养保管工作规范 \ 071
3.11 安全管理工作规范 \ 071
3.12 盘点前仓库清理工作规范 \ 072
3.13 盘点差异排查工作规范 \ 073
3.14 盘点后的修补改善工作规范 \ 073
3.15 盘点后问题解决方案制定规范 \ 074
3.16 仓库盘点管理工作规范 \ 074
3.17 盘点培训内容设置规范 \ 075

3.18 生产线盘点工作规范 \ 076
3.19 货仓 5S 工作规范 \ 076
3.20 物料堆放工作规范 \ 077
3.21 货仓管理工作规范 \ 078
3.22 搬运控制工作规范 \ 080
3.23 贮存控制工作规范 \ 081
3.24 呆料管理工作规范 \ 081
3.25 废料管理工作规范 \ 084
3.26 库存量控制工作规范 \ 085
3.27 库存管理方法选择规范 \ 086
3.28 ABC 法分类管理工作规范 \ 086
3.29 滞料处理工作规范 \ 087
3.30 库存控制管理工作规范 \ 088
3.31 物料领用管理工作规范 \ 088
3.32 限额发料管理工作规范 \ 089
3.33 货物出库准备工作规范 \ 089
3.34 出库单流转处理规范 \ 090
3.35 自提提货单流转工作规范 \ 091
3.36 物料配送管理工作规范 \ 091
3.37 拣选式配货工作规范 \ 092
3.38 运输送货管理工作规范 \ 092
3.39 物料运输管理工作规范 \ 093
3.40 装卸搬运管理工作规范 \ 093
3.41 物料发送管理工作规范 \ 094
3.42 订单处理工作规范 \ 094
3.43 储运管理工作规范 \ 095
3.44 退货管理工作规范 \ 096
3.45 商品入库验收细节规范 \ 096

3.46 商品验收中发现问题处理细节规范 \ 098
3.47 入库手续办理细节规范 \ 099
3.48 理货工作细节规范 \ 100
3.49 商品出库细节规范 \ 102
3.50 拣货工作细节规范 \ 104
3.51 货物装卸搬运优化细节规范 \ 105
3.52 商品出库数量检验细节规范 \ 106
3.53 商品出库凭证问题处理细节规范 \ 107
3.54 商品出库常见问题处理细节规范 \ 108

第 4 章　供应链管理工作规范

4.1 供应链形态结构组建细节规范 \ 109
4.2 供应链伙伴筛选工作规范 \ 111
4.3 合作伙伴确定过程操作规范 \ 112
4.4 供应链系统设计原则设定规范 \ 113
4.5 供应链信息系统开发操作规范 \ 117
4.6 供应链信息系统需求分析工作规范 \ 119
4.7 供应链数据库设计工作规范 \ 121
4.8 信息条码使用规范 \ 123
4.9 电子数据交换（EDI）规划工作规范 \ 125
4.10 供应链信息系统评估工作规范 \ 127
4.11 供应链中企业间关系协调工作规范 \ 129
4.12 供应链中部门间关系协调工作规范 \ 131
4.13 供应链中采购工作规范 \ 132
4.14 供应链中供应商管理工作规范 \ 134
4.15 供应链中生产管理工作规范 \ 136

4.16 供应链中库存管理工作规范 \ 138
4.17 供应链中配送管理工作规范 \ 140
4.18 供应链分销渠道设计细节规范 \ 142
4.19 供应链顾客服务管理规范 \ 144
4.20 跨国供应链管理工作规范 \ 146
4.21 供应链评价标准设定工作规范 \ 148

第 5 章　物流成本管控工作规范

5.1 物流成本计算对象核定工作规范 \ 151
5.2 物流作业成本计算规范 \ 152
5.3 物流成本计划编制规范 \ 153
5.4 物流成本弹性预算编制规范 \ 154
5.5 物流成本零基预算编制规范 \ 155
5.6 物流标准成本制定规范 \ 156
5.7 物流责任控制工作规范 \ 157
5.8 物流目标成本制定规范 \ 159
5.9 物流目标成本测算规范 \ 160
5.10 物流作业成本管理规范 \ 161
5.11 仓储成本计算规范 \ 162
5.12 缺货损失管控工作规范 \ 163
5.13 运用库存 ABC 法降低仓储成本操作规范 \ 164

第 6 章　物流部工作制度制定模板

6.1 物流部库存管理制度 \ 165

6.2 物资入库验收管理制度 \ 168
6.3 不同货物验收管理制度 \ 171
6.4 物料紧急放行控制制度 \ 173
6.5 仓库规划制度 \ 174
6.6 接货管理制度 \ 177
6.7 物料入库管理制度 \ 180
6.8 仓库管理制度 \ 185
6.9 物资储存保管制度 \ 186
6.10 仓库温湿度管理制度 \ 188
6.11 物资防腐防霉管理制度 \ 190
6.12 仓库害虫防治管理制度 \ 195
6.13 物资防锈管理制度 \ 198
6.14 仓储设备管理制度 \ 201
6.15 仓库消防管理制度 \ 203
6.16 仓库安全管理制度 \ 205
6.17 仓库管理员工作制度 \ 208
6.18 物料盘点管理制度 \ 209
6.19 盘点操作管理制度 \ 212
6.20 用料预算管理制度 \ 215
6.21 仓库库存量管理制度 \ 216
6.22 物资消耗定额管理制度 \ 218
6.23 库存商品账务处理制度 \ 220
6.24 呆废料管理制度 \ 222
6.25 物料发放管理制度 \ 224
6.26 物料领用管理制度 \ 226
6.27 物资出库管理制度 \ 227
6.28 成品发货管理制度 \ 230
6.29 仓储车辆管理制度 \ 234

6.30 物料运输管理制度 \ 239
6.31 特殊物料运输制度 \ 241
6.32 货物装卸搬运制度 \ 242
6.33 叉车驾驶管理制度 \ 245
6.34 道路危险货物运输管理规定 \ 246

第 7 章　物流部工作实用图表举例

7.1 到货交接单 \ 251
7.2 原材料验收单 \ 251
7.3 零配件验收单 \ 252
7.4 货物验收单 \ 253
7.5 材料验收报告表 \ 253
7.6 商品验收报告单 \ 254
7.7 入库验收报告单 \ 255
7.8 验收日报表 \ 255
7.9 验收月报表 \ 256
7.10 领料单（一） \ 257
7.11 领料单（二） \ 257
7.12 领料单（三） \ 258
7.13 领料单（四） \ 258
7.14 领退料单（一） \ 259
7.15 领退料单（二） \ 260
7.16 退料单（一） \ 260
7.17 退料单（二） \ 261
7.18 退料月统计表 \ 262
7.19 物料拒收月统计表 \ 262

7.20 物资验收单汇总表 \ 263
7.21 入库验收工作考核表 \ 263
7.22 物料编号资料表 \ 264
7.23 物品入库日报表 \ 265
7.24 物料入库日报表 \ 266
7.25 进货日报表 \ 266
7.26 进货退回单 \ 267
7.27 入库通知表 \ 269
7.28 入库工作考核表 \ 269
7.29 零件表（一） \ 270
7.30 零件表（二） \ 271
7.31 入库单 \ 272
7.32 收料单 \ 273
7.33 送货日报表 \ 274
7.34 退料缴库单 \ 275
7.35 外协加工料品盘点表 \ 275
7.36 委外加工申请单 \ 276
7.37 委托对外加工厂交货日报表 \ 277
7.38 委外加工交货日报表 \ 278
7.39 委外加工验收单 \ 279
7.40 外包申请单 \ 280
7.41 物料卡 \ 281
7.42 物料库存卡 \ 282
7.43 物料欠发单 \ 283
7.44 物品领用记录卡 \ 283
7.45 限额领料单 \ 284
7.46 材料仓库月报 \ 285
7.47 原材料管理表 \ 286

7.48 原材料库存卡 \ 287
7.49 原材料库存月报表 \ 287
7.50 货品运送清单 \ 288
7.51 收货单 \ 289
7.52 送货验收单 \ 290
7.53 特别领料单 \ 291
7.54 退料入库单 \ 292
7.55 仓库温湿度表 \ 293
7.56 巡查记录表 \ 294
7.57 报损申请表 \ 295
7.58 仓库安全管理实施计划表 \ 295
7.59 仓库安全日志 \ 296
7.60 仓库安全日报表 \ 297
7.61 仓库安全事故报告书 \ 297
7.62 安全改善通知书 \ 298
7.63 仓库保管工作考核表 \ 298
7.64 仓库防火防盗工作考核表 \ 299
7.65 盘存表 \ 300
7.66 盘存调整表 \ 301
7.67 盘点人员编组表 \ 301
7.68 盘点统计表 \ 302
7.69 破损报告单 \ 303
7.70 盘存单 \ 304
7.71 盘点卡（一） \ 304
7.72 盘点卡（二） \ 305
7.73 存货明细账 \ 305
7.74 存货盘点单 \ 306
7.75 盘点表 \ 307

7.76 盘点盈亏汇总表 \ 307
7.77 盘点总结报告表 \ 308
7.78 盘点盈亏报告表 \ 309
7.79 货物盘点更正表 \ 310
7.80 盘点工作考核表 \ 310
7.81 库存计划表 \ 311
7.82 库存控制表 \ 312
7.83 存量管制表 \ 313
7.84 存货调节表 \ 313
7.85 日存货汇总表 \ 314
7.86 年度存货汇总表 \ 315
7.87 材料库存日报表 \ 316
7.88 成品库存日报表 \ 316
7.89 材料库存月报表 \ 317
7.90 成品库存月报表 \ 317
7.91 年度材料耗用预算表 \ 318
7.92 材料领用单 \ 319
7.93 材料欠拨单 \ 320
7.94 材料退料单 \ 321
7.95 物品报废单 \ 321
7.96 物品转售申请单 \ 322
7.97 消耗物品领料单 \ 323
7.98 原物料领用记录表 \ 324
7.99 搬运费月报表 \ 325
7.100 材料部月报表 \ 326
7.101 材料收发月报表 \ 326
7.102 成品材料收发月报表 \ 327
7.103 库存管理明细表 \ 328

7.104 库存金额统计表 \ 328
7.105 库存品记录表 \ 330
7.106 料品别收发存月报表 \ 330
7.107 物料盘点表 \ 331
7.108 材料、辅料盘点清册 \ 332
7.109 成品、在制品盘点清册 \ 333
7.110 存量管制卡 \ 334
7.111 库存盈亏明细表 \ 335
7.112 物资报废表 \ 335
7.113 安全存量警示表 \ 336
7.114 呆料处理月报表 \ 337
7.115 废料处理月报表 \ 337
7.116 滞料处理记录表 \ 338
7.117 滞料处理汇报表 \ 338
7.118 呆废料处理报告 \ 339
7.119 库存物资异动更正单 \ 340
7.120 领料单 \ 341
7.121 领料表 \ 341
7.122 限额领料单 \ 342
7.123 定额领料单 \ 343
7.124 领料月报表 \ 344
7.125 提货单 \ 345
7.126 成品出库单 \ 346
7.127 发货单 \ 346
7.128 出库复核记录表 \ 347
7.129 出库变更表 \ 347
7.130 送货单 \ 348
7.131 送货日报表 \ 349

7.132 送货统计表 \ 349
7.133 交货日报表 \ 350
7.134 货物运达回报表 \ 351
7.135 运送货物作业日报表 \ 352
7.136 运输作业日报表 \ 352
7.137 运输月报表 \ 353
7.138 驾驶员作业日报表 \ 354
7.139 运输车辆费用预算表 \ 354
7.140 车辆保养修理记录表 \ 355
7.141 车辆维护记录表 \ 356
7.142 车辆费用报销单 \ 356
7.143 车辆费用支出月报表 \ 357
7.144 车辆事故报告表 \ 358
7.145 油料库存月报表 \ 359
7.146 配送效率调查表 \ 359
7.147 交通事故报告表 \ 360
7.148 交通事故报告书 \ 360
7.149 汽车驾驶日报表 \ 361
7.150 汽车行驶记录表 \ 362
7.151 器具保管登记卡 \ 363

第1章 物流部人员配置及岗位职责

物流部岗位设置图，如图1–1所示。

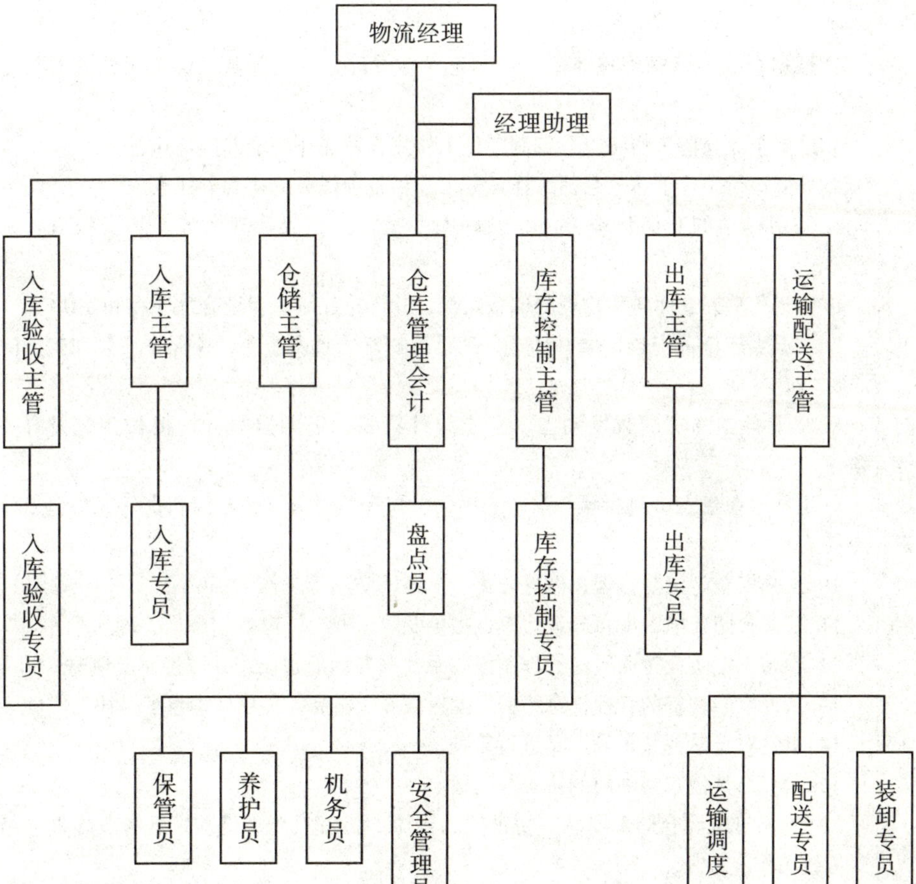

图1–1 物流部岗位设置图

1.1 物流部经理

物流部经理岗位职责与任职资格，如表 1–1 所示。

表 1–1　物流部经理岗位职责与任职资格

<table>
<tr><td colspan="2">直接上级：总经理
直接下级：物流部经理助理、入库验收主管、入库主管、仓储主管、仓库管理会计、库存控制主管、出库主管、运输配送主管</td></tr>
<tr><td>岗位职责</td><td>1. 根据企业年度经营计划及战略发展规划，制订仓储部工作计划及业务发展规划。
2. 根据企业经营管理整体要求，制定库房管理、出入库管理等各项制度并贯彻实施。
3. 根据企业仓储工作特点，编制各项工作流程及操作标准并监督执行。
4. 贯彻执行企业下达的仓储工作任务，并将各项任务落实到责任人。
5. 采用科学的仓储管理方法，做好库存物资的存放管理及各类物资的出入库管理。
6. 核定和掌握仓库各种物资的储备定额，并严格控制，保证合理库存和使用。
7. 根据生产任务安排，做好物料、工具等物资的收发服务，并保证质量和生产的需要。
8. 掌握各类物资的收发动态，审查统计报表，定期撰写分析报告并上报有关领导。
9. 定期组织盘点，对盘赢、盘亏、丢失、损坏等情况查明原因和责任，并提出处理意见。
10. 加强安全、消防管理，做好防火、防盗、防潮等工作。
11. 改善仓储环境，提高搬运效率，提供及时、安全、有效的搬运、配送服务。
12. 参与制定企业全面质量管理制度体系及服务标准建设，并监督实施情况。
13. 负责废旧物资的管理，对滞料、废料、不合格品等提出处理意见并协助实施。
14. 负责对仓储部叉车等工具进行管理。
15. 负责与其他职能部门的协调与沟通。
16. 组织与建设仓储部团队，协助人力资源部做好员工的选拔、配备、培训、绩效考核工作。
17. 对下属员工进行业务指导、合理调配，监督其计划执行，努力提高其积极性和服务意识。
18. 完成上级领导交办的其他工作。</td></tr>
</table>

续表

任职资格	1. 大专以上、经济管理类或物流管理专业本科以上，物流管理专业。 2. 五年以上大中型企业仓储和物流管理经验。 3. 有一定组织、协调管理能力、熟悉运输费率，熟练掌握会计相关知识、较强的沟通能力，较强的管理能力，资源的快速高效运用能力。 4. 诚实守信、热情开朗、良好职业道德、较强的敬业精神与团队合作精神，吃苦耐劳，能承受较大工作压力。 5. 能熟练使用计算机设备及办公软件。

1.2 物流部经理助理

物流部经理助理岗位职责与任职资格，如表 1–2 所示。

表 1–2　物流部经理助理岗位职责与任职资格

直接上级：物流部经理 **直接下级：入库验收主管、入库主管、仓储主管、仓库管理会计、库存控制主管、出库主管、运输配送主管**	
岗位职责	1. 协助物流部经理制定与修改仓储管理、出入库等各项规章制度。 2. 协助物流部经理制定和完善物流部的各项工作流程、操作规范。 3. 协助物流部经理进行物流部的日常管理，提出工作改进的合理化建议。 4. 负责物流部各类文件的草拟、成文及发放。 5. 负责物流部工作会议的组织，做好会议记录。 6. 协助物流部经理做好部门内员工的工作安排等。 7. 负责收集各类存储物资库存情况、出入库情况的统计报表，汇总后上报。 8. 协助物流部经理对库管人员的业务、劳动纪律、现场管理等进行日常检查与督导。 9. 协助物流部经理与其他职能部门进行沟通与协调。 10. 完成物流部经理交办的其他各项工作。
任职资格	1. 物流或机械制造相关专业专科以上，具备物流管理类相关的专业证书。 2. 二年以上工作经验，一年以上相关工作经验。 3. 熟悉物流管理流程和相关操作规范，熟悉相关质量管理、绩效评估体系，对物流系统发展有较好的理解。 4. 具备良好的管理协调能力、沟通能力及分析解决问题能力，较好的物流成本管理和控制能力；工作责任心强，有良好的团队精神和敬业精神。 5. 熟练使用相关办公软件，英语良好者优先。

1.3 入库验收主管

入库验收主管岗位职责与任职资格，如表 1–3 所示。

表 1–3 入库验收主管岗位职责与任职资格

直接上级：物流部经理 **直接下级：入库验收专员**	
岗位职责	1. 负责制定所有物资的入库验收作业规范，并监督实施。 2. 落实执行所有物资的入库验收工作，并出具入库验收报告。 3. 妥善处理存在异常问题而不可入库的物资。 4. 协助采购部处理不合格材料、货物的退料、退货工作。 5. 参与供应商、协作厂商的绩效评审工作。 6. 对所有物资的规格、包装、外观及运输条件提出改善意见或建议。 7. 完成物流部经理交办的其他工作。
任职资格	1. 仓储管理、物流管理等相关专业大专以上学历。 2. 具有三年相关行业产品入库验收管理工作经验。 3. 熟悉产品入库管理、验收的流程，具有较强的组织协调能力。 4. 公正无私、责任心、集体主义观念强，较强的敬业精神与团队合作精神。 5. 熟练使用 MSOffice 办公软件

1.4 入库验收专员

入库验收专员岗位职责与任职资格，如表 1–4 所示。

表 1–4　入库验收专员岗位职责与任职资格

直接上级：入库验收主管 直接下级：无	
岗位职责	1. 协助验收主管制定物资入库验收作业规范，并严格参照执行。 2. 负责所有物资的入库验收工作，并如实填写相应的入库验收单。 3. 识别和记录物资的质量问题，对供应商的包装、运输及其他方面提出改进建议。 4. 拒收进料中的不合格材料和物件。 5. 做好物资验收记录，对物资的验收情况进行统计、分析、上报。 6. 完成上级领导交办的其他工作。
任职资格	1. 相关专业大专以上学历。 2. 一年相关行业产品入库验收管理工作经验。 3. 掌握产品入库验收工作流程，有一定的统计、分析能力。 4. 有一定的语言组织能力，善于与人进行沟通，有一定的工作能力和工作方法。 5. 熟练使用 MSOffice 办公软件。

1.5 入库主管

入库主管岗位职责与任职资格，如表 1–5 所示。

表 1–5　入库主管岗位职责与任职资格

直接上级：物流部经理 直接下级：入库专员	
岗位职责	1. 负责审核物料、产品的入库审核和入库办理手续。 2. 定期编制入库物料与产品的入货台账，并填写相关货物台账。 3. 根据库存、物料、商品情况对库房布局进行合理规划、调整与安排。 4. 定期编制相关库房报表，并进行管理。 5. 完成上级交办的其他工作事项。
任职资格	1. 物流管理、储运专业大专以上学历。 2. 三年以上仓储相关工作经验。 3. 熟悉物流部产品入库工作，有很强的组织管理能力。 4. 具有良好的沟通和协调能力，为人正直，细致认真，责任心强，有敬业精神。 5. 熟练使用 MSOffice 办公软件。

1.6 入库专员

入库专员岗位职责与任职资格，如表 1–6 所示。

表 1–6 入库专员岗位职责与任职资格

直接上级：入库主管	
直接下级：无	
岗位职责	1. 负责对成品或物料进行入库登记，办理相关手续交接。 2. 根据库房规划合理安排货物的存放地点、相关入库报表、单据和货位编号。 3. 负责核对成品或物料的入库凭证，并核查相关入库手续、单证。 4. 协助入库主管进行仓库规划工作。
任职资格	1. 相关专业大专及以上学历。 2. 有一年以上入库专员工作经验。 3. 熟悉物流部产品入库相关工作，受过一定的仓储管理培训。 4. 工作态度认真、细心、踏实，有责任心，工作积极主动。 5. 熟练使用 MSOffice 办公软件。

1.7 仓储主管

仓储主管岗位职责与任职资格，如表 1–7 所示。

表 1–7　仓储主管岗位职责与任职资格

直接上级：物流部经理 **直接下级：保管员、养护员、机务员、安全管理员**	
岗位职责	1. 协助物流部经理制定仓库存货管理、消防安全管理等各种制度。 2. 安排货物的存放地点，登记管账和货位编号。 3. 组织检查货物的包装是否漏包、霉变、虫害，清点数量，并按规格、重量分别存放。 4. 组织对仓库进行温湿度管理、物资防腐防霉、防锈管理和病虫害防治工作。 5. 负责仓库安全管理，检查仓库消防、防汛等设施，巡查安全隐患，保证仓库安全。 6. 负责仓库的现场管理，要求仓库管理人员严格执行“5S”管理规定。 7. 负责仓库人员的业务、劳动纪律、现场管理等的检查、督导。 8. 协助行政人事部做好仓库人员的业务知识培训。 9. 完成物流经理交办的其他工作。
任职资格	1. 物流管理、储运专业大专以上学历。 2. 三年以上仓储相关工作经验，精通仓库管理和物流流程，受过物流管理、仓储管理等方面的培训。 3. 具有三年以上仓储操作实际工作经验，熟悉仓库物料收发、做账等工作流程，能熟练操作计算机，会 MRP 物料计划运行。 4. 有一定团队管理经验，有丰富的仓库原料进库、辅料收发等多品种的原料实际操作经验。 5. 熟悉进销存库料管理软件。

1.8 保管员

保管员岗位职责与任职资格，如表 1–8 所示。

表 1-8　保管员岗位职责与任职资格

直接上级：仓储主管 直接下级：无	
岗位职责	1. 负责其保管区域内物资的保管工作。 2. 对保管区内的货物及时登记实物登记卡。 3. 定期清扫保管区，保证保管区内清洁卫生，无虫害、鼠害。 4. 定期检查所保管的货物品种、数量、质量状况。 5. 负责保管物资的安全管理工作，协助安全管理员进行仓库消防安全管理。 6. 完成仓储主管交办的其他工作。
任职资格	1. 大专或以上学历，物流管理类相关专业。 2. 至少一年以上仓库保管员工作经验，工作认真负责，能吃苦耐劳。 3. 具有优良的职业道德操守和团队协作精神、具有较强的工作责任心、思维敏捷、工作积极、身体健康，无不良记录。 4. 具有较强的团队管理能力和优秀的协调沟通能力。 5. 熟练运用 MS Office 办公软件。

1.9 养护员

养护员岗位职责与任职资格，如表 1-9 所示。

表 1-9　养护员岗位职责与任职资格

直接上级：仓储主管 直接下级：无	
岗位职责	1. 加强仓库的温湿度管理，保持物资储存的合理温湿度。 2. 采取适当的措施，防止库存商品的腐蚀和霉变。 3. 保持仓库的卫生和清洁，防止鼠害和病虫害。 4. 对库存的特殊商品，根据其商品特性要求采取相应的措施，保证其在库期间的检查仓库养护设施设备的运转情况，保证仓库的储存条件经常处于良好的状态。 5. 完成仓储主管交办的其他工作。
任职资格	1. 仓储管理类相关专业大专及以上学历。 2. 一年以上仓库养护员工作经验，工作认真负责，能吃苦耐劳。 3. 工作有计划，条理清晰，具备良好的沟通能力，富有团队精神。 4. 为人诚实，勤奋、无不良品好。 5. 有较强的学习能力，敢于挑战自我，追求卓越。

1.10 机务员

机务员岗位职责与任职资格，如表 1–10 所示。

表 1–10　机务员岗位职责与任职资格

直接上级：仓储主管	
直接下级：无	
岗位职责	1. 制订合理的设备和车辆的使用及维护保养计划，执行设备的预防保养制度。 2. 负责仓储设施设备的管理。 3. 定期检查各种在用的仓储设施设备，及时发现设施设备使用的各种事故隐患。 4. 加强技术改造，节约设备的运营费用，降低仓储成本。 5. 对设备操作人员进行定期的技术培训。 6. 完成仓储主管交办的其他工作。
任职资格	1. 大学专科（含）以上学历，汽车相关专业。 2. 具有一年以上机务员工作经验。 3. 了解汽车构造，具备一定汽车专业知识和仓储管理知识。 4. 具有较丰富的汽车工具设备管理经验，较强的沟通协调能力。 5. 熟练使用 Office 办公软件。

1.11 安全管理员

安全管理员岗位职责与任职资格，如表 1–11 所示。

表 1–11　安全管理员岗位职责与任职资格

直接上级：仓储主管	
直接下级：无	
岗位职责	1. 负责购置和配备安全生产所需的各种设施和设备，如消防器材、安全指示标牌等。 2. 负责制订消防安全计划和防范措施。 3. 定期进行安全检查、消防检查，消除安全隐患。 4. 对仓库管理各环节进行安全检查和监督，确保仓库储存货物的安全。 5. 完成仓储主管交办的其他工作。

续表

任职资格	1. 大专及以上学历。 2. 一年以上同岗位工作经验，能进行课程设计，有生产安全培训及管理经验。 3. 具备消防设备运行监控能力，熟知《消防法》各项条款，可独自撰写内部消防管理制度，具备一定的管理能力。 4. 有良好的敬业精神、诚实守信的品德；崇尚团队精神，善于与人合作。 5. 熟练使用各种消防器材。

1.12 仓库管理会计

仓库管理会计岗位职责与任职资格，如表 1–12 所示。

表 1–12　仓库管理会计岗位职责与任职资格

直接上级：物流部经理 **直接下级：盘点员**	
岗位职责	1. 协助财务经理制订库存计划、财务预算及其他相关财务计划，并监督计划的实施。 2. 按照公司及政府相关部门的要求及时编制各种财务报表。 3. 负责财务核算、审核、监督工作。 4. 拟定成本核算办法，建立健全成本核算工作程序，编制成本费用计划。 5. 对已审核的原始凭证及时填制记账凭证并记账。 6. 寻求降低成本的途径和方法，控制库存费用支出。 7. 员工报销费用的审核、凭证的编制和登账。 8. 对已审核的原始凭证及时填制记账凭证并记账。 9. 监控公司成本费用状况，对异常情况及时向上级领导汇报，并采取相应的措施。 10. 相关原始凭证、单据的分类保管。
任职资格	1. 大专及以上学历，财务管理相关专业。 2. 二年以上仓库管理经验，有会计证优先。 3. 爱岗敬业，良好的团队精神，务实、责任心和动手能力强。 4. 熟练操作各种财务办公软件。

1.13 盘点员

盘点员岗位职责与任职资格，如表 1–13 所示。

表 1–13　盘点员岗位职责与任职资格

直接上级：仓库管理会计 直接下级：无	
岗位职责	1. 根据盘点计划对库存物资进行现场盘点。 2. 记录盘点结果，汇总盘点报告。 3. 完成领导临时交办的其他工作。
任职资格	1. 会计专业毕业。 2. 具有一年以上相关工作经验。 3. 对数据敏感。 4. 为人诚实、责任感强，细心。 5. 熟练操作电脑。

1.14 库存控制主管

库存控制主管岗位职责与任职资格，如表 1–14 所示。

表 1–14　库存控制主管岗位职责与任职资格

直接上级：物流部经理 直接下级：库存控制专员	
岗位职责	1. 制定并组织实施公司库存控制管理制度和管理流程。 2. 指导库存控制专员同客户和供应商进行库存控制的沟通工作。 3. 负责同生产部和采购部沟通库存控制状况，协调同生产部和采购部的关系。 4. 负责公司库存控制系统的建设，加强库存控制信息化建设。 5. 全面负责仓储部库存运作的管理和优化改进。 6. 督促并配合生产部对呆滞物料的处理工作。 7. 负责各类库存记录和表格填写的完整性和准确性。 8. 协助人力资源部开展对直属下级的培训和绩效考核工作。 9. 完成上级交办的其他工作。

续表

任职资格	1. 物流管理等相关专业本科学历。 2. 有三年以上制造型企业库存管理经验，一年供应链管理经验，有财务背景及管理岗位经验优先。 3. 良好的商业道德和团队协作能力。 4. 较好的协调能力，工作认真仔细。 5. 熟悉 ERP 系统及 Office 操作系统。

1.15 库存控制专员

库存控制专员岗位职责与任职资格，如表 1–15 所示。

表 1–15　库存控制专员岗位职责与任职资格

直接上级：库存控制主管 直接下级：无	
岗位职责	1. 分析跟踪每日库存状态，并根据分析、跟踪结果采取相应的处理措施。 2. 协助库存控制主管不断优化库存控制系统，降低库存控制成本。 3. 协同生产、物料、品质等各部门，分析物料损耗，并提出相关处理意见。 4. 具体负责对呆滞物料的处理工作。 5. 分析和改进库存控制系统，协助库存控制主管降低库存和提高库存周转次数。 6. 负责库存数据录入和库存报表工作。 7. 完成上级交办的其他工作。
任职资格	1. 大专及以上学历，物流、储运相关专业。 2. 一年以上库存计划、控制相关领域操作工作经验。 3. 熟悉仓储库存管理流程，熟悉 GMP 或 ISO9000 等质量管理体系，掌握进销存管理基本知识。 4. 对数据较为敏感，良好的沟通表达能力，团队合作精神佳。 5. 熟练掌握 MSOffice 等基本计算机知识。

1.16 出库主管

出库主管岗位职责与任职资格，如表 1–16 所示。

表 1–16 出库主管岗位职责与任职资格

直接上级：物流部经理 直接下级：出库专员	
岗位职责	1. 制定仓储物资的出库管理制度，上报领导审批后贯彻实施。 2. 负责制定物资的出库工作流程及优化，提高工作效率。 3. 负责检验待出库物资的数量、质量及包装等情况。 4. 负责审查出库手续、凭证等是否齐全。 5. 对于手续齐全、质量合格、数量无误的出库申请，在“出库单”上签字后放行。 6. 物资搬运出库过程中的现场指挥，避免出现意外损失。 7. 监督出库物资装载上车。 8. 每日编制出库物资统计报表，并上报物流部经理助理。 9. 与生产等部门沟通、协调有关出库物资事宜。 10. 完成上级领导交办的其他工作。
任职资格	1. 大专及以上学历，物流、储运相关专业。 2. 三年以上储运、控制相关领域操作工作经验。 3. 熟悉企业产品的检验、出库流程，具有较强的组织协调能力。 4. 公正无私、责任心、集体主义观念强，较强的敬业精神与团队合作精神。 5. 熟练使用计算机操作系统和办公应用软件。

1.17 出库专员

出库专员岗位职责与任职资格，如表 1–17 所示。

表 1-17　出库专员岗位职责与任职资格

直接上级：出库主管 直接下级：无	
岗位职责	1. 协助出库主管制定仓储部出库管理制度，并提出合理化建议。 2. 总结工作经验，提出工作改进建议，优化工作流程。 3. 协助出库主管检验待出库物资的质量、包装情况，清点数量或过磅。 4. 协助审核物资出库手续、凭证等的完整性，确保出库工作准确。 5. 严格按照出库凭证发放物料，做到账、卡、物相符。 6. 负责物料出库过程中人员的安排，指导物资的搬运操作，防止发生意外。 7. 出库单的收集、汇总、统计及保管。 8. 统计出库物资数量，并将数据提交出库主管。 9. 完成领导交付的其他工作。
任职资格	1. 大专及以上学历，物流、储运相关专业。 2. 有仓库先进先出工作经验。 3. 熟悉企业产品的检验、出库工作，具有团队合作精神。 4. 工作态度认真、细心、踏实，有责任心，工作积极主动。 5. 熟练使用办公软件。

1.18 运输配送主管

运输配送主管岗位职责与任职资格，如表 1-18 所示。

表 1-18　运输配送主管岗位职责与任职资格

直接上级：物流部经理 直接下级：运输调度员、配送专员、装卸专员	
岗位职责	1. 制定运输配送日常管理制度并负责落实执行。 2. 负责审批运输配送计划并监督实施。 3. 负责对运输配送人员进行调度和安排。 4. 负责对运输配送部门的设施进行管理。 5. 负责车辆的组织、调配和管理。 6. 对运输配送过程中产生的单据和档案进行管理。 7. 协助人力资源部门做好所属员工的考核工作。 8. 完成领导临时交办的其他工作。

续表

任职资格	1. 专科或以上学历，物流及相关专业毕业。 2. 三年以上相关行业物流配送工作经验。 3. 熟悉物流环节，有较好的人际沟通、组织管理能力，熟悉物流管理流程。 4. 具备一定的数据分析能力，同时具备仓库管理经验者更佳。 5. 熟练使用电脑。

1.19 运输调度专员

运输调度专员岗位职责与任职资格，如表 1–19 所示。

表 1–19　运输调度专员岗位职责与任职资格

直接上级：运输配送主管 直接下级：无	
岗位职责	1. 协助运输配送主管制定运输规章制度和安全管理制度，组织执行并监督。 2. 制订月度运输计划并监督执行。 3. 合理进行车辆调度，确保运输效率。 4. 审核运输、保险费用，在相关单证上签字。 5. 保证各运输设备完好运行。 6. 处理运输事故，并负责善后事宜。 7. 审核发运要求，选择最佳发运路线和方式。 8. 与相关部门进行协调，确保工作顺利开展。 9. 监督、检查、评估运输方面的工作质量、及时性和费用等情况。 10. 组织实施专项运输方案，负责项目的组织协调、跟踪工作。 11. 完成领导临时交办的其他工作。
任职资格	1. 大专及以上学历。 2. 三年以上工作（同职）经验，有驾照，对相关地区交通非常熟悉。 3. 较强的执行能力和沟通协调能力，良好的组织，沟通能力。 4. 公正无私、责任心、集体主义观念强，较强的敬业精神与团队合作精神，能承受较强工作压力。 5. 具有良好的人际沟通能力；熟练使用计算机操作系统和办公应用软件。

1.20 配送专员

配送专员岗位职责与任职资格，如表 1–20 所示。

表 1–20 配送专员岗位职责与任职资格

直接上级：运输配送主管 直接下级：无	
岗位职责	1. 制订物料配送计划，并组织执行。 2. 监控物料的发送及运输，以保证物料配送的及时、安全。 3. 负责与客户或供应商进行沟通，协调配送过程中发生的问题。 4. 优化物料配送作业流程，不断提高配送工作效率。 5. 与运输作业人员密切配合，保障物料配送用车。 6. 完成领导临时交办的其他工作。
任职资格	1. 大专及以上学历，物流等相关专业毕业。 2. 二年以上相关岗位工作经验，熟悉第三方物流以及快递供应商的运作流程和考评体系，了解当地的配送运输状况。 3. 具备基本的物流和供应链知识，包括预测计划、订单管理、库存管理、仓储配送、运输管理等。 4. 良好的条理性和逻辑性；出色的沟通协调能力和团队合作精神，较强的客户服务意识，注重细节。 5. 能承受一定的工作压力，责任心强；熟练操作办公软件。

1.21 装卸专员

装卸专员岗位职责与任职资格，如表 1–21 所示。

表 1-21　装卸专员岗位职责与任职资格

直接上级：运输配送主管	
直接下级：无	
岗位职责	1. 做好装卸人员的制度、流程建设。 2. 负责组织装卸人员进行货物装卸作业，保证按时按量装卸。 3. 负责组织货物装载后的固封防护工作。 4. 根据公司 5S 管理要求，负责作业后的场地清扫和物资清理工作。 5. 负责装卸人员的业务、劳动纪律、现场管理等的日常检查、督导、考核工作。 6. 完成领导交付的其他工作。
任职资格	1. 高中 / 中专及以上学历，学习能力强。 2. 一年以上相关工作经验，了解各类需装卸物品的特性。 3. 身体强壮，能够胜任繁重的工作，有很强的敬业精神，良好的心理素质，能应对较大的竞争、挑战和压力。 4. 具有较强的工作责任心，细心认真，热情大方，有较强的亲和力、沟通协调能力。 5. 能接受工作地点调动，适应出差工作。

第2章 仓储管理工作规范

2.1 仓储规划工作规范

仓储规划工作规范，如表2–1所示。

表2–1 仓储规划工作规范

项目	规范内容
面积配置	面积设置应考虑的要素： （1）仓储总面积。 （2）公共设施规划。 （3）实效面积计算。 （4）材料准存量及容量所需用的仓位，依供料对象存储进出便捷性，规划适用的储存面积。 （5）仓储结构、支柱、楼梯、走道、办公场所等。 （6）仓库总面积扣除公共设施估用面积为可用仓容。
料位设定	料位设定应考虑的要素： （1）标准存量。 （2）进发频率。 （3）料位设定与编号。 （4）量高者可双通道配置，存量低及零星材料用料架仓储为宜，重量轻者可架高储存。 （5）进发频繁高的材料，应考虑进出仓装卸便捷因素。 （6）库代号统一以A、B、C……顺序设定，储位编订，储位编号原则。

续表

项目	规范内容
堆叠方式	堆叠方式选择应考虑的要素： （1）包料类别。 （2）材料特性。 （3）装料方式。 （4）库存工具。 （5）箱装、袋装、盒装。 （6）耐压性差的材料设定层况及承受的重量。 （7）供料工具，加高车，液压叉车设定堆叠方式。 （8）包装类别、材料特性、供料方式选定木卡板，铁架或储柜。
料品标示	料品标示应注意的问题： （1）材料编号。 （2）料位堆叠量。 （3）库存说明。 （4）在请购单填写材料编号，品名、规格、数量、入厂日期，并以月份颜色加以区分标示。 （5）标示每一位置的最大容量。 （6）合格（绿色）、待处理（黄色）、退货（红色）。

2.2 仓库平面布置细节规范

仓库平面布置细节规范，如表 2–2 所示。

表 2–2 仓库平面布置细节规范

项目	规范内容
仓库总平面布置的准备工作	（1）仓库总平面布置的合理与否很大程度上取决于有关资料的齐备、准确及可靠程度。总平面布置是一个反复试验的过程，即布置、修改、再布置、再修改，反复多次，直到求得最满意的布置方案为止。 （2）在布置时一般借助于一些辅助工具，如作业流程图、仓库平面图、样板图等，在纸面上加以设计。所以在总平面布置前还需要准备好必要的辅助工具。

续表

项目	规范内容
找出和布置关键性作业位置	（1）在仓库总平面布置中，铁路专用线的位置往往受外部条件的限制，而且在很大程度上决定着仓库总平面布置的走向，所以应首先确定专用线的位置。库房、货场的位置可根据上述要求依次确定。 （2）总平面布置所依据的主要资料有：储存物的品种、规格、数量，建设地区的铁路和公路分布情况，地形条件，水、电供应条件，当地气象资料，采取的装卸搬运手段，消防及安全要求协作条件等。
对工作面积进行大致的布置	根据建设地点的现有地形，对库房、货场、主要通道、装卸场地以及辅助车间、办公室、生活福利设施的相应位置及占用面积进行大致的初步设计。
设计次要通道	次要通道与主要通道相交并形成一个完整的运输网，通道的设置与宽度应视物资运输的需要和安全要求而定。
单体设计	根据储存物资的保管要求、仓库业务、作业流程和仓库性质，并结合当地气象及环境条件，具体确定库房的建筑类型和方位，以及库房内设备的类型和位置。
辅助和辅助装置的设置	对排水系统、消防系统和水、电供应线路及辅助设施等进行设计。
注意	应对照总平面布置的要求进行检查，并到建设现场核实布置情况。

2.3 不同货区管理细节规范

不同货区管理细节规范，如表 2–3 所示。

表 2–3　不同货区管理细节规范

项目	规范内容
预备货区	在预备货区，管理的内容包括对货物进行标识、分类，依据需求情况，将货物整齐地存放在货位上等。 要突出“暂存”的作业特点。因此，货位要明确，货物流通要通畅，以缩短寻货、送货的时间。 预备货区的管理一般采用目视和颜色管理相结合的方式，例如在进货暂存区，货物进入暂存区前应先分类，根据划分的暂存区域，配合标识记录看板，把货物配置到指定的暂存区货位。而对发货作业，每一车或每一区域路线的待发货物必须排放整齐并加以区分隔离，安置在事先划分好的货位上，再配合看板上的标识，并按照发货单所示，依序点收货上车。

续表

项目	规范内容
保管货区	保管货区作业要点： （1）保管区只存放验好的货物，因此，待验与验好的货物在储存前应区分清楚。 （2）盘点作业应在各货区中分别进行，保管货区货物量大、品种多，应考虑到便利性。 （3）货位以及货架位置应视实际情况适时并能方便地调整。 （4）应依据入库单，迅速接收预备货区的货物。在需要时，依据补货单补货到动管区。 （5）保管区要注重颜色管理、目视管理和看板管理，保证货物实现分类储存、分区储存、标识清楚、谨防混淆。 （6）根据货物特性，采用相应的货位方式。 （7）为保证货物的时效性，收发货物应遵循先进先出的原则。周转率高的货物应靠近通道放置。 （8）做好安全防范措施。入库作业所使用的中长期存货区域称为保管区，是仓库面积最大而且最主要的货区。
移动货区	在移动货位管理中，应做到： （1）合理安排车辆排序，优化车辆行驶路线。 （2）车内应预留一定空间，以便货物在车上的搬动以及人员的站位。
注意	保管货区的规划应考虑以下几点： （1）地面承载能力。 （2）货物状况。根据储存货物的品种、规格、数量、重量、尺寸、形状等确定储存方式等。 （3）出入口以及通道。应根据货物、运输工具等的状况，确定出入口大小、位置、数量以及通道的宽窄、走向等。通道与货区应以不同的颜色示出。 （4）其他因素。如消防设施、非货区、照明等。

2.4 仓单制作细节规范

仓单制作细节规范，如表 2–4 所示。

表 2-4　仓单制作细节规范

项目	规范内容
存货人的名称或者姓名和住所	（1）仓单上所载明的名称或者姓名，应当是存货人在工商行政管理机关登记注册的名称或由国家公安机关颁发的有效身份证件上的名称。 （2）如果存货人是法人或者经济组织，仓单上应以其在工商行政管理机关登记注册的住所为记载的住所；如果存货人是个人，仓单应以其户籍所在地或者经常居住地为记载的依据。
仓储物的名称、数量、包装、质量、件数和标记	保管人在接受存货人交付的仓储物时，应当认真验收，把上述内容详细明确地记载在仓单上，以确保持单人收取的仓储物与存货人交付的仓储物具有同一性。 （1）仓储物的名称应当使用标准名称，避免因使用简称或别称引起歧义，造成理解上的困难。 （2）仓储物的数量应当使用法定标准计量单位，件数要核准，标记要清晰明了。 （3）仓储物的质量、包装要依国家标准或者主管部门规定的标准确定。如果没有国家标准或者主管部门规定的，也可依企业标准或行业标准进行确定。当然，如果标准无法确定，存货人和保管人之间应当标明必要的质量水平及合适的包装条件，使用法定标准计量单位。
仓储物的损耗标准	仓单应明确标明仓储物的损耗标准，依主管部门的规定或者双方合理约定，确定必要的仓储物自然减量标准和合理磅差。 货物在存储运输过程中，由于其本身的自然性质和自然因素（如干燥、风化、散失、挥发、粘结等），或者由于度量衡的误差等原因，不可避免地要发生一定数量的货物减少、破坏或计量误差。
储存场所	（1）仓单上应明确仓储场所，一方面便于存货人或者仓单持有人能够及时、准确地在储存期限届满时提取仓储物。 （2）另一方面，当发生纠纷引起诉讼时，对于确定诉讼管辖等方面也有重要作用。
储存期间	（1）储存期间是保管人履行保管义务的起止时间，又是存货人或者仓单持有人是否按时提取仓储物的一个期限。 （2）仓储期间由保管人与存货人在签订仓储合同时做出约定，仓单上要明确记载。
仓储费	（1）仓储业作为一种商业经营业务，其目的就是为了收取相应的仓储费。 （2）仓单上应明确记载仓储费的数额、支付方式、支付地点、支付时间等。

续表

项目	规范内容
保险事项记载	如果存货人在交付仓储物时，已经就仓储物投了财产保险，那么，存货人应当将保险金额、保险期间以及保险人的名称告知保管人，由保管人将有关情况记载在仓单上。
填发人、填发地和填发日期	（1）保管人在签发仓单时，应当将自己的名称或者姓名记载在仓单相应位置上，这是确定保管人承担义务的重要依据之一。 （2）仓单的填发地，一般为存货人交付仓储物的地点。 （3）仓单的填发日期，就是储存期间的开始时间。
保管人签字或者盖章	（1）在填好仓单上应载明的事项后，保管人要在仓单上签字或盖章。 （2）保管人在仓单上签字或者盖章，一方面是对存货人已经交付仓储物这一事实的确认，另一方面又是对存货人做出保管义务的郑重承诺。

2.5 仓单中常见业务处理细节规范

仓单中常见业务处理细节规范，如表 2–5 所示。

表 2–5 仓单中常见业务处理细节规范

项目	规范内容
仓单的签发	（1）当存货人将仓储物交给保管人，并要求保管人签仓单时，保管人需对仓储物进行检查和理数，确认仓储物的状态，在全部仓储物收妥后，将所接受的仓储物的实际情况如实记录在仓单上。 （2）特别是对仓储物的不良状况更是要准确批注，如果存货人不同意批注且仓储物的瑕疵不影响仓储物的价值或质量等级时，保管人可以接受存货人的担保而不批注，否则就必须批注，或者拒绝签发仓单。
仓单的份数	（1）仓单一式两份，一份是正式仓单，交给存货人；另一份为存底单。 （2）由保管人保管。仓单可以有副本，可根据业务需要复制相应的份数，但需要注明“副本”字样。
仓单的分割	（1）仓单的分割不仅是单证的处理，还意味着保管人需要对仓储物进行分劈。 （2）分割的条件是仓储物必须能够被分劈，并且分割后的仓单对其持有人有约束力。 （3）分割后的仓储物的总和数与仓储物总和数相同。 （4）保管人对已签发的仓单进行分割，必须将原仓单收回。

续表

项目	规范内容
仓单的转让	（1）仓单持有人需要转让仓储物时物的转让。背书过程填写完整后，取仓储物。 （2）可以通过背书转让的方式进行仓储，要由保管人签署，受让人方可凭单提仓，单的分割是指存货人将一批仓储物交给保管人时，因为转让的需要，要求保管人签发分为几份的仓单或者仓单持有人要求保管，将原先的一份仓单分拆成多份，仓单以便向不同的人转让。 （3）仓单背书转让方法：背书转让的出让人为背书人，受让人为被背书人。背书格式为： 兹将本仓单转让给 ×××（被背书人的完整名称） ×××（背书人的完整名称） 背书经办人签名、日期 （4）仓单可以多次背书转让，背书的过程是相互衔接的完整过程，任何参与仓单转让的人均应在仓单的背书过程中记载。
凭单提货	在保管期满或者经保管人同意的提货时间内，仓单持有人将出示身份证明向保管人提货，具体工作如下： （1）核对仓单。保管人核对提货人所提交的仓单和存底仓单，确定仓单的真实性；对于转让的仓单要核查仓单的背书是否完整，过程衔接是否明白；核对仓单上存货人或者背书人与其所出示的身份证明是否一致。 （2）提货人交纳费用。如果仓单记载由提货人交纳仓储费用，保管人根据仓储合同约定以及仓单上的记载，在对仓储物在仓储期间发生的仓储人的垫费、所有人利益的支出、对仓储人或其他人所造成的损害赔偿等费用进行准确核算后，要求提货人按约定交纳费用。 （3）保管人签发提货单证并安排提货。保管人在收取费用、收回仓单后，签发提货单证，安排货物出库准备。 （4）提货人验收仓储物。提货人根据仓单的记载与保管人共同查验仓储物，签收提货单证，收取仓储物。如果查验时发现有仓储物状态不良以及现场编制记录的现象，提货人需要求保管人签字，必要时申请商品检验，以备事后索赔。
仓单灭失的提货	仓单因故损毁或灭失，出现无单提货时，应采用以下方法来提货： （1）通过人民法院公示催告：原仓单持有人持仓储合同向人民法院申请对仓单进行公示催告。当 60 天公示期满无人争议，人民法院可以判决仓单无效，申请人可以向保管人要求提货。若在公示期内有人争议，则由法院审理判决，确定有权提货人，凭借法院判决书提货。 （2）提供担保提货：提货人向保管人提供仓储标底物的担保后提货，由保管人掌握担保财产，将来另有人出示仓单而不能交货需要赔偿时，保管人可使用担保财产进行赔偿。该担保在可能存在的仓单失效后，方可解除。

2.6 仓储合同常见欺诈行为处理规范

仓储合同常见欺诈行为处理规范，如表 2-6 所示。

表 2-6 仓储合同常见欺诈行为处理规范

项目	规范内容
利用合同骗取货物	（1）特点。一些不法分子伪造或盗取法人营业执照、空白介绍信、合同专用章，利用存货人的货物无存放地或存货不便，急于想找地方存放的心理，以及存货人基于此心理唯恐详细审查对方资格使对方不快而导致合同签订落空的弱势地位，顺利与存货人签订合同。在货物交由保管人占有时，即携货逃之夭夭。 （2）预防策略。在签订合同之前，存货人应要求保管人提供工商机关出具的法人资格证书或营业执照副本；对法人授权委托书（或介绍信）等资料，进行审查时一定要全面、仔细；辨明有无伪造或变造的痕迹，审查合同书是否规范、完备；审查保管单位的实际经营状况。可以通过信函、电报、电话或直接派人到保管单位进行资信调查，或借助当地工商机关、公安机关、企业的主管部门等政府部门了解其信用及履约能力。
利用货物检查进行欺诈	（1）特点。存货人利用合同往来的友好关系及保管人的疏怠，将与合同上写明的货物品种、规格、质量不一致的货物冒充合同上规定的货物交由保管人保管，或不交足合同约定的货物数量骗取保管人以足额数量签收。在货物全部签收后，以保管人调换货物、擅自动用货物为由，要求保管人承担违约责任，骗取违约金。另外还有一种情况：存货人可以通过种种手段避免保管人对存储物的检验，从而将违禁品、非法所得物通过保管人达到转移赃物的目的。 （2）预防策略。作为保管人，首先工作态度要认真，验收时遵循以下标准：对有包装的货物，以包装上的品名、规格、数量和质量标记为准：外包装或货物上无标记的，以供货方提供的验收资料为准；质量按国家有关规定或合同约定验收，在验收中保管人可采用无须开箱拆捆直接验收；也可通过专业手段进行检验验收。

续表

项目	规范内容
第三人伪造、变更仓单来欺骗保管人	（1）特点。在仓储合同履行期间，保管人常代存货人发运货物，从而与第三人之间形成占有交付关系。第三人在熟知存货人、保管人的情况之后，伪造、变造仓单，借用存货人的名义，在保管人处提走货物。 （2）预防策略。当第三人持合同提货时，保管人一定要提高警惕，对合同的条款、签名、印章等审查时一定要全面、仔细；合同书是否规则、完备；辨明有无伪造或变造的痕迹，如有疑点，应暂缓提货，待验明证实后方可提货。
利用合同条款进行欺诈	（1）特点。在签订合同中，利用“误写”的情况或利用模糊的语言、文字、计量单位达到欺诈的目的。 （2）预防策略。签订合同时应尽量周详、完备，签字前一定要对合同中的主要条款仔细审阅，确认合同语言是否明确，有无可能产生歧义；有无误写、漏写。确认无误后方可签字盖章。
骗取违约金	（1）特点。存货人利用保管人攫取高额利润的心理，故意以高额仓储费为诱饵，使保管人签订超越其仓储能力的合同，并签订高额违约金，在保管人无力履行时追究其违约责任。 （2）预防策略。保管人对自己的仓储能力要有充分的认识，对高保额、高违约金的合同要更加慎重，量力而行。
骗取定金或担保物	（1）特点。保管人在资金周转不灵、濒临破产边缘时，以优惠的仓储费用与存货人签订合同，并要求存货人预先支付定金，在取得定金使用后无法履行合同。另一种为假冒企业名义伪造一些根本不存在的专用章、公章、介绍信，或利用一些单位制度不健全、管理不严的漏洞骗取存货人与之签订合同，在取得高额定金后逃走。 (2)预防策略。俗话说：“贪小便宜，吃大亏”。与保管人签订合同前，一定要考察保管单位现有的、实际的经营状况，在“知己知彼”后才决定是否签约。其次，要加强企业内部的管理，健全制度，使不法分子没有可乘之机。
注意	（1）在合同的签订、变更、履行过程中，都可能存在欺诈。 （2）为避免欺诈，仓储合同双方当事人在总体上应加强合同管理，完善内部管理规章制度，在签订合同后应尽量送到公证机关公证，以取得对合同真实性、合法性的权威证明。

2.7 仓储合同订立细节规范

仓储合同订立细节规范，如表 2–7 所示。

表 2-7 仓储合同订立细节规范

项目	规范内容
合理适当的要约	（1）要约的内容至少应当包括：标底物的数量、质量、仓储费用。即使没有这些表述，也应当通过具体的方式来确定这些内容。 （2）根据仓储合同的特点和现实环境，要约最好是书面发出。特别是对大批货物的储存与保管，在要约中要提出可行的储存计划。
预约仓储合同	（1）预约仓储合同是有效要约的结果，而不仅仅是一种简单的意向声明。所以说一份合理、适当的要约是预约仓储合同的前提。 （2）依据预约仓储合同，存货人与保管人负有订立合同的义务。在预约仓储合同成立的情形下，如果存货人或保管人不履行订立本仓储合同的义务，另一方完全有权请求法院强制其订立仓储合同。 （3）所谓预约仓储合同是指当事人之间约定将来订立合同的合同，将来应签订的合同叫“本约”，而约定的合同叫“预约”。 （4）预约仓储合同的成立和生效，仅仅只是使当事人负有在将来按照预约仓储合同所规定的条件去订立仓储合同的义务。
承诺	所谓承诺，就是在要约的有效期内，受要约人完全同意要约的意思表示。 （1）承诺必须在要约有效期并且与要约的内容完全一致。受要约人以外的任何人所做的承诺都不是法律上的承诺。 （2）保管人一经承诺，仓储合同即告成立，且同时生效。它发生效力的开始时间就是承诺时间。

2.8 仓储合同解除工作规范

仓储合同解除工作规范，如表 2-8 所示。

表 2-8 仓储合同解除工作规范

项目	规范内容
事后协议解除合同	（1）特征。存货人和保管人依据仓储合同有效成立后的有关情况而适时做出解除合同的决定。从性质上看，协议解除是存货人与保管人达成新的一致意思的表示，以此消灭存在的仓储合同关系。协议解除是合同自愿原则的体现。 （2）方法。双方通过相互协商并达成协议后，同意解除。

续表

项目	规范内容
约定解除合同	（1）特征。约定解除属于事前解除，存货人与保管人在订立合同中约定一定的合同解除条件。解除权人行使权利就会导致仓储合同的权利义务终止。解除权人行使解除权是单方法律行为，无须征得对方当事人的同意。 （2）方法。存货人与保管人在订立仓储合同的时候，就在合同中约定一定的解除条件。
因不可抗拒力致使解除合同	由于不能预见、不可避免且不能克服的一些自然灾害或社会现象，而影响到仓储合同的正常履行，致使合同的目的不能实现时，存货人与保管人均有解除权。如地震、台风、洪水等毁坏了仓库。
一方当事人违约致使解除合同	一方当事人在履行合同期间，明确表示或者以自己的行为表示将不履行主要义务，致使另一方当事人的合同目的不能实现。
一方当事人延迟履行义务致使解除合同	（1）仓储合同的一方当事人延迟履行主要义务，经催告后在合理期限内仍未履行，另一方当事人享有合同解除权。 （2）仓储合同的法定解除是指仓储合同有效成立后，在尚未履行或尚未完全履行之前，当事人一方行使法律规定的解除权而使合同权利关系终止或合同效力消灭。仓储合同一方当事人享有的这种解除权是由法律明确规定的，只要法律规定的解除条件成立，依法享有解除权的一方就可以单方行使法律行为，行使解除权。 （3）仓储合同的解除权人应当在法律规定或者与另一方当事人约定的解除权行使期限内行使解除权。否则，其解除权将归于消灭。
解除合同的程序	（1）仓储合同中享有解除权的一方当事人在主张解除合同时，必须以通知的形式告知对方当事人，只要解除权人将解除合同的意思通知当事人，就可以发生仓储合同即时解除的效力，无须对方当事人的答复，更无须其同意。 （2）对方有异议的，可以请求法院或者仲裁机构确认解除合同的效力，即确认行使解除合同权的当事人是享有解除权的。

2.9 库存数量确定工作规范

库存数量确定工作规范，如表 2-9 所示。

表 2-9 库存数量确定工作规范

项目	规范内容
利用统计方法确定	根据过去的统计数据来确定应持有的库存数量，可分为三种情况： （1）依据销售量或使用量。直接以使用量为对象作统计依据，从而算出库存数量。 （2）依据出库量。采用公式来准备库存。 出库量 = 使用量 + 预备量 （3）依据库存数量。以过去库存数量为依据，适当考虑未来各种因素影响来决定库存数量。根据不同波动情况，可分别采用如下方法： ①过去实际库存几乎没什么波动时，取其算术平均值； ②过去实际库存略有波动时，取其加权平均值； ③过去实际库存有相当波动时，取其几何平均值； ④过去实际库存波动剧烈时，取其最小二乘法； ⑤过去实际库存的变动次数是正态分布时，取其标准偏差的计算式。
利用概估法确定	（1）先算出过去几年来的采购数量，再用最小二乘法（最小平方法）的公式，算出销售实绩，画出销售实绩曲线。 （2）然后根据销售实绩曲线大略概估其趋向，绘出一条趋势线。
利用单纯平均法（算术平均法）确定	如果以月为单位来计算，就是用周期中所取的月份数去除各月库存实际数字之和，而求出平均值，再根据近期库存量趋势确定合适的库存数量。
利用指数平均法来确定	利用将预测的月份往前推若干月份的平均值作为预测值，根据各个月份对预测值影响程度的不同，分别给每个月的实际库存量加权一指数，再用指数之和去除各月的库存量乘以相应的指数后求和的值，最后根据近期库存量趋势确定合适的库存数量。
利用加权平均法来确定	当库存有若干波动时，采用此方法计算。首先列出所取期间内相同库存量出现的次数构成的次数分布表，然后由下列公式计算预测库存量，即为预测库存数量的依据。
利用几何平均法来确定	（1）当过去的实际库存量波动较大时，一般要采用此方法计算。 （2）先统计相同库存量出现的次数，列出次数分布表，然后利用下列公式计算几何平均值，即为预测库存数量的依据。

2.10 零库存管理规范

零库存管理规范，如表 2-10 所示。

表 2–10　零库存管理规范

项目	规范内容
委托保管方式	（1）将需要保管的货物委托给专业的仓库或物流组织保管，并向其支付一定的保管费用。 （2）由于专业的仓库或物流组织具有专业优势，可以实现较高的管理水平和较低费用的库存管理，因而本企业可以不再设立仓库及相应设备，减去了仓库及库存管理的大量事务，从而实现本企业的零库存。
协作、配套生产方式	（1）这种方式多在制造业使用。生产企业通过与其上游供应商之间构筑起稳定的协作、配套生产关系，形成稳定的供货渠道关系。 （2）供货渠道稳定后，就可以免除生产企业在后勤保障工作上存在的后顾之忧，进而可促使其减少物资库存总量，甚至取消供应品库存，实现零库存。
分包销售方式	生产企业通过实行集中设库储存产品，统一组织产品销售，并通过配额供货的形式将产品分包销售给经销商，这样在各个经销商处就实现了销售品的零库存。
看板供货方式	（1）在企业内部各工序之间，或在建立供求关系的企业之间，采用固定格式的卡片，由下一环节根据自己的生产节奏逆方向向上一个环节提出供货要求，上一环节则根据卡片上指定的供应数量、品种等及时组织供货，从而使需求者无须保有库存，最终实现零库存。 （2）看板主要有生产看板和取货看板：生产看板是在工厂内指示某工序加工制造规定数量工件所用的看板，其中需包括加工工件的件号、件名、类型、工件存放位置、工件背面编号、加工设备等。 （3）取货看板是后道工序作者按看板上所列件号、数量等信息，到前道工序领取零部件的看板。其主要内容有工件的件号、件名、类型、工件存放位置、工件背面编号、前加工工序号、后加工工序号等。
水龙头方式	（1）由于此种方式像拧开自来水管的水龙头就可以取水一样，无须自己保有库存，所以被称为“水龙头”式。 （2）用户随时提出购入要求，采取需要多少就购入多少的方式，供货者依靠自身拥有的物流设施和先进的物流设备，以自己的库存和有效的供应系统，通过多种方式配送来保证及时供应，从而使用户实现零库存。

2.11 JIT 存货管理方式操作规范

JIT 存货管理方式操作规范，如表 2–11 所示。

表 2-11 JIT 存货管理方式操作规范

项目	规范内容
创建准时化采购班组	（1）准时化采购班组要由对 JIT 采购方法有充分了解和认识的人组成。 （2）其主要职责是寻找货源、商定价格、发展并不断改进与供应商的协作关系。通常采购班组可分为两个小班组：一组专门负责处理有关供应商的事务，比如认定和评估供应商的信誉、能力，与供应商谈判签订合同，向供应商发放免检证等。 （3）另一组负责监督准时化采购过程，来不断消除采购过程中的浪费。
制订采购策略	（1）这是实施准时化采购关键的一步，只有采购策略制定的合理，才能充分发挥准时化采购的优势。 （2）在这一过程中要结合企业现状，应用准时化采购策略的核心思想，制定新的适合本企业的采购策略，从而改进原有的采购方式。 （3）在这一过程中还要与供应商保持信息交流与沟通，一起商定目标和相关措施。
精选少数供应商，建立商业伙伴关系	（1）要对供应商进行能力评估，尽量减少供应商的数量。 （2）选择供应商时应考虑供应商的产品产量、供货能力、应变能力、地理位置、企业规模、财务状况、技术、价格以及其他供应商的可代替性等。 （3）选定后要注意维护和供应商之间的战略联盟关系，建立良好的商业伙伴关系。
进行试点工作	选择公司的一种或两种原材料，运用新制定的采购策略进行试点，观察运行结果，通过和预想结果进行对比，总结经验教训，待新策略能够顺畅运行时再正式对所有原料实施 JIT 采购。
进行供应商的培训，确定共同目标	为得到供应商的支持和配合，需要对供应商进行有关 JIT 采购策略和运作方法的培训，使供应商能够了解 Jnr 采购的运作过程对供需双方的好处，让供需双方树立共同的目标，从而能够更好地协作开展 JIT 采购。
向供应商颁发产品免检签证	对供应商提供的产品进行质量检查和评定，向能够提供质量合格产品并且信誉好的供应商颁发免检签证，这样就可以对拥有免检签证的企业产品省去烦琐的检验过程。
实现配合节拍进度的交货方式。	为使 Jnr 采购最终满足 JIT 生产方式的要求，交货方式要从预测交货向 JIT 交货方式转变，最终实现当需要某物资时，该物资刚好到达并被生产所利用。
继续改进，不断完善	为保证 JIT 采购的不断完善，在实施过程中要不断总结经验教训，要从降低运输成本，提高交货准时性和产品质量，降低供应商库存等各个方面进行改进，从而不断提高准时化采购的运作绩效。

2.12 仓库温湿度控制细节规范

仓库温湿度控制细节规范，如表 2-12 所示。

表 2-12　仓库温湿度控制细节规范

项目	规范内容
通风	（1）通风方法 ①自然通风。空气的交换主要是靠风的压力来进行的，当库外无风时，应开启上部和下部的通风口和窗户；当库外有风时，应将库房迎风面上部出气口关闭，开启背面上部出气口。为了提高通风效果，可以更合理地安排开启门窗的次序。 ②机械通风。是利用机械产生的推压力或吸引力，使库内外空气形成压力差，从而强迫库内外空气发生流动和置换的方法。通风机械常用的是轴流式局部扇风机和离心式通风机。整个通风系统除风机外，还有通风管道和其他一些附属器件。 （2）通风时机。正确的通风应当是根据商品性质的要求，分析库内外温度、湿度的实际情况和变化趋势，并参考风向、风力，有计划、有时间地进行。 ①通风降温。只要库外温度低于库内时，就可以进行通风降温。 ②通风散潮。要根据库内外温度、绝对湿度、相对湿度的对比，在正确判断的基础上确定是否通风。由于商品的吸湿性主要与相对湿度有关，而在一定的湿度下，相对湿度的变化又是由绝对湿度决定的，因此利用通风来降低库内相对湿度时，必须以绝对湿度为依据来对比库内外情况。当库外绝对湿度低于库内时，才能进行通风。
密封	密封是尽可能地把商品严密地封闭起来，减少或阻止外界不良气候和其他不良因素的影响，达到防潮、防热、防霉、防干裂、防冻、防溶化、防锈蚀、防虫等多种目的，从而保证商品安全储存。 （1）密封方法 ①整库密封。是将库房整个密闭起来。适于数量大、整进整出或进出不频繁的物品。 ②按垛密闭。用密闭材料将货垛上下四周整垛地密闭起来，以防止和减少外界不良因素对商品的影响。这种方式适宜存放在露天货场的易锈蚀商品。 ③库内小室密闭。即在库内选择空气温度较低且干燥的适当的地点，用透气性较小的材料围筑成临时性密闭小室。 ④货架密闭。用密封材料将货架密闭起来，以防止透气和落入灰尘。对于出入频繁、怕潮、易锈、易霉的小件物品，可采用此种方式。

续表

项目	规范内容
密封	⑤按件密闭。主要是将商品的包装严密地进行密闭，一般适用于数量少、体积小的易霉、易生虫、易锈蚀商品，如皮革制品、竹木制品、金属制品、乐器、仪表等。 （2）密封材料。常用的密封材料有塑料薄膜、防潮纸、油毡纸、芦席等。密闭材料必须干燥清洁、无异味。 （3）密封时期。密闭的时期要根据商品性质和当地气候变化规律来确定。 ①怕潮、易霉的商品应在霉雨季节到来之前进行密闭； ②怕热、易溶的商品应提前在阴凉的季节进行密闭； ③怕干裂的商品，应在干燥期到来之前进行密闭； ④怕冻的商品，应尽可能提前在气温较高时进行密闭。
吸潮	吸潮是指用化学或物理方法，将库内潮湿空气中的部分水分除去，以降低空气湿度。吸潮的主要方法是吸湿剂吸潮和去湿机吸潮。 （1）吸湿剂吸潮。吸湿剂吸潮就是将吸湿剂暴露于空气中，利用它自身的吸湿性进行吸潮。适用于仓库吸湿的吸湿剂有： ①生石灰。将生石灰捣成拳头大小的块状，盛装在木箱等容器中，一般占容量的1/3 到 1/2 为宜，放置在垛底、沿墙四周或靠近库门处。 ②氯化钙。将氯化钙放置在竹筛或木板上，且下面放置陶瓷器皿，盛装漏下的溶液。 ③硅胶。将硅胶用纱布或纸包成小包放在密闭货架、柜内或包装物内。 （2）去湿机吸潮。利用制冷装置，将潮湿空气冷却到零点温度以下，使水气凝结成水被排出去。
注意	仓库常用的几种温度、湿度控制方法往往同时使用、互相配合，以达到最佳控制储存区温度、湿度的效果。

2.13 金属商品锈蚀预防工作规范

金属商品锈蚀预防工作规范，如表 2–13 所示。

表 2–13　金属商品锈蚀预防工作规范

项目	规范内容
控制和改善储存条件	（1）选择适宜的保管场所。应尽可能选择远离有害气体和粉尘的厂房，远离酸、碱、盐类物质或气体，储存场所应该具有良好的排水系统。货场要用碎石或炉灰垫平，增强地表层的透水性，以保持库区的干燥。 （2）保持库房干燥。保持库房相对湿度在临界湿度（一般是 70% 左右）以下，较精密的五金工具、零件等金属制品必须在库房储存，并禁止与化工商品或含水量较高的商品同库储存。 （3）保持商品及储存场所的清洁。 （4）妥善码垛和苫盖。不同的金属材料应采用不同的存放方法，不同种类的金属材料存放于同一地点时，必须有一定的间距，码垛时应注意垫高垛底，加强垛下的通风能力。 （5）保护材料的防护层或包装要完整。如果包装损坏，应进行修复或更换；包装受潮时，应对包装材料进行干燥处理；如果发现原出厂时涂有的防腐油已破坏或干涸，应及时进行清洗，重新涂油。 （6）坚持定期的质量检查，并做好质量检查记录。
涂油防锈	在金属制品表面涂（或浸或喷）一层防锈油脂薄膜。
气相防锈	气相防锈是一种常用的防锈方法，主要种类有： （1）粉末法。把气相防锈粉末撒在产品表面，或用器皿盛装后置于包装物内，或用纱布包好悬挂于产品四周。 （2）浸涂纸（布）法。这种方法也称载体法。即将气相缓蚀溶剂溶解于蒸馏水中或有机溶剂中成为溶液，然后浸涂或刷涂在防锈纸或布上，干燥后即成为气相防锈纸或布，含量一般为 5 ~ 30g/ 平方米。使用时，直接用它包装金属材料即可，然后在它外面加石蜡纸、塑料袋包装。 （3）溶液法。用上述方法把防锈剂制成溶液，喷涂在金属表面，然后再用石蜡纸或塑料袋包装。
可剥塑性材料防锈	（1）可剥塑性材料是以塑料为基体的一种防锈包装材料。可剥性塑料涂抹覆于金属表面上成膜后，被一层析出的油膜与金属隔开，故启封时不需借助溶剂而能用手轻易剥除。 （2）这种材料适用于钢、铁、铜、铝等金属，而且膜的韧性好，但费用昂贵。
涂漆防锈	在金属材料表面均匀地涂上一层油漆，是应用极其广泛的一种方法。其优点是施工简单，适用面广；缺点是易开裂、脱落，而且可从漆层空隙间透过湿气，往往在漆层底下发生金属锈蚀。
防锈水防锈	防锈水防锈也是应用比较广泛的防锈方法，但因防锈期限短，故多用于工序间防锈。

2.14 商品储存中霉变预防工作细节规范

商品储存中霉变预防工作细节规范，如表2-14所示。

表2-14 商品储存中霉变预防工作细节规范

项目	规范内容
控制自然条件	（1）温度。各种微生物适宜生长的温度范围各不相同，如果把温度控制在某些微生物适宜生长的最高温度之上或最低温度之下，就可以基本抑制其生长。 （2）湿度。水是微生物生存的必要条件，空气的干湿程度直接影响着微生物体内水分含量。在潮湿的环境中，微生物极易从空气中吸收水分而生长，因此湿度大，微生物吸湿快，生长繁殖也快。有效的方法是可以通过通风、摊晾、日晒或烘烤使水分蒸发来防止霉变。 （3）氧气。各种微生物都需要通过呼吸才能生长，虽然也有少量的微生物在缺氧的条件下也能生长，但大多数易于霉变的商品所滋生的各种霉菌细菌，都需要呼吸空气中的氧才能生长。因此，对于这些商品的防霉工作就可以采用不提供氧的方法。用塑料薄膜全部密封严密，再把密封件内的空气用真空泵抽去，然后充入二氧化碳，或放置除氧剂。 （4）酸碱性。各种微生物的生长繁殖与其周围环境中的酸碱度有密切关系，不同的微生物有不同的酸碱度范围。大多数霉菌和酵母菌适宜在pH=4–6的酸性环境中生长，而大多数细菌适宜生长在PH=6–8的环境中，为此可以在商品或包装内放置一些对物品质量无影响的酸性或碱性物质以防霉变，这种方法主要用于食品类货物。
化学方法防止霉变	将抑制微生物生长的化学药品放在商品或包装内防止其霉变，效果好、费用低。这种方法主要在生产过程中使用，进行一次性处理，就可以在生产、储存、运输、经营、消费各个环节中都起到防止霉变的作用。

续表

项目	规范内容
物理方法防止霉变	（1）紫外线。日光中含有大量的紫外线，有杀灭霉菌的作用，因此可以对一些不怕日晒的粮食、农副产品、中药材、棉麻制品等进行暴晒，既能杀灭其表面的霉菌，又可以通过日光辐射热将其所含的过多的水分蒸发以抑制霉菌生长。当然，也可在库房内安装紫外线灯定期照射进行环境消毒。 （2）微波。微波是一种电磁波，微波能引起商品分子的震动和旋转，由于分子间的摩擦能产生热，使温度上升。霉腐生物体温上升即被杀死，微波可通过专用的微波发生器来产生微波防霉，适用于食品、粮食、皮革制品、竹木制品、棉织品等。 （3）辐射。利用放射性同位素释放的各种射线来照射易霉腐商品，射线能通过直接破坏微生物体内的脱氧核糖核酸和其他物质将微生物杀死。这种方法适用于医疗器材、日用品、食品防腐以及皮革制品、纸烟、烟叶、中药材的防霉，效果十分显著。

2.15 仓库消防管理工作规范

仓库消防管理工作规范，如表 2–15 所示。

表 2–15　仓库消防管理工作规范

项目	规范内容
防火措施	（1）建立健全防火组织和消防制度。物资仓库应当建立以仓库主要负责人为首的防火组织。各个库房、料棚、货场也要有由专人负责的防火灭火组织，平时要经常对职工进行思想教育，使全体职工能严格遵守《仓库防火安全管理规则》，并且应当有明确的分工，一旦发生火灾，各司其职，协作配合，做到忙而不乱。 （2）库房内的灭火设施要齐备、且要放在显眼的地方；一切防火灭火工具器材，如各种工具、灭火器、消防车、消火栓、水源、消防沙袋等，都要随时处于良好的使用状态。每年有几次定期检查，不合格的、失效的要随时更换。 （3）定期对全体职工进行有关消防器材的使用、性能、维护的培训，使人人熟悉消防知识和灭火工具的使用。 （4）库内禁止使用明火，如需进行明火作业（如电焊、气切割等），一定要在划定的范围内进行，并设置警戒人员，用完立即清查现场，清除火灾隐患。

续表

项目	规范内容
防火措施	（5）经常检查库内的输电线路、用电器具，发现隐患立即请电工清除。 （6）对于仓库内高大的建筑物和重点的库房，要设置良好的避雷装置。 （7）物资仓库内的化工等危险品和专门的火药仓库是重点的防火对象，对其要有更加详细的防火灭火规则和严密的防火灭火组织，采取严格的防火灭火措施。因为一旦它们发生火灾往往伴随着爆炸，这不仅仅会危及仓库本身，甚至还会危及周围的建筑和居民的生命财产安全。
仓库消防设置	当仓库的某一部分发生火灾，某些特殊的建筑物或构筑物可将火势限制在一定的范围内，不使其蔓延危及整个仓库。消防设置主要有以下几种： （1）防火墙。应在设计仓库时同时考虑防火墙的设计。防火墙应直接建筑在房屋的地基上，其厚度一般要考虑到发生火灾时的烘烤时间，其高度应超出屋顶。如果顶棚是采用可燃材料建筑的，则防火墙超出顶棚的高度应不少于70cm；若顶棚是难燃或不燃材料构筑的，则防火墙只需高出顶棚40cm。 （2）防火隔离带。仓库的防火隔离带有两种，一种是在建筑时就考虑到的，比如在用可燃材料建筑的屋顶中间，建筑有宽度不小于5m的耐火屋顶地段，其高度略高出屋顶；另一种是在库房、料棚和货场内留出足够的防火隔离带，尤其是储存可燃性材料和设备，其防火隔离带必须保证。此外在贮木场的木垛之间、大的楞垛之间，也一定要按规定留足隔离距离，且防火带内严禁临时存放可燃物料。 （3）防火门。防火门是用耐火材料制成的，万一某一库房起火，扑救不及，可以关闭该库房的防火密封门，不使火势蔓延到另一库房。
灭火方法	（1）隔离法。将已经燃烧起来的物料与周围环境和其他可燃物资隔离或将周围其他可燃物资移开，使之限制在一定的范围内，火势会因缺少可燃物而停止，不至于蔓延扩大而造成更大的损失。 （2）窒息法。窒息法的原理是阻止空气流入燃烧区域或已燃烧的物体，使燃烧区域或燃烧物周围空气中氧的含量降低。这样，可以使燃烧物或燃烧区域由于得不到足够的氧气而无法继续燃烧，从而达到灭火的目的。 （3）冷却法。降低燃烧物或燃烧区域的温度，使燃烧物的温度迅速降到燃点以下，这样燃烧区域或燃烧物质将无法继续燃烧。 （4）化学抑制法。将灭火剂喷入燃烧区，灭火剂参与到燃烧反应中，通过抑制反应，中断燃烧链的正常传递，从而使燃烧反应停止。

续表

项目	规范内容
火灾时的应急措施	（1）迅速报告有关部门、消防队，并通知火灾现场人员。 （2）普通人员应尽快离开危险区，逃离火场。 （3）面对火灾时复杂的局面，需要果断迅速地决策和执行。为此，应建立火灾预警应急计划，包括组织报警，减轻和消除事故影响。
注意	常用的灭火剂有： （1）水。水是最方便、来源最丰富的灭火剂。 （2）泡沫。泡沫灭火是利用泡沫中水分的冷却作用和利用泡沫比易燃和可燃液体轻的特性进行灭火的方法。泡沫分为化学泡沫和机械泡沫。 （3）惰性气体。其灭火作用是稀释空气中的氧气的浓度使其降低到继续燃烧所必须的含氧浓度以下，使火自行熄灭。 （4）化学干粉和固态灭火剂。由于干粉颗粒微细，浓度密集，在燃烧区能防止火焰的热辐射，并析出惰性气体，冲淡空气中氧气的浓度。

2.16 木材保管工作规范

木材保管工作规范，如表 2-16 所示。

表 2-16　木材保管工作规范

项目	规范内容
木材的存放	（1）原木干存法。指在陆地风干，使木材中的水分散失。干存法码垛要注意垛内各层之间上下左右留一定的空间，以利于保持良好的通风。 （2）原木湿存法。保持木材有较高的含水率，用这种方法保存的木材可以避免木材染菌，发生白皮或褐皮，避免虫蛀和木材干裂。湿存法应在树木砍伐或刚从河里捞出后，立即码成密实的木垛，垛长不小于 40m，高度在 3 ~ 3.5m，垛的外部加以苫盖，而且要用水不断地浇洒，洒水在堆垛后每 10 天进行一次。 （3）原木水存法。水存法是保持原木中较高的含水率，以免菌类和昆虫的危害，且可有效地防止木材开裂。可采用河流或专用的储水池储存木材。 （4）成材一般采用干存法，也可用湿存法和水存法。
木材虫害的防治	（1）把有虫害的原木迅速加工成板材，以清除虫害。 （2）把已有虫害的木材迅速下水沉存，避免虫害的发展。 （3）拆垛，喷洒除虫剂后重新码垛。

续表

项目	规范内容
木材裂纹的防治	（1）在生产林场可采取树木伐倒以后，暂不打枝选材的方法，将其放置一定时间（一星期左右），借助枝叶蒸发树干内部的水分，使其均匀干燥，以减轻开裂。 （2）对于某些贵重木材，可用桐油、石灰、均匀地调成糊状，涂抹木材端面，防止断裂。防裂的“防腐护湿”涂料有：氟化钠、沥青、豁土膏浆、硼砂、石灰水溶液等。 （3）对水上木材，可采用定期反排法，防止排面开裂。 （4）科学堆垛，做到既能通风又能使木材内外水分均匀，夏天最好用废板皮盖垛。 （5）对已有裂纹的大规格木材，可用“s”，“c”型防裂器钉入裂缝处，防止其继续开裂。 （6）剥去树木外皮，留住内表皮，这样既可以减少开裂，还可以防止变色和虫害。 （7）采用端面环状切口法防裂，即用半圆凿子将原木端面中部开个环状切口，以减少原木开裂。
木材翘曲的防治	（1）主要是将原木锯制成板、方材之后，要尽快堆码成“层层填楞平码垛”，以使木材迅速均匀地干燥成为“气干材”（含水率在15%左右）。 （2）有条件的贮木场可采用人工干燥，即将木材码成平堆垛，放入干燥窖中烘干，可起到防腐、防虫、防裂、防曲的作用。

2.17 安全作业管理工作规范

安全作业管理工作规范，如表2-17所示。

表2-17 安全作业管理工作规范

项目	规范内容
安全操作管理制度化	管理是仓库日常工作的重要项目，要制定科学合理的各种作业安全制度、操作规程和安全责任制度，并通过严格的监督，确保管理制度得以有效和充分的执行。

续表

项目	规范内容
加强劳动安全保护	（1）间接劳动安全保护。保证员工有足够的休息时间，包括合适的工间休息。仓库要遵守《劳动法》的劳动时间和休息规定，实行每日 8 小时、每周不超过 40 小时的工作制，依法安排加班。 （2）直接劳动安全保护。提供合适和足够的劳动防护用品，如高强度工作鞋、安全帽、手套、工作服等，并督促作业人员使用和穿戴。 （3）采用安全系数较高的作业设备、作业机械、作业工具以适合作业要求；作业场地必须具有合适的通风、照明、防滑、保暖等适合作业的条件。 （4）不进行冒险作业和不安全环境的作业，在大风、雨、雪等影响作业的气候条件下暂缓作业。避免人员伤病作业。
重视作业人员的资质管理和安全培训、安全教育	（1）对新参加仓库工作和转岗的员工，应进行仓库安全作业教育，对他们所从事的作业进行安全作业和操作的培训，确保员工熟练掌握岗位的安全作业技能和规范。 （2）从事特种作业的员工必须经过专门培训并取得特种作业资格，方可进行作业，且仅能从事其资格证书限定的作业项目操作，不能混岗作业。 （3）安全作业宣传和教育是仓库的长期性工作，也是作业安全检查和仓库安全作业管理的日常性工作。 （4）通过不断的宣传，严格的检查，对违章和忽视安全行为的严厉惩罚等措施，增强作业人员的安全责任意识。

2.18 仓储机械安全作业规范

仓储机械安全作业规范，如表 2–18 所示。

表 2-18 仓储机械安全作业规范

项目	规范内容
载运货物时注意事项	（1）调度人员在下达运输作业计划前，应将货运路线、装卸场所和安全注意事项向驾驶员交代清楚。 （2）车辆运载不得超过行驶证上核定的数量。 （3）车辆载物的高度、宽度和长度应按交通管理部门的规定执行。 （4）可解体的货物的体积超过规定时，必须经企业交通安全管理部门批准，指派专人押车，按指定的路线，遵照规定的时间和规定的要求行驶。 （5）装载货物必须均衡平稳、捆扎牢固，车厢侧板、后栏板要关好、栓牢；货物长度超过后栏板时，不得遮挡号牌、转向灯、尾灯和制动灯；装载散状或液态货物时，不得散落、飞扬或滴漏车外。 （6）装载炽热货物时，必须使用专用的柴油卡车，其油箱必须用石棉包扎严密，并按指定的路线行驶。
自动倾卸车应遵守规定	（1）驾驶室内应安装车厢起开报警或指示灯。 （2）装卸大宗货物时，货物不得卡在车厢的栏板上。 （3）车厢起升前注意空中有无障碍物，禁止边走边起、边走边落。 （4）倾卸货物时，应选择平坦场地；向坑内卸车时，应与坑边缘保持一定的距离；在危险地段卸车时，应有人指挥，不得自作主张、自以为是。
随车装卸人员应遵守规定	（1）驾驶室内不得超过交通安全部门核定的人数。 （2）车厢内不得人货混装。 （3）不得坐在车厢栏板上；车辆未停稳前，不得上下车。
装载易燃、易爆、剧毒等危险品货物时应遵守规则	（1）必须经企业交通安全管理部门和保卫部门批准，按指定的路线和指定的时间驾驶。 （2）必须由有经验的驾驶员驾驶，并选派熟悉危险品性质和有关安全防护知识的人员担任押运人员。 （3）必须用货运汽车运输，禁止用汽车挂车及其他机动车运输。 （4）车上应根据危险货物的性质配带相应的防护消防器材，车厢两端上方须插有危险标志。 （5）应在货车排气管消音器处装设火星罩，易燃易爆货物专用车的排气管应装在车厢前一侧，向前排气。 （6）车厢周围严禁烟火。 （7）装载液态和气态易燃易爆物品的罐车，必须挂接地静电导链；装载液化气体的车辆应有防晒措施。

续表

项目	规范内容
装载易燃、易爆、剧毒等危险品货物时应遵守规则	（8）装载氯化钠、氯化钾和用铁桶装的一级易燃液体时，不得使用铁底板车辆。 （9）装载剧毒品的车辆用后应进行清洗消毒。 （10）不得与其他货物混装。 （11）两台以上车辆跟踪运输时，两车的最小间距为 50m，行驶中不得紧急掣动，严禁超车。
装卸货物应遵守规定	（1）机动车驾驶员应负责监督装卸作业，用吊车装卸货物时，机动车驾驶员和随车人员应离开车辆。 （2）装卸时应按货物堆放顺序进行作业。 （3）装卸成件货物，应包扎稳固；对能移动的货物，应使用支杆、撑板或挡板固定；高出车厢栏板的货物，应使用绳索捆绑牢固。 （4）不准在倾斜度 50° 以上的坡边上进行横向起吊作业，如必须作业时，须将车身垫平。 （5）由于车辆的超载而引起的交通事故屡见不鲜。超载存在着严重的安全隐患，而且还会对路面造成严重的毁坏，一个设计为 10 年的路面等级，若超载一倍，则只能使用 1 年，而修路的费用又转嫁在司机的身上，运载费用的提高又促使司机冒险超载，从而形成恶性循环。政府部门应该出台政策，制定措施严惩沿路乱收费；司机也应提高安全意识，对超载说“不”。

2.19 冷库仓储工作规范

冷库仓储工作规范，如表 2-19 所示。

表 2–19　冷库仓储工作规范

项目	规范内容
对冷库管理的要求	（1）对冷库的要求。冷库应具备可供商品随时进出的条件，并要具备经常打扫、清洁、消毒、晾干的条件。冷库的外室、走廊、汽车月台及附属车间等场所，都要符合卫生要求。冷库还应具有通风设备，以随时去除异味。 （2）对冷库内设备的要求。冷藏库中的设备等一切用具都要符合卫生要求。所有手拉车都要保持干净，并将运输肉和鱼的手拉车区分开来，要定期对运输工具消毒。 （3）对入库食品的要求： ①凡进入冷库保藏的食品必须新鲜、清洁、经过检查合格，如鱼类要冲洗干净按种类和大小装盘，肉类及副产品要求修割干净、无毛、无血、无污染。食品在冷却的过程中，库房温度保持在 0℃ ~ 1℃。当肉体内温度达到 0℃ ~ 4℃时冷却即为完成。食品冻结时，库温应保持设计要求的最低温度，当肉体内部温度不高于冷藏间温度 3℃时，冻结即告完成。 ②食品到达前，应当做好一切准备工作。食品到达后，双方必须根据发货单和卫生检查证，在冷库月台上进行交接验收，并立即组织入库。已经腐败变质散发臭味、肉色发绿的肉类食品以及经过雨淋或水浸过的食品不得入库。 （4）严格掌握库房的温度、湿度。根据食品的自然属性和所需的温度、湿度选择库房，并力求保持库房的温度、湿度的稳定。对冻结物冷藏间的温度要保持在 –18℃。库温只允许在短时间内有小的波动，在正常的情况下温度波动不得超过 1℃。在大批冷藏食品进库、出库的过程中，一昼夜升温不得超过 4℃。冷却物冷藏间温度升降幅度不得超过 ±0.5℃。在进出库时温度升高不得超过 3℃。

续表

项目	规范内容
冷库的合理使用和管理	冷库的使用应按设计要求，充分发挥其冻结、冷藏的能力，确保安全生产，保证产品质量，维护好冷库建筑结构。库房应设立专门机构和人员来管理，责任落实到人。 冷库的合理使用和管理要求如下： （1）冷库内要保持清洁干净，地面、墙、顶棚、门框上无积水、结霜、挂冰，随有随扫，特别是在作业后，应及时清洁。制冷设备、管壁上的结霜、结冰也应及时清除，以提高制冷功能。 （2）按货物所需的通风要求进行通风换气。通风换气的目的是为了保持库内合适的氧气和湿度，冷库一般采用机械通风的方式进行通风换气。通风换气还要选择合适的时机。 （3）为减少冷耗，货物出入库作业应选择在气温较低的时间进行，如早晨、傍晚、夜间。出入库作业时，应集中仓库内的作业力量，尽可能缩短作业时间。要使装运车辆离库门最近，缩短货物露天搬运距离，防止隔车搬运。在货物出入库中出现库温升高较高时，应停止作业，封库降温。出入库搬运应采用推车、叉车、运输带等机械搬运，采取托盘等成组作业，提高作业速度。作业中不得将货物散放在地坪上，避免货物、货盘冲击地坪、内墙、冷管等，吊机悬挂重量不得超过设计负荷。 （4）库内堆码严格按照仓库规章进行，选择合适货位，将长期存储的货物存放在库里端，存期短的货物存放在库门附近，易升温的货物接近冷风口或排管附近放置。根据货物或形状合理地采用垂直叠码，货垛要求堆码整齐、货垛稳固、间距合适。货垛不能堵塞或者影响冷风的流动，避免出现冷风短路。堆码完毕在垛头上悬挂货垛牌。 （5）冷库必须注意合理使用仓容，提高仓库利用率。要不断总结改进堆垛方法，安全、合理地安排货位和堆存高度，在楼板允许的负荷下，提高每立方米的堆垛数量。并且要求堆垛牢固整齐，便于盘点、检查，进出仓方便。货垛与墙壁和排管应保持以下距离： ①距低温库顶棚 0.2m ②距高温库顶棚 0.3m ③距顶排管下侧 0.3m ④距顶排管横侧 0.2m ⑤距无排管的墙 0.2m ⑥距有排管的墙 0.4m ⑦距风道喷风口中心（下侧）0.3m ⑧距冷风机周围 1.5m

续表

项目	规范内容
冷库人员安全	（1）防止冻伤。进入库房的人员，必须加以保温防护，穿戴手套、工作鞋。身体裸露部位不得接触冷冻库内的物品，包括货物、排管、货架、作业工具等。 （2）防止人员缺氧窒息。由于冷库特别是冷藏库内的植物和微生物的呼吸作用使二氧化碳浓度增加或者冷媒泄漏入库内，会使库房内氧气不足，造成人员窒息。因此人员在进入库房前，尤其是长期封闭的库房，需进行通风，避免可能的氧气不足。 （3）避免人员被封闭库内。库门应设专人开关，限制无关人员入库，应在门外悬挂告示牌。作业班需明确核查人数的责任承担人，在确定人员出库后，才能摘除告示牌。 （4）妥善使用设备。库内作业应使用抗冷设备，且进行必要的保温防护；不使用会发生低温损害的设备和用具。

2.20 冷库卫生管理规范

冷库卫生管理规范，如表 2–20 所示。

表 2–20　冷库卫生管理规范

项目	规范内容
冷库的环境卫生	（1）食品进出库时，都要与外界接触，如果环境卫生不良，就会增加微生物污染食品的可能性，因而冷库周围的环境是十分重要的。 （2）冷库四周不应有污水和垃圾，冷库周围的场地和走道应经常清扫，定期消毒。垃圾箱和厕所应与库房有一定的距离。

续表

项目	规范内容
库房和工具设备的卫生与消毒	（1）在库房内，霉菌较细菌繁殖的更快，并极易侵害食品。因此，库房应进行不定期的消毒。 （2）运输用的手推车以及其他载货设备也能成为微生物污染食品的媒介，应经常进行清洗和消毒。 （3）库内冷藏的食品，不论是否有包装，都要堆放在垫木上。垫木要刨光，并经常保持清洁。 （4）垫木、小车以及其他设备，要定期在库外冲洗、消毒。 （5）加工用的一切设备，如秤盘、挂钩、工作台等，在使用前后都应用清水冲洗干净，必要时还应用热碱水消毒。 （6）冷库内的走道和楼梯要经常清扫，特别在出入库时，对地坪上的碎肉等残留物要及时清扫，以免污染环境。
冷库室内的卫生与消毒	（1）消毒剂 ①漂白粉消毒。漂白粉可配制成含有效氯 0.3% ~ 0.4% 的水溶液，在库内喷洒消毒，或与石灰混合，粉刷墙面。 ②次氯酸钠消毒。可用 2% ~ 4% 的次氯酸钠溶液，加入 2% 氯酸钠，在低温库内喷洒，然后将门关闭。 ③乳酸消毒。每立方米库房空间需用 3~5ml 粗制乳酸，每份乳酸再加 2 份清水，放在瓷盘内，置于酒精灯上加热，再关门数小时消毒。 ④福尔马林消毒。不宜在低温库房内喷洒。每立方米可用 15 ~ 25g 福尔马林，由于福尔马林的气味很大，肉吸收后即不能食用，为了吸收剩余的福尔马林，可在通风时用脸盆等容器盛氨水放在库内，福尔马林对人体有很大的刺激作用，使用时要注意安全。 （2）抗霉剂 ①氟化钠法。在白陶土中加入 1.5% 的氟化钠或 2.5% 的氟化铵，配成水溶液粉刷墙壁。 ②经基联苯酚钠法。当发霉严重时，在正温的库房内，可用 2% 的轻基联苯酚钠溶液刷墙，或用同等浓度的药剂溶液配成混合剂进行粉刷。消毒后，地坪要洗刷并干燥通风，而后库房才能降温使用。

续表

项目	规范内容
冷库室内的卫生与消毒	③硫酸铜法。将硫酸铜2份和钾明矾1份混合，取其一份混合物加9份水在木桶中溶解，粉刷时再加7份石灰。 ④用2%过氧酚钠盐水与石灰水混合粉刷。 （3）消毒方法 ①喷洒。将消毒剂配制成符合浓度要求的溶液，用喷洒设备进行喷洒消毒。喷洒时要关闭门窗，等时间到时，再打开门窗通风，通风要彻底。 ②粉刷。将消毒剂配制成溶液对墙面进行粉刷。在粉刷前应将库内食品全部撤出，并清除地坪、墙和顶板上的冰霜，必要时需将库温升至正温。 ③紫外线消毒。一般用于设备和工作服的消毒，不仅操作简单，节约费用，而且效果良好。每立方米空间装设功率为1W的紫外线灯，每天照射3小时，即起到对空气的消毒作用。冷库消毒的效果要根据霉菌孢子的减少来评定。因此，在消毒前后均要做测定和记录。消毒后，每平方厘米表面上不得多于一个霉菌孢子。
冷库工作人员的个人卫生	冷库工作人员经常接触多种食品，如不注意卫生，本身患有传染病，就会成为微生物和病原菌的传播者。因此对冷库工作人员的个人卫生应有严格的要求。 （1）要勤理发，勤洗澡，勤洗工作服，工作前要勤洗手，经常保持个人卫生。 （2）定期检查身体，如发现患传染病者，应立即进行治疗并调换工作，未痊愈时，不能进入库房与食品接触。 （3）工作人员不应将工作服穿到食堂、厕所和库房以外的场所。

2.21 冷库商品质量把控细节规范

冷库商品质量把控细节规范，如表 2-21 所示。

表 2-21　冷库商品质量把控细节规范

项目	规范内容
温度控制	（1）在正常生产情况下，冻结物冷藏库的温度应控制在设计温度的 ±10℃的范围内，冷却物冷藏库的温度应控制在设计温度 ±0.5℃的范围内。 （2）货物在出库过程中，冻结物冷藏库的温升不超过 4℃，冷却物冷藏库的温升不超过 3℃。进入冻结物冷藏库的冻结物温度不应高于冷藏库温度 3℃。
分组管理	（1）为保证冷库商品的质量，要采用分组管理的方法来管理库内商品。按照商品的品种、等级和用途等分批分垛储藏，并按垛位编号，填制卡片悬挂于货位明显地方。 （2）要有商品保管账目，正确记载库存货物的品种、数量、等级、质量、包装以及进出的动态变化，还要定期核对账目，出库一批清理一批，做到账货相符。 （3）要正确掌握商品储藏安全期限，执行先进先出的制度。 （4）定期或不定期地进行商品质量检查，如发现商品有霉烂、变质等现象时，应及时处理。
特殊处理	（1）有些商品（如家禽、鱼类、副食品等）在冷藏时，要求表面包冰衣。 （2）可在垛位表面喷水，但要防止水滴在地坪、墙和冷却设备上。 （3）冻肉在码垛后，可用防水布或席子覆盖，在走廊边或靠近冷藏门处的商品尤其应覆盖好，要求喷水结成 3mm 厚的冰衣。 （4）在热流大的时候，冰衣易融化，要注意保持一定的厚度。

2.22 冷库节能工作规范

冷库节能工作规范，如表 2-22 所示。

表 2-22 冷库节能工作规范

项目	规范内容
采用新工艺、新技术、新设备的设计方案	（1）减少冷库围护结构单位热流量指标。据统计，如果将 qf 降到 6.98 ~ 8.14w（平方米·每小时），则对于一座 5000 ~ 10000 吨级的低温冷库，动力费将下降 10% 左右。 （2）缩小制冷剂蒸发温度与库房温度的温差。当库房温度一定时，随着蒸发温度与库房温度温差的缩小，蒸发温度就能相应提高，此时如果冷凝温度保持不变，就意味着制冷量的提高，也就是说要获得相同的冷量可以少消耗电能；而且小的温差对降低库房储藏食品的干耗也是极为有利的。因为小温差能使库房获得较大的相对湿度，能减缓库房内空气介质交换程度，从而减少储藏食品的干耗，尤其是对于未包装储藏食品，应该采用小的温差。提高蒸发量的措施主要是适当增大蒸发器的传热面积和增加风量。 （3）根据不同的冷藏食品和不同的储藏期确定相应的储藏温度。人们可针对食品在低温储藏期间的生化变化及低温细菌的滋长和繁殖被抑制的程度，来确定相应较佳的储藏温度。 （4）冻结间配用双速或变速电机的冷风机。食品在冻结间冻结过程中热量的释放，实际上是不均匀的放热过程，所以冻结过程对冷却设备的需冷量也是不均匀的。 食品的冻结过程由三个阶段组成： 第一阶段是冷却阶段，食品温度由 0℃以上降至 0℃左右； 第二阶段是冰晶形成阶段，食品温度由 0℃降至 -5℃左右； 第三阶段是食品温度由 -5℃降至 -15℃左右。 在这三个阶段中，第二阶段需冷量最大，此间冻结间所配冻结设备要全部投入运转。而在第一阶段和第三阶段，由于单位时间内热负荷较少，可适当降低风速、减少风量，以达到节能的目的。 （5）冷却物冷藏库配用双速电机的冷风机。冷却物冷藏库一般都是既用做冷藏又用做冷却。在货物进库时，用做冷却，此时热负荷较大，冷风机需较大的风量，电动机为高速档。当货物经冷却后进入存储期，其热负荷较小，冷风机可开小些，电动机改为低速档，以达到节能的目的。

续表

项目	规范内容
及时进行冷藏食品的结构改革	（1）在市场推广销售冷却肉。从卫生的角度出发，市场出售的新鲜肉均应进行冷却，这样可达到明显的节能效果，能耗上只有冻结肉的 40% 左右。 （2）肉胴体进行分割剔骨后的节能。将肉胴体进行分割剔骨，改变过去白条肉冻结和冷藏的做法。据统计资料介绍，肉胴体经剔骨、去肥膘处理后进行冻结储藏，可节省劳动力 25%，节省冻结能耗 50%，节省低温冷藏空间 50%。 （3）冷藏肉食品包装后的节能效果。冷藏食品如无包装，在储藏时耗能较大。包装的冷冻食品在储藏期间的干耗大大减少，减少蒸发融霜次数，制冷压缩机的无效功也降低到最小的程度，实际也就起到了节约能源的作用。
加强科学管理	（1）建立能耗管理制度： ①日常运行管理。要坚持填写设备运行日志，每隔 2 小时记录各种制冷设备工作的温度、压力状况（如蒸发温度、冷凝温度、中间温度和压力、排气温度、吸气温度、膨胀阀前液体温度、库温、水温、室外温度等），以便检查各种设备的工作状态和工作效率。按月进行统计，了解设备月平均工作状况。 ②制定单位冷量耗电量定额。单位冷量耗电量定额是考核压缩机操作管理是否正常合理的指标。每月终了时，计算出压缩机实际单位冷量耗电量和定额进行比较，以考核压缩机操作管理情况。 ③制定单位产品耗电量定额。单位产品耗电量是衡量冷库好坏的综合指标，它不但反映制冷设备的设计、运行和管理情况，而且还反映冷库结构的设计、使用情况和冷库储藏货物的管理情况。每座冷库的单位产品耗电量是不可能相同的，应根据各自不同的情况制定单位产品耗电量定额。 （2）及时地进行技术改造。要及时地进行技术改造，用新技术、新设备代替旧设备、老技术。 （3）合理堆垛。合理堆垛能使库房增加装载量，提高库房空间的利用率，从而可节约能源。 （4）其他措施： ①对制冷系统定期放油、放空气、融霜和除水垢，以保持热交换设备良好的传热效果和充分利用传热面积，以达到降低制冷系统的能量消耗的目的。 ②对冷却水系统要注意改善水质，减缓热交换器上的结垢，保持热交换器良好的传热效果，降低冷凝压力，以达到节能的目的。 ③节约用水既能节省水源，又能节省电能。 ④制冷系统运行时，应根据库房的热负荷和外界环境温度合理地调配制冷设备。

2.23 危险品仓库管理工作规范

危险品仓库管理工作规范，如表 2–23 所示。

表 2–23 危险品仓库管理工作规范

项目	规范内容
仓库选址	危险品仓库由于其储存的货物具有危险性，所以通常选择在郊区较为空旷的地带，而且位于长年主导风向的下风处，要避开交通干线、农业保护区、河流湖泊等。
仓库结构	危险品库场。建筑形式有地面仓库、地下仓库和半地下仓库，还有窑洞以及露天堆场，在使用中应根据货物的性质采用不同的形式。 （1）压缩气体。存放压缩气体的仓库应采用耐火材料建筑，库顶用轻质不燃材料，库内高度应大于 3.25m，并安装有避雷装置，库门库窗应向外开启，以减小爆炸时的波及面。 （2）易爆炸性货物。储存易爆炸性货物最好采用半地下仓库，这种仓库 2/3 在地下，地面库壁用 45° 斜坡培土，库顶用轻质不燃材料，库外四周修建排水沟。库房面积不宜过大，一般小于 100 平方米，且要求通风好，并保持干燥。 （3）氧化剂。储存氧化剂的仓库应采取隔热和降温措施，并保持干燥。 （4）遇水易燃物品。这种物品遇水受潮后，会发生化学反应使温度升高，在温度达到其燃点时会引起自燃。这类货物应储存在地势较高、干燥且温度、湿度易于控制的库房内。 （5）自燃物品。这类物品能与空气中的氧气发生反应，使货物本身升温，当温度达到其自燃点时就会燃烧。因此应置于阴凉、干燥、通风的库房内，库壁采用隔热材料。 （6）有毒物品。对于能散发有害气体的货物应单独存放在库房内，且通风条件要好，并配备毒气净化设备。 （7）腐蚀性物品。存放腐蚀性物品的仓库应采用防腐材料，物品应放置在阴凉、干燥、通风较好的库房内。 （8）放射性物品。放置放射性物品的库房应采用铅板材料铺设库壁和门窗，物品应放置在阴凉、干燥、通风较好的库房内。
库区布局	在危险品仓库库区布置上，应严格按照公安部颁布的《建筑设计防火规范》要求设置防火安全距离。

续表

项目	规范内容
货物入库	（1）仓库业务员应对货物按交通部颁发的《危险品运输规则》进行抽查，做好相应的记录；并在货物入库后的 2 天内对其验收完毕。货物存放应按其性质分区、分类、分库储存。对于不符合危险品保管要求的货物，应与货主联系拒收。 （2）在入库验收方法上，主要是采用感官验收为主，仪器和理化验收为辅。在验收程序上，可按以下步骤进行： ①检验货物的在途运输情况，检查是否发生过混装。 ②检查货物的外包装上是否沾有异物。 ③对货物包装、封口和衬垫物进行验查，看包装标志与运单是否一致，容器封口是否严密，衬垫是否符合该危险品运输、保管的要求。 ④货物本身质量的检查，看是否有变质、挥发、变色或成分不符等问题。 ⑤提出对问题的处理意见，对属于当地的货物，以书面形式提出问题和改进措施并退货；如为外地货物，又无法退回的，而且属于一般问题，不会造成危险的，可向货主提出整改意见；对于会影响库场安全的货物，则应置于安全地点进行观察，待问题解决后方可入库。
货物堆垛	根据危险品的性质和包装来确定合适的堆垛形状和货垛大小。 （1）桶装危险货物不得超过 3 个桶高，袋装货物不得超过 4m。 （2）库场内的危险货物之间及其与其他设备之间需要保持必要的间距，其中货垛顶距离灯具不小于 1.5m；货垛距墙不小于 0.5m，货垛之间不小于 1m；消防器材、配电箱周围 1.5m 内禁止堆货或放置其他物品。 （3）仓库内消防通道不小于 4m，货场内的消防主通道不小于 6m。 （4）危险货物堆叠要整齐，堆垛稳固，标志朝外，不得倒置。

2.24 危险品应急处理工作规范

危险品应急处理工作规范，如表 2–24 所示。

表 2–24 危险品应急处理工作规范

项目	规范内容
应急措施	当发生危险品事故时，应该首先采取一些应急措施，以减少损失和人员伤害。具体内容如下： （1）迅速撤离非必要人员，隔离危险区并禁止人员进入。 （2）让人员离开低洼地，在上风口处停留。 （3）拨打救助电话，请求应急支援。 （4）如发生水污染，应及时通知各有关单位采取措施。
发生火灾时	要根据火灾大小和危险品性质选择适当的灭火工具。 （1）小火：干化学剂、二氧化碳、喷射水或常规泡沫剂。 （2）大火：喷射水、雾剂或常规泡沫。 （3）如无危险，将容器移出火区。 （4）面临火焰的容器，向各边洒冷水直至火完全熄灭。注意远离储罐的各端。 （5）对货区大面积火灾，使用无人操纵的水龙带支架或监控喷管；如不能采取此法，则撤离火区，任其燃烧。
当发生溢流或泄漏时	（1）阻断引燃源，在危险区内禁止吸烟、出现火苗及火焰。 （2）可燃物（木、纸、油等），须远离溢流物。 （3）切勿触及溢流物或在溢流区行走。 （4）小量溢流：用沙或其他不燃的吸着材料渗入溢流物中，将之放入容器内以便日后处理。 （5）大量溢流：在液体溢流区远方构筑围堤防护，以备日后处理。
人工急救	（1）将伤员移至空气新鲜处，请求派遣急救医护人员。伤员如已停止呼吸，应进行人工呼吸；如呼吸困难，应输氧。 （2）如已触及危险品，立即用流动的水冲洗皮肤或眼睛，至少 15 分钟。 （3）脱下在现场受污染的衣服、鞋并加以隔离。 （4）使伤员保持安静和体温正常。

2.25 危险化工产品的养护管理工作规范

危险化工产品的养护管理工作规范，如表 2–25 所示。

表 2-25　危险化工产品的养护管理工作规范

项目	规范内容
降温	多数危险化工产品对温度都十分敏感，高温往往导致库存物资溶化、挥发、分解或变质。因此当气温较高时，通过以下措施，可以使危险品降温： （1）通风降温。对温度和湿度都敏感的物资，通风时要严格控制温湿度条件，只有当库外温度低于库内温度，库外相对湿度也低于库内相对湿度时，才能进行通风降温；对于一些虽然受温度影响很大，但受湿度变化影响很小的物资，只需对比库内外的温度差，无需注意湿度条件即可进行通风降温。 （2）加冰降温。加冰降温适用于密闭库房，采用冰或食盐与碎冰块的混合物使库房内降温，效果明显，降温速度快，可在短时间内使库房内温度下降 10℃左右。 实施加冰降温必须注意：冰吸热后融化成水，要将水及时导出或移出库外，并且降温的库房应使用吸湿剂，以降低库内湿度；其次，因天然冰难获得，而人造冰或加食盐费用较大，所以要根据具体情况严格控制冰和食盐的用量，以降低消耗，节约成本。 （3）喷水降温。货场上堆放的物资，如果物资性能允许可采用喷水降温。通常可直接将水喷洒到物资上，达到降温目的，也可持续地向库顶喷洒或淋水，使库内温度下降。喷水降温，尤其是库顶喷水法，虽方法简单易行，但耗水量过大，而且对应防水防潮的物资应避免使用或慎用。 （4）埋藏法降温。埋藏法降温，实际上是一种绝热处理。对那些易燃性大但存量不多的易燃液体，采用此法，往往效果较其他方法并不逊色，埋藏材料多用河砂。 （5）采用空调降温。现代仓库中，尤其是密封库，可使用空调调节库温，虽然对设备费用和能源消耗都较大，但实施降温方法简捷，没有任何污染，严格控制，因此其应用范围越来越广。
降湿	（1）很多化工产品对湿度敏感，易吸潮而发生霉变或溶化，从而影响物资安全。 （2）主要的降湿措施是通风，同时还要根据具体情况选用吸湿剂，提高和巩固通风降湿效果。 （3）常用的吸湿剂有生石灰，氯化钙、硅胶等。

续表

项目	规范内容
密封	（1）对那些易吸潮而使物资本身潮解的品类，密封可以防止物资吸潮后溶化。 （2）对密封性好的库房，只需将门窗等与外部环境的孔道关闭，即可获得密封效果。 （3）一般情况下，可采用牛皮纸条、塑料胶带等将门窗缝糊上，可得到满意的密封效果。 （4）通过库门，或用隔离门，或用二道门，也可以采取挂门帘的方法，使外部环境条件与库内隔断联系，保持库内的干燥条件。
保温和采暖	（1）高寒地区或严冬季节，如不相应地对库房采取保温或采暖措施，有些物资要因低温而受到损失。 （2）一般怕冻物资均应存放在保温或采暖库房内，养护管理要密切注意库内温度变化和物资自身变化，适时加温供暖，使库内温度适宜。

2.26 粮仓管理工作规范

粮仓管理工作规范，如表 2-26 所示。

表 2-26 粮仓管理工作规范

项目	规范内容
粮仓要保证干净无污染	为保证粮食清洁干净，在粮食入库前必须保证粮仓内清洁干净。 （1）仓库所建设的粮仓需要达到仓储粮食的清洁卫生条件，尽可能采用专用的粮筒仓。 （2）采用通用仓存储粮食，仓库应是能封闭的，仓内地面、墙面进行硬化处理，不起灰扬尘，不脱落剥离，必要时使用木板、防火合成板固定铺垫和镶衬，作业通道进行防尘铺垫。 （3）金属筒仓应进行除锈防锈处理，如采用电镀、喷漆、喷塑、内层衬垫等，确保无污染物、无异味时方可使用。 （4）粮食入库前，应对粮仓进行彻底清洁，清除异物、异味。待仓内干燥、无异味时，粮食才能入库。地面条件不满足要求的，应采用合适的衬垫，如用帆布、胶合板严密铺垫。

续表

项目	规范内容
保持干燥、控制水分	（1）粮仓内不得安装日用水源，消防水源应妥善关闭，洗仓水源应离仓库有一定距离，并在排水下方。仓库旁的排水沟应保持畅通，无堵塞。 （2）对粮仓内随时监控湿度，将湿度严格控制在合适的范围内。仓内湿度升高时，要检查粮食的含水量；水量超过要求时，及时采取除湿措施。 （3）粮仓通风时，要采取措施避免将空气中的水分带入仓内。
控制温度	（1）粮食具有自热性，在温度、湿度较高时，自热能力就更强。 （2）在气温高、湿度大时，要控制粮仓温度，采取降温措施。每日要测试粮食温度，特别是内层温度，及时发现自热升温。 （3）当发现粮食自热升温时，及时降温，采取加大通风、进行货堆内层通风降温、内层释放干冰等，必要时进行翻仓、倒垛散热。
防止火源	粮食具有易燃特性，粮仓的防火工作有较高的要求，在粮食出入库、翻仓作业时，应避免一切火源出现，特别要注意对作业设备运转的静电、粮食与仓壁、输送带的摩擦静电的消除，粉尘遇火源也会爆炸起火，应加强吸尘措施，排除扬尘。
防霉变	（1）严把入口关，防止已霉变的粮食入库。 （2）避开潮湿货位，如通风口、仓库排水口、漏水撇雨的窗、门口，远离会雨湿的外墙、地面妥善衬垫隔离。 （3）加强仓库内温湿度的控制和管理，保持低温和干燥。 （4）经常清洁仓库，特别是潮湿的地脚；清除随空气入库的霉菌，清洁仓库外环境，消除霉菌源。 （5）经常检查粮食和粮仓，发现霉变，立即清除霉变部分的粮食，进行除霉和单独存放或另行处理，并针对性地在仓库采取防止霉变扩大的措施。 （6）应充分使用现代防霉技术和设备，如使用过滤空气通风法、紫外线灯照射、释放食用防霉药物等。但是用药物时需避免使用对人体有毒害的药物。 （7）粮食霉变除了因为细菌、酵母菌、霉菌等微生物污染分解外，还会因为自身的呼吸作用、自热而霉烂。
防虫鼠害	（1）保持良好的仓库状态，及时用水泥等高强度填料堵塞建筑破损、孔洞、裂痕、防止虫鼠在仓内隐藏。库房各种开口隔栅完好，保持门窗密封。 （2）防止虫鼠随货入仓，对入库粮食进行检查，确定无害时方可入仓。 （3）经常检查，及时发现虫害鼠迹。 （4）使用药物灭杀。使用高效低毒的药物，不直接释放在粮食中进行驱避、诱食杀灭，或者使用无毒药物直接喷洒、熏蒸除杀。 （5）使用诱杀灯、高压电灭杀，合理利用高温、低温、缺氧等手段灭杀。

2.27 集装箱堆场管理规范

集装箱堆场管理规范，如表 2-27 所示。

表 2-27 集装箱堆场管理规范

项目	规范内容
轮胎龙门吊作业的堆垛	（1）集装箱堆垛的长度（一个箱区的长度）往往与泊位的长度相对应。通常一个箱区为六排集装箱。 （2）堆垛宽度由轮胎龙门吊的跨度决定。 （3）堆箱层数根据轮胎龙门吊的高度而定。堆三过四的轮胎吊，堆三层高，箱区最高限度堆四层；堆四过五的轮胎吊，堆四层高，箱区最高限度堆五层。轮胎吊作业区域，若是堆三过四的轮胎吊用箱区，第六排应比其他排少堆一层。若是堆四过五的轮胎吊用箱区，第六排应堆两层，第五排应堆三层。相邻排孤立的层高之差不得大于 3。 （4）各箱之间要留有合适的通道，使集卡、铲车等机械能在堆场内安全行驶。
不同箱形的堆垛原则	（1）重、空箱分开堆放，不同大小的集装箱分开堆放。 （2）冷藏箱、危险品箱、特种重箱成堆放在相应的专用箱区。 （3）进口箱和出口箱分开堆放。 （4）出口重箱按装船要求分港、分吨堆放。 （5）空箱按不同持箱人、不同尺码、不同箱形分开堆放，污箱、坏箱分开堆放。 （6）重箱按堆场载荷要求堆放。
出口箱进场安排	（1）按排堆放。同一排内，堆放同一港口、同一吨级的箱；但同一位内不同的排，可以堆放不同港口、不同吨级的箱。 （2）按位、排堆放。同一位内，堆放同一港口、同一吨级的箱；而该位的同一排内，堆放相同港口、相同吨级的箱。 （3）同一位中，较重的箱堆放于靠近车道的第二排，较轻的箱放在最里面第二排，中间等级的箱堆放于较中间的排，而且重吨级的箱可以压较轻吨级的箱。 （4）在多条路进箱时，有两种方式可选择：一种是根据集卡的车号判别交替进箱，如第一辆车进 A 区，则第二辆车进 B 区，依此类推；另一种是先进完 A 区，然后再进 B 区。

续表

项目	规范内容
进口箱进场安排	（1）同一位中相同的提单号进同一排。 （2）一个位结束后再选另一个位。
空箱进场安排	根据持箱人、箱形的不同，选择不同的进场位置。
码头各类作业安排流程	（1）进口箱卸船进场。根据船代理提供的卸船船图或集装箱清单，遵循堆场堆垛原则安排场箱位。 （2）出口箱进栈进场。根据船代理提供的预配清单或工作联系单，登陆卸货港、目的港，制定“进栈分港分吨要求”，堆场计划员遵循堆垛规则编制“进场堆存计划表”。
集装箱堆场内的归位、并位、转位	（1）在装船结束后，将集装箱转入指定区域。 （2）箱区内进行过提箱作业后，对零星的集装箱进行归并。 （3）根据客户申请的下昼夜提箱计划，可将此类要作业的集装箱转入同一个箱区，这样可以在客户提箱时减少轮胎吊频繁跨箱区移动，加快客户的提箱速度。 （4）对完成拆箱提货作业后的空箱，进行归并。 （5）提前进场的出口箱或中转箱，在装船前按不同的卸货港进行归转作业。
集装箱的疏港	（1）集装箱堆场是运输过程中的周转性堆场，不能用做中、长期储存。 （2）码头为了保证船舶装卸作业的正常，保证堆场畅通，根据国家关于集装箱疏港的有关规定，结合码头实际堆场的情况，可将进口集装箱疏远至港外堆场。

2.28 集装箱堆场倒箱预防工作规范

集装箱堆场倒箱预防工作规范，如表 2–28 所示。

表 2–28 集装箱堆场倒箱预防工作规范

项目	规范内容
不同船名、航次的重箱混合进场造成的倒箱	（1）原因。目前有些船公司不管下一航次舱位是否够用，先把重箱收进场，然后根据情况给出船名、航次。这样就可能产生不走船的集装箱压走船的集装箱的不合理情况。为进行装船作业，需要将走船的集装箱取出，因此就发生了倒箱。 （2）预防措施。集装箱码头在接取集装箱时，堆场计划员应以某一艘具体的班轮为参照对象，根据经验估计出多个不同港的集装箱的大概数量、各装卸港的顺序等，进而估测集装箱的装船顺序，以便在堆场划定的区域内堆放多个不同港的集装箱。
不同重量级的集装箱混合堆放	（1）原因。因为码头接收的重箱的进场是随机的，而且由于司机报重和放行单上的重量可能有很大差别，从而导致轻箱压重箱，轻重混合在一起。 （2）预防措施。首先要严审放行单，码头应根据制定的卸船计划、堆场计划，注意将重箱和轻箱区别开来，重箱在上、轻箱在下；内堆轻箱、外堆重箱。
重点港与终点港的集装箱混放	（1）原因。集装箱班轮航线中途港挂靠较多，后挂港集装箱压前挂港集装箱，这样就会产生船上倒箱，降低挂靠装卸效率，延误船期。 （2）预防措施。在制定堆场计划时，应将重点港与终点港的集装箱放在不同场地。 （3）由于重点港的箱量较大，在船上所占据的箱位较多，在装船作业时一般先取；而终点港的集装箱一般放在仓底，但也是先取。
由于员工失误造成的倒箱	（1）实行管理方法的科学化，管理手段的现代化，重要的还是要提高管理人员的素质。 （2）在箱务管理现场设置专门的机构，应建立专业队伍，对员工加强培训，减少或消除因工作失误造成的倒箱。

2.29 仓库地点选择规范

仓库地点选择规范，如表 2–29 所示。

表 2–29　仓库地点选择规范

项目	规范内容
仓库满仓率	（1）一般来说，仓库全年满仓的可能性很小，大概有 75% ~ 85% 的时间仓库不能满仓。 （2）仓库往往按满仓的要求来设计，于是未满仓的部分就浪费了。 （3）自营仓库只要能满足 75% 左右的需求即可，在仓库使用高峰期，租用仓库更经济。
作业灵活性	（1）自营仓库因由企业完全控制，故具有更大的灵活性。 （2）租赁、合同仓库往往对所有客户都采用同一仓储政策和作业程序，灵活性差。 （3）当仓库作业灵活性要求高时，应选择自营。
地点灵活性	（1）地点灵活性包括：在需要更多仓库时，能使用到所需仓库；在淡季时，可以不必负担额外的仓储费用；改变仓库位置时，基本不发生转换成本。 （2）租赁、合同仓库具有一更大的地点灵活性，不需企业投入大量资金，在需要时支付租金即可。
规模经济效应	（1）高流量的仓库更可能利用先进技术来降低材料搬运和储存成本，发挥规模经济效应。 （2）租赁、合同仓库一般拥有更大规模，具有这方面的优势。
特殊仓储技术	（1）有些产品（如药品、化学品）仓储时需要有专业存储人员或专门设备。 （2）这时自营仓库可能是唯一的可行选择方案。
注意	（1）选择仓库还要考虑其他因素，如拥有自营仓库可能产生增值收益；仓库空间在未来某个时间可转为他用，改为生产设施等；仓库可作为销售部门、自营车队、运输部门和采购部门的服务基地等。 （2）企业既自建仓库、又适当租赁仓库比较好，这样既能满足各方面需求，又能节省成本。

第3章 物料管理工作规范

3.1 货物入库准备工作细节规范

货物入库准备工作细节规范，如表3–1所示。

表3–1 货物入库准备工作细节规范

项目	规范内容
熟悉入库货物	（1）仓库管理人员一定要认真查阅入库货物资料，必要时向货主查询，掌握入库货物的品种、规格、数量、包装状态、单件体积、到库确切时间、货物存放期、货物的理化特性、保管的特殊要求等。 （2）只有了解了以上内容，才能准确和妥善地进行库场的安排、准备。
掌握仓库库场情况	（1）了解在货物入库期间、保管期间仓库的库容、设备、人员的变动情况，以便安排工作。 （2）必要时对仓库进行清查、整理、归位，以便腾出仓容。 （3）对于必须使用重型设备操作的货物，一定要确保可使用设备的货位。
制定仓储计划	仓库业务部门根据货物情况、仓库情况以及设备情况，制定出仓储计划，并将任务下达到各相应的作业单位、管理部门。
妥善安排货位	仓库管理人员根据入库货物的性能、数量、类别，结合仓库分区分类保管的要求，核算货位大小，根据货位使用原则，妥善安排货位、验收场地，确定堆垛方法、苫垫方案等。
合理组织人力	根据货物入库的数量和时间，安排好货物验收人员、搬运堆码人员以及货物入库工作流程，确定各个工作环节所需的人员和设备。

续表

项目	规范内容
做好货位准备	仓库保管员应及时进行货位准备，彻底清洁货位，清除残留物，清理排水管道，必要时进行消毒除虫、铺地。详细检查照明、通风等设备，发现损坏及时通知修理。
准备苫垫材料、作业用具	（1）在货物入库前，根据所确定的苫垫方案，准备相应的材料，并组织苫垫铺设作业。 （2）对作业所需的用具准备妥当，以便能及时使用。
验收准备	（1）仓库理货人员根据货物情况和仓库管理制度，确定验收方法。 （2）准备好验收时点数、称量、测试、开箱装箱、丈量、移动照明等各项工作所需的工具。
装卸搬运工艺设定	根据货物、货位、设备条件、人员等情况，合理科学地制定卸车搬运工艺，保证作业效率。
文件单证准备	仓库保管人员对货物入库所需的各种报表、单证、记录簿，如入库记录、理货检验单、料卡、残损单等预填妥善，以便使用。

3.2 物料验收工作规范

物料验收工作规范，如表 3–2 所示。

表 3–2 物料验收工作规范

项目	规范内容
物料验收的内容	（1）品名、规格 出入库的货物是否与相关单据的品名、规格一致。 （2）数量 明确出入库货物的计量单位，货物进出仓前应严格点数或过磅。 （3）品质 进库货物，只有接到相关检验书面合格报告方可入库；出库货物，也就检验其品质，确保做到不良品不投入使用或不流向市场。 （4）凭据 单据不全不收，手续不齐不办。入库要有入库单据及检验合格证明，出库要有出库单据。

续表

项目	规范内容
物料验收的步骤	（1）确认供应厂商 物料从何而来，有无错误。如果一批物料分别向多家供应商采购，或同时数种不同的物料进厂时，验收工作更应注意，验收完后的标识工作非常重要。 （2）确定交运日期与验收完工时间 这是交易的重要日期，交运日期可以判定厂商交期是否延误，有时可作为延期罚款的依据，而验收完工时间有不少公司作为付款的起始日期。 （3）确定物料名称与物料品质 收料是否与所订购的物料相符合并确定物料的品质。 （4）清点数量 查清实际承交订购数量或送货单上记载的数量是否相符。对短交的物料，即刻促请供就补足；对超交的物料，在不缺料的情况下退回供应商。 （5）通知验收结果 将允收、拒收或特采的验收结果填写于物料验收单上通知有关单位。物料控制部门得以进一步决定物料进仓的数量，采购部门得以跟进短交或超交的物料，财务部门可根据验收结果决定如何付款。 （6）退回不良物料 供应商送交的物料品质不良时，应立即通知供应商，准备将该批不良物料退回，或促请供应商前来用良品交换，再重新检验。 （7）入库 验收完毕后的物料，入库并通知物料控制部门，以备产品制造之用。 （8）记录 供应商交货的品质记录等资料，为供应商开发及辅导的重要资料，应妥善保存。

3.3 进料验收工作规范

进料验收工作规范，如表 3-3 所示。

表3-3 进料验收工作规范

项目	规范内容
收到进料验收通知	仓储部收到采购部的进料验收通知后，部门经理根据材料的需求情况和进料验收作业进度安排验收人员。
确定验收方案	验收主管接到进料验收的安排后，在质量管理部检验主管的配合下，按物料编号查找相应进料的样品、规格说明书，确定进料验收方式和方法，制定该批进料的验收方案。
执行验收	（1）验收专员按制定的验收方案，到待验区执行进料验收工作，主要检查材料的数量（重量）、外观、包装等方面。 （2）质量管理部质检专员执行材料内在质量的检验工作。
填写进料验收单	（1）验收专员将验收的结果填入“进料验收单”上相应的地方。 （2）质量管理部质检专员在“进料验收单”上相应的地方签字确认。 （3）结合质量管理部的质检结果，合格的物料填“合格”，并交验收主管审核，不合格的物料应于“进料验收单”上的相应位置填入“不合格品通知单”的单号。
合格物料处理	“进料验收单”交验收主管审核，经确认合格的物料，验收专员贴上绿色的“允收”标记。
填写进料验收质量异常表	（1）验收主管审核确定为不合格的物料，填写“进料验收质量异常表”，提交仓储部经理审核。 （2）仓储部经理将检验的结果知会采购部，由采购部根据需求情况做出特采使用或拒收的决定。
确定能否特采	若为紧急需求的物料，则由采购部提出“特采申清”，由质量管理部、技术部、生产部等相关人员根据材料的质量审定能否特采，并给出特采的方式（全检、加工、试产），并注明加工、全检单件所需的工时。
处理特采物料	验收专员根据特采审定结果，对于全检、加工的物料贴上黄色的标记，注明是“全检”或“加工”，对于试产的物料贴上蓝色的“试产”标记，不合格物料交给采购部做拒收处理。
入库分发	对于合格物料、特采使用的物料，验收专员通知入库人员分类入库存放，以便分发使用。
输入电脑质量系统	验收专员将此批材料的验收结果输入企业的质量管理系统，以便于对供应商的供应质量进行评估和考核。

3.4 设备开箱验收工作规范

设备开箱验收工作规范，如表 3-4 所示。

表 3-4　设备开箱验收工作规范

项目	规范内容
验收准备	仓储部入库验收人员收到采购部的“设备到货验收通知单”后，进行设备验收的准备工作，包括准备“设备购置申请单”、“设备采购合同”、“设备开箱验收单”、“设备开箱验收报告单”等表单，了解设备的型号、规格等相关因素。
清点、核对	（1）设备到达时，验收主管按“设备购置申请单”与“设备采购合同”的合同条款对箱内外的物件逐一清点、核对，查看是否相符。 （2）若实际到达的设备物件与“设备购置申请单”和“设备采购合同”不符，则通知采购部相关人员与供应商核实后再做决定。
开箱验收	经初步清点、核对无异常后，仓储部入库验收人员会同采购部、质量管理部、设备使用部门等部门人员一起开箱验收，检查箱内主机、附件有无破损锈蚀情况，检查箱内应有设备的出厂和合格证、使用说明书、装配图、安装图等原始资料和技术文件是否齐全。
填写设备开箱验收单	设备验收人员填写“设备开箱验收单”，经所有参加验收的人员签字后，报主管副总审核。
填写设备开箱验收报告书	（1）若设备不合格，则将设备交予采购部办理退货手续。 （2）若设备合格，则将设备交予使用部门进行安装与调试。 （3）设备验收人员根据开箱验收情况及结果拟定“设备开箱验收报告书”。

3.5 验收状态标识工作规范

验收状态标识工作规范，如表 3-5 所示。

表 3-5 验收状态标识工作规范

项目	规范内容
验收准备	仓储部经理在接到采购部发来的物资入库验收通知后，入库验收主管即组织下属人员进行验收前的准备工作，除了准备相关的“物资验收单”及“验收报告表”外，还应准备好用来标识物资状态的不同颜色的标签。
验收	（1）入库验收专员按照相关的“物资验收管理制度”及入库验收作业规范，对物资进行验收。 （2）质量管理部质检人员对物资进行质量检验。
允收标签（绿）	入库验收专员将验收结果填入“物资验收报告表”（报入库验收主管确认），结合质量管理部的检验、检测报告，对于合格的产品贴上绿色的标签，以示可以入库或投入生产。
特采标签（黄）	对于不合格的产品，应贴上“待定”标签，对于决定特采使用的不合格品，入库验收专员应贴上黄色标签。
拒绝标签（红）	对于决定不特采使用的不合格品，入库验收专员则应贴上红色的标签以示“拒收”，以便于退货作业时快速识别。

3.6 不合格物料退料工作规范

不合格物料退料工作规范，如表 3-6 所示。

表 3-6 不合格物料退料工作规范

项目	规范内容
编制退料管理制度	仓储部入库验收主管依据企业的相关规定、所采购物料的性质、特点及常见的供应商供货问题等多种因素，制定退料管理制度，上报总经理审批后贯彻执行。
接货清点、物料验收	（1）采购部与供应商联系采购事宜，后者按照合同规定按时发货，并将“发货单”及时传给采购部相关人员。 （2）采购部相关人员在接到“发货单”后，开具“物料验收通知单”，并及时递交给仓储部入库验收人员。 （3）入库验收主管组织下属人员进行验收前的准备，并进行清点核对，确认数量、规格、外观质量，并结合质量管理部检验人员的质量检验报告，判断本批物料能否入库。

续表

项目	规范内容
提出解决方案	（1）若在验收过程中发现物料存在质量问题，入库验收专员应及时上报主管及仓储部经理。 （2）仓储部经理会同采购部根据存在的问题，提出具体的解决方案，上报总经理审批。 （3）质量问题解决方案经总经理审批后，由仓储部入库验收专员填写“退料单”或“调货单”，转交采购部相关人员执行解决方案。
退货、赔偿	方案一：采购部根据检验结果和“退料单”，与供应商交涉退回、赔偿事宜，供应商核对信息后，取回不合格的物料并进行赔偿。 方案二：采购部根据检验结果和“调货单”，与供应商协商后，由供应商取回不合格物料后，重新发料，并赔偿由此给企业造成的损失。
办理入库手续	对于供应商重新发来的物料，仓储部入库验收工作人员仍需按照验收作业规范及流程进行验收，在确定物料符合企业需求和相关规定的前提下，方可办理入库手续。

3.7 进料作业规范

进料作业规范，如表 3–7 所示。

表 3–7　进料作业规范

项目	规范内容
进料作业计划	入库主管根据“物料采购计划”制订“进料作业计划”，说明作业程序与内容。
接收准备	入库主管收到运送物料通知，进行人员组织、储位设置、搬运设备、用具等接收前的准备
物料分类及标识	物料运输到达后，入库专员对物料进行分类、标识工作。
核查进料信息	入库专员核查物料相关单据是否齐全，以及与物料通知相关事项是否一致，主要包括仓储合同、合格证、发货明细单等。
处理进料信息	物料检验后，入库主管对物料单据进行再次审核并签收。
进料作业报告	入库主管编写进料作业报告，对作业过程和所出现的情况等进行总结。

3.8 入库管理工作规范

入库管理工作规范，如表3-8所示。

表3-8 入库管理工作规范

项目	规范内容
制订入库计划	入库主管收到接货通知后，按照货物到货时间、数量、品种、规格、性质等要求制订入库计划，准备人员、货物摆放场所、搬运设备等。
到货处理安排	货物到达后，入库主管安排入库专员按规定接货，与相关单位办理相关交接手续。
审核单据	（1）入库主管负责审核货物单据是否齐全。 （2）若发现单据不全，应将货物存放暂存库，并及时通知相关人员。
核对货物数量	单据齐全无误后，对现场货物进行数量核对，并记录货物数量。
签收收货单	入库主管确认货物验收无问题后，在“收货单”上签字确认。
选择货物储位进行摆放	入库专员根据货物分类安排货物储存并进行摆放。
填写入库单建立入库台账	入库主管填写“入库单”，建立入库台账，并将相关信息转至财务部更改“财务库存账”。
更新库存台账	“入库单”及相关单据上报总经理审批后，更新库存台账。

3.9 储位管理工作规范

储位管理工作规范，如表3-9所示。

表3-9 储位管理工作规范

项目	规范内容
确定库房储存条件	入库主管根据现有库房整体情况，结合公司储存物料与成品种类确定库房储存条件。
规划库房空间	入库主管对库房用途进行细致合理划分、设计，并考虑其安全性、空间利用率等使用问题。

续表

项目	规范内容
选定储存搬运设备	入库主管根据库房规划选择成本较低的搬运设备。
确定储位分配方式	入库主管依照物料、成品的分类情况，确定储位分配方式。
进行物品货物编号	入库专员按照物料、成品的储位分配方式对物料、成品进行编号，便于日后查找。
储位管理	入库主管定期或不定期对库房储位情况进行检查、管理。
储位改善	对于安排不合理的储位，入库主管要及时对其进行调整、改善。

3.10 仓储物料保养保管工作规范

仓储物料保养保管工作规范，如表 3-10 所示。

表 3-10　仓储物料保养保管工作规范

项目	规范内容
制定保养保管制度	仓储部经理制定物资保养保管制度，报请总经理审批后执行。
验收入库	仓储部对物资检验后验收入库，根据物资的属性、包装、尺寸等的不同安排存放场所，进行苫垫。
在库保管	仓库管理员对物资进行在库保管，具体包括控制仓库温湿度、防霉防腐、防锈、防虫害、安全、卫生管理等内容。
在库检查	仓库管理员要定期或不定期做好物资的在库检查工作。
异常问题处理	仓库管理员在物资的在库检查中发现异常情况应及时处理，对未能解决的问题要及时报请仓储部经理提出解决方案进行处理。
出库复查	仓库管理员在物资出库时应仔细进行复查，确保出库物资的质量。

3.11 安全管理工作规范

安全管理工作规范，如表 3-11 所示。

表 3-11 安全管理工作规范

项目	规范内容
制定安全管理制度	仓储部经理制定安全管理制度，报请总经理审批后执行。
库房安全管理	仓储部安全管理员执行库房安全管理工作。
进出库人员安全控制	安全管理员负责对进出库房人员进行安全控制。
库房物资收发保管安全管理	（1）安全管理员负责对库房物资收发保管的安全管理，包括物资的安全储存管理和设备。 （2）工具的安全使用管理。
库房消防管理	安全管理员负责库房消防管理。
库房防盗管理	安全管理员负责库房防盗管理。
异常情况处理	安全管理员发现安全管理的异常情况需及时处理，如不能解决要及时向仓储部经理汇报，由仓储部经理提出处理方案，必要时可寻求公安、消防等部门协助解决。

3.12 盘点前仓库清理工作规范

盘点前仓库清理工作规范，如表 3-12 所示。

表 3-12 盘点前仓库清理工作规范

项目	规范内容
1	供应商所交来的物料尚未办完验收手续的，不是属于本公司的物料，所有权应为供应商所有，必须与公司的物料分开，避免混淆，以免盘入公司物料当中。
2	验收完成物料应即时整理归仓，若一时来不及入仓，得暂存于场，收在场所的临时账上。
3	仓库关闭之前，必须通知各用料部门预领关闭期间所需的物料。
4	清理清洁仓库，使仓库井然有序，便于计数与盘点。
5	将呆料、不良物料和废料预先鉴定，与一般物料划定界限，以便正式盘点时作最后的鉴定。
6	将所有的单据、文件、账卡整理就绪，未登账、销账的单据均应结清。
7	仓库的物料管理人员应于正式盘点前找时间自行盘点，若发现有问题应作必要且适当的处理，以利正式盘点工作的进行。

3.13 盘点差异排查工作规范

盘点差异排查工作规范，如表 3-13 所示。

表 3-13　盘点差异排查工作规范

项目	规范内容
1	账物不一致是否确实，有否因料账处理制度有缺点而造成料账无法确实表达物料数目的事情。
2	盘盈盘亏是否由于料账员素质过低，记账错误或进料、发料的原始单据丢失造成料账不足。
3	是否盘点人员不慎多盘或将分置数处的物料未用心盘，或盘点人员事先培训工作进行不彻底而造成错误的现象。
4	对盘点的原委加以检查，盘盈盘亏是否由于盘点制度的缺陷所造成的。
5	盘点与料账的差异在容许范围之内。
6	发生盘盈盘亏的原因，今后是否可以事先设法预防或能否缓和账物差异的程度。

3.14 盘点后的修补改善工作规范

盘点后的修补改善工作规范，如表 3-14 所示。

表 3-14　盘点后的修补改善工作规范

项目	规范内容
1	依据管理绩效，对分管人员进行奖惩。
2	料账、物料管制卡的账面纠正。
3	不足料迅速办理订购。
4	呆、废料迅速处理。
5	加强整理、整顿、清扫、清洁工作。

3.15 盘点后问题解决方案制定规范

盘点后问题解决方案制定规范，如表 3–15 所示。

表 3–15 盘点后问题解决方案制定规范

项目	规范内容
1	呆料比率过重，宜设法研究，致力于降低呆废料。
2	存货周转率极低，存料金额过大造成财务负担过大时，宜设法降低库存量。
3	物料供应断货率过大时，设法强化物料计划与库存管理以及采购的配合。
4	料架、仓储、物料存放地点足以影响到物料管理绩效，宜设法改进。
5	成品成本中物料成本比率过大进，应予以探讨采购价格偏高的原因，设法降低采购价格或设法寻找廉价的代用品。
6	物料盘点工作完成以后，所发生的差额、错误、变质、呆滞、盈亏、损耗等结果，应分别予以处理，并防止以后再发生。

3.16 仓库盘点管理工作规范

仓库盘点管理工作规范，如表 3–16 所示。

表 3–16 仓库盘点管理工作规范

项目	规范内容
准备工作	（1）组建盘点小组，在选取盘点、复盘、监盘或抽盘人员时，应该有一定的级别顺序。 （2）确定此次盘点的时间、范围、要求等各方面的信息资料。 （3）准备盘点所需的报表。
制定盘点程序和方法	在以往盘点工作的基础上，确定此次盘点的程序和方法，提交公司经过会议讨论、总经理审批后，列入公司正式的盘点程序或盘点制度。
培训盘点人员	行政人事部组织相关人员培训所有参加盘点的人员，必要时进行相关的演练。
清查盘点现场	仓储部应于盘点正式开始前，指定责任人进行仓库的清理和库存台账的整理工作。

续表

项目	规范内容
扫描仓库的库位条码	（1）仓储部向物流信息部提出列印储位编码、库位清单的要求，后者应给予配合。 （2）仓储部、盘点小组人员分工扫描仓库的库位条码。
扫描库位内货物条码	仓储部、盘点小组人员分工扫描库位内的货物条码，物流信息部列印"货物库存表"。
核对库存（按库位或按批）	仓储部根据"货物库存表"，核对库存现状，按库位或按批核对，同时填写"盘点表"。
追查差异原因	（1）仓储部、盘点小组根据物流信息部列印的"货物库存差异表"，发现账、物存在的差异。 （2）检查差异是否属实，查找造成物、账差异的真正原因。
调整库存盈亏处理	（1）仓储部、盘点小组根据差异的真正原因，调整库存，填写"库存调整表"。 （2）盘点小组制定盘点盈亏报告表，确定处理对策，连同盘点工作报告提交总经理审批。

3.17 盘点培训内容设置规范

盘点培训内容设置规范，如表 3-17 所示。

表 3-17　盘点培训内容设置规范

项目	规范内容
对盘点人员培训	为使盘点工作顺利进行起见，每当定期盘点时，必须抽调人手增援。 对于从各部门抽调来的人手，必须加以组织分配，并进行短期的培训，使每一位人员在盘点工作中确实能够彻底了解并担任其应尽的任务。
认识物料的培训	对于认识物料的培训，重点在于复盘人员与监盘人员，因为复盘人员与监盘人员多半对物料不太熟。加强复盘人员与监盘人员物料认识有以下方法： （1）分配易于认识的物料给物料认识不足的复盘人员和监盘人员（如财务、行政人员）。 （2）对所分配复盘的物料，加强复盘、监盘人员的物料认识培训。 （3）对物物料认识不足的复盘、监盘人员，每次盘点所分配的物料内容最好相同或相当接近，不要因每次盘点而变更。

续表

项目	规范内容
盘点方法的培训	工厂的盘点程序与盘点办法经过会议通过后，即成为公司的制度。 参加初盘、复盘、抽盘 / 监盘的人员必须根据盘点管理程序加以培训，必须对盘点的程序、盘点的方法、盘点使用的表单等整个过程充分了解，这样盘点工作才能得心应手。

3.18 生产线盘点工作规范

生产线盘点工作规范，如表 3–18 所示。

表 3–18　生产线盘点工作规范

项目	规范内容
1	生产主管事先将盘点工作准备好。
2	生产主管下令生产停工后，必须领导监督各车间、线、拉的操作人员将手上的工作完成。
3	所有操作人员将手上工作完成后，即安排操作人员将所属零件、半成品摆在明显位置后，留下盘点人员，其余人员离开生产现场。
4	以生产线盘点单进行生产线盘点工作，对零件及各站的半成品彻底加以盘点。
5	盘点后，会同复盘点人员再盘点一次，若发现误差，即一起确认。
6	盘点完毕，将所有生产线盘点单送至生产主管。
7	生产主管安排人员汇总，做好盘点报表。

3.19 货仓 5S 工作规范

货仓 5S 工作规范，如表 3–19 所示。

表 3-19　货仓 5S 工作规范

项目	规范内容
整理	（1）处理呆废滞料。 （2）把一个月生产计划内不用的物品放到指定位置。 （3）把一周生产计划内要用的物品放到易取位置。
整顿	（1）应有货仓总体规划图，并按规划图进行区域标识。 （2）物品按规划进行放置，物品放置位置也应规划。 （3）物品放置要整齐、容易收发。 （4）物品在显著位置要有明显的标识，容易辨认。 （5）货仓通道要畅道，不能堵塞。 （6）使用的运输工具使用后应摆放整齐。 （7）消防器材要容易拿取。
清扫	（1）地面、墙上、天花板、门窗要打扫干净，不能有灰尘。 （2）物品不能裸露摆放，包装外表要清扫干净。 （3）运输工具要定期进行清理、加油。 （4）物品贮存区要通风，光线要好。 （5）一些水源污染、油污管等要进行修护。
清洁	（1）每天上下班花 3 分钟做 5S 工作。 （2）随时自我检查，互相检查，定期或不定期进行检查。 （3）对不符合的情况及时纠正。 （4）整理、整顿、清扫保持得非常好。
教养	（1）员工戴厂牌，穿厂服且整洁得体，仪容整齐大方。 （2）员工言谈举止文明有礼，对人热情大方。 （3）员工工作精神饱满。 （4）员工运输货物时小心谨慎，以防碰伤。 （5）员工有团队精神，互帮互助，积极参加 5S 活动。 （6）员工时间观念强。

3.20 物料堆放工作规范

物料堆放工作规范，如表 3-20 所示。

表 3-20　物料堆放工作规范

项目	规范内容
物料堆放原则	（1）多利用货仓空间，昼量采取立堆放方式，提高货仓实用率。 （2）利用机器装卸，如使用加高机等以增加物料堆放的空间。 （3）通路应有适当的宽度，并保持装卸空间，则可保持物料搬运的顺畅，同时不影响物料装卸工作效率。 （4）不同的物料应依物料本身形状、性质、价值等而考虑不同的堆放方式。 （5）物料之仓储要考虑先进先出的原则。 （6）物料的堆放，要考虑存储数量读取容易。 （7）物料的堆放应容易识别与检查，如良品、不良品、呆料、废料的分开处理。
物料堆放方法	（1）五五堆放法：根据各种物料的特性和开头做到”五五成行，五五成方，五五成串，五五成堆，五五成层”使物料叠放整齐，便于点数，盘点和取送。此方法适用于产品外形较大，外形规则的企业。 （2）六号定位法：按”库号，仓位号，货架号，层号，订单号，物料编号”等六号，对物料进行归类叠放，登记造册，并填制《物料储位图》便于迅速查找物料的调仓。此方法适用于体积较小，用规则容器盛装，产品品种较少的企业。 （3）托盘化管理法：将物料码放在托盘上，卡板上，或托箱中，便于成盘，成板，成箱地叠放和运输，有利于叉车将物料整体移动提高物料的保管的搬运效率。此方法适用于机械化仓库作业的企业。 （4）分类管理法：将品种繁多的物料，按其重要程度，进出仓率，价值大小，资金占用情况进行分类，并置放在不同类别的仓区，然后采用不同的管理规定，做到重点管理，兼顾一般。

3.21 货仓管理工作规范

货仓管理工作规范，如表 3-21 所示。

表 3-21　货仓管理工作规范

项目	规范内容
货仓储存的三原则	（1）防火、防水、防压。 （2）定点、定位、定量。 （3）先进先出。

续表

项目	规范内容
货仓管理	（1）货仓位置选择较为合理，离生产车间较为适当。 （2）平面规划得当。 （3）储放立体化，节约储存空间。 （4）注意通道、照明、防火、防水、防盗等措施。 （5）物料包装、标示符合规范。 （6）依物料验收规定，点收物料。 （7）物料依序整齐摆放。 （8）保持整齐、清洁，5S 工作已习惯化。 （9）建立了完整的物料账及物料卡。 （10）当日料账，当日完成。 （11）依发料规定发料。 （12）发料能提前准备。 （13）呆废料及时处理。 （14）能做好定期盘点工作。 （15）做好生产的后勤服务。
仓储物料管理要求	（1）维护品质。为维护品质，仓储设计应考虑下列几点： ①温度、光线、湿度等自然因素对产品的影响。 ②灰尘、公害、虫害等问题。 ③邻近产品或物料之间的相互影响。 ④物料重量影响与卡板放置情形。 ⑤有效储存期间及其保证。 ⑥防水、防火、防盗措施及设备。 ⑦除锈措施以及对酸、锈、盐的防护。 ⑧物料搬运的方便情况。 ⑨照明设备。 （2）安全性。物料的保管应以安全为第一，要注意以下几点： ①危险物品应利用危险品仓库隔离保存。 ②易破损的物品应置放于稳定的场所，并标示”易破”或”不能倒放”等标签，以示注意。 ③堆放物品要考虑物品的需压程度，不因放置过高而将物品压坏。 ④高价物料宜放置于可锁之仓库或投以火灾或盗窃保险。 （3）利用空间。储存物料的场所，不论是仓库、棚舍或场地，必须利用空间，以有限的空间，求合理的最大储存量，发挥仓储管理之功能。

续表

项目	规范内容
仓储物料管理要求	（4）节省人力。物料缴库、发料、退料的搬运工作、仓储的工作以及物料的记录，必须消耗大量人力。故必须以有限的人力发挥仓储管理的功效，并从工作计划、托运方法的合理化及选用适当的搬运工具，以求人力的节省。 （5）降低成本。若物料存量过少，生产极易待料而造成若大损失；若物料存量过多，则造成积压物料储存成本（包括物料成本，物料取得成本，物料保管、搬运、记录、准备仓储的成本以及水、电、保险、税、耗损报废等仓储费用）。仓储位置不适当，以及仓储不能有效利用，则容易引起超额搬运、摆放材料困难，搬运人员与设备增加。

3.22 搬运控制工作规范

搬运控制工作规范，如表 3–22 所示。

表 3–22 搬运控制工作规范

项目	规范内容
搬运方式	（1）在生产过程的各个阶段搬运物品时，应提供防止损坏物资或使物品不会变质的搬运方法和手段。 （2）对搬运的控制可通过编制搬运作业指导书加以有效控制和监督。
搬运控制	（1）在工序间运送或搬运中，对易磕碰的关键部位提供适当的保护（如保护套、防护罩等）。 （2）对搬运人员要培训，使其能掌握必须的作业规程和要求。
运输工具	使用与物资特点相适应的容器和运输工具（如托盘、货架、板条箱、集装箱、叉车、载重汽车等），加强对容器和运输工具的维护保养。
搬运安全保证	（1）对精密、特殊的产品还要防止振动和受到温度、温度等环境的影响。 （2）物资搬运过程中需通过环境有污染的地区时，搬运时应进行适当的防护。 （3）对易燃、易爆等或对人身安全有影响的产品，搬运应有严格的控制程序。 （4）对有防振、防压等特殊要求的物资，搬运中要采取专门的防护措施和加以明显的识别标记，并注意保护有关的标识，防止丢掉或被擦掉。 （5）保证正确无误地送到指定的加工、检验点或仓库。

3.23 贮存控制工作规范

贮存控制工作规范，如表 3-23 所示。

表 3-23　贮存控制工作规范

项目	规范内容
贮存的必备条件	（1）各种原材料、在制品、成品均应贮存在适宜的场地和库房。 （2）贮存场所条件应与产品要求相适应，如必要的通风、防潮、控温、清洁、采光等条件。 （3）应规定入库验收、保管和发放的仓库管理制度或标准。 （4）定期检查库存品的状况，以防止产品在使用或交付交前受到损坏或变质。
贮存控制的要求	（1）贮存区域应整洁，具有适宜的环境条件。 （2）对温度、湿度和其他条件敏感的物资，应有明显的识别标记，并加以单独存放，提供必要的环境。
使用适当的贮存方法	贮存中可能会变质和腐蚀的物资，应按一定的防腐蚀和变质的方法进行清洗、防护、特殊包装和存放。
采用必要手段进行监控	要对贮存品进行监控，采取必要的控制手段。如定期检验、对在库产品实行先进先出的原则，定期熏蒸消毒等，做好库存品的检验记录。
规范出入库流程	物资入库应验收合格，并接收日期，作出适当标记，对有贮存期要求的物资，应有适用的贮存品周转制度，物资堆放要有利于存取，并防止误用。
库存品管理	（1）定期检查库存品状况，限制非仓库人员进入，物资出库手续应齐全，加强仓库管理。 （2）贮存物品应有一套清楚完整的账物卡管理制度。

3.24 呆料管理工作规范

呆料管理工作规范，如表 3-24 所示。

表 3-24 呆料管理工作规范

项目	规范内容
呆料产生的原因	（1）销售部门。 ①市场预测欠佳，以致造成销售计划不准确，致使企业准备过多的物料。 ②销售计划不时变更，造成生产计划随之变更。销售计划、生产计划的变更，同时造成物料计划的落空而产生呆料的增加。 ③顾客订货不确实，往往订单的取消、订单的更改，生产企业还来不及调整物料计划，于是产生大量的呆料。 ④顾客变更产品型号或规格。标准产品的变更影响较少，特殊订货产品的变更容易使已准备好的零件或包装材料成为呆料，从而难以利用。 ⑤销售部门接受订单时没弄清顾客对产品要求、产品条件及其他订货内容，或者销售人员没将完整的订货信息传递给计划部门，致使制造出来的产品惨遭退货，产品修理过程容易产生呆料。 （2）设计部门。 ①设计错误，等到试产时才发觉，因此准备的一部分物料变成呆料。 ②设计变更，来不及修正采购活动或存量时会造成呆料的产生。 ③设计人员设计能力不足，造成不切实际的设计。 ④设计时欠缺标准化而造成材料零件种类过多，增加呆料的机会。 （3）计划与生产部门。 ①产销协调不良，引起生产计划变更频繁，造成呆料发生的机会。 ②生产计划错误，造成备料错误，这也是呆料产生的原因之一。 ③生产线的管理活动不良，对生产线物料的发放或领取以及退料管理不良，从而造成生产线呆料的发生。 （4）物料控制与货仓部门。 ①材料计划不当，造成呆料的发生。 ②库存管理不良，存量控制不当，呆料也容易产生。 ③账物不符，也是产生呆料的原因之一。 ④因仓储设备不理想或人为疏忽而造成货物的污损。 （5）采购管理部门。 ①物料管理部门请购不当。 ②采购管理部门采购不当，如交期延误、品质低劣、数量过多等。 ③对供应商辅导不足，产生供应商品质、交期、数量、规格等种种不易予配合的事情而发生呆料的现象。 （6）品质管理部门。 ①进料检验疏忽。 ②采取抽样检验，允收的合格品当中仍留有不良品。 ③检验仪器不够精良。

续表

项目	规范内容
呆料的处理	（1）调拨其他单位利用。本单位的呆料，其他单位仍可设法利用，可将呆料进行调拨。 （2）修改再利用。既成呆料，少有利用机会，如果仍可将呆料在规格上稍加修改，就能够加以利用。 （3）借新产品设计时推出，消化库存的呆料。 （4）打折扣出售给原来的供应商。 （5）与其他公司，以物易物的方式相互交换处理。 （6）破坏焚毁。对于无法出售、交换、调拨再利用的呆料宜以物料的类别分别考虑破毁、焚毁或掩埋。
呆料的预防	呆料预防重于处理，对于呆料的发生，可采取如下预防措施： （1）销售部门。 ①加强销售计划的稳定性，对销售计划的变更要加以规划，切忌使销售计划变更频繁，使购进的材料变成仓库中的呆料。 ②顾客的订货应确实把握，尤其是特殊订货不宜让客户随意取消，否则材料准备下去，容易造成呆料。 ③消除顾客百分之百的优先主义，顾客订货的产品型号或规格减少变更，尤其是特殊型号和规格的产品更应设法降低顾客变更的机会，否则会造成很多的呆料。 ④销售人员接受的订货内容应确实把握，并把正确而完整的订货内容传送至计划部门。 （2）设计部门。 ①加强设计人员的能力，减少设计错误的机会，不至于因设计错误而产生大量呆料。 ②设计力求完整，设计完成后先经完整试验过程后才加以大批订购材料。 ③设计时要加强设计零件、包装材料等标准化的努力，这样就可尽量避免零件与包装材料种类过多而增加呆料的机会。 （3）计划与生产部门。 ①加强产销的协调，增加生产计划的稳定性，对紧急订单妥善处理，如此可减少呆料的产生。 ②生产计划的拟定应合乎现状，若生产计划错误而造成备料错误，自会产生呆料。

续表

项目	规范内容
呆料的预防	③生产线加强发料、退料管理，则生产线上的呆料自然会减少。 ④新旧产品的更替，生产计划应十分周密，以防止旧材料变成呆料。 （4）货仓与物控部门。 ①材料计划应加强，消灭材料计划失常的现象。 ②对存量加以控制，勿使存量过多，而减少呆料发生的机会。 ③强化仓储管理，加强仓储与账面数据的一致性。 （5）采购管理部门。 ①减少物料的请购、订购不当机会。 ②加强辅导供应厂商，呆料现象自可降低。 （6）验收管理部门。 ①物料验收时，避免混入不合格物品，强化进料检验并彻底执行。 ②加强检验仪器的精良化，减少物料“鱼目混珠”的机会，消灭不良物料入库的机会。

3.25 废料管理工作规范

废料管理工作规范，如表 3–25 所示。

表 3–25　废料管理工作规范

项目	规范内容
废料产生的原因	（1）陈腐。物料长久未加以动用，陈腐不堪而失去使用价值。 （2）锈蚀。机械设备耐用年数一过，无论如何保养，终必推动使用价值，报废拆解后自然形成废料。 （3）边角料。钢料、布匹、胶皮、电线等，加以裁剪后必会产生边角零头或碎屑。 （4）拆解的产品。不良产品的拆解，必然会产生不少已无利用价值的零件或包装材料。

续表

项目	规范内容
废料的处理	在规模较小的企业，废料积累到一定程度时出售处理。在规模较大的企业，可将废料集中一处并从事物料解体的工作，将解体后的物料分类处理： （1）废料解体后，其中有许多可移作他用的物料，如胶管、机械零件、电子零件等可以重新保养使用。 （2）废料解体后，其中仍有残料，如钢条，钢片等可做残料利用。 （3）废料解体后所剩余的废料应小心分类，将钢料、铝、铅、铜、塑胶等适当分类。若有工厂再制，即送工厂再制。分类后的废料依适当的价格向废品回收机构出售，废料分类后可卖得较高的价钱。
废料的预防	（1）设法防止物料的陈腐。 ①减少呆料的闲置，设法利用。 ②洽谈原有供应厂商，以旧料换新料，防止物料陈腐发生。 ③寻找物料的替代品，防止物料的陈腐。 （2）减少物料锈蚀的现象。物料防止酸锈的侵蚀、湿气的侵蚀，在物料上可选用耐酸不易锈蚀的材料。 （3）防止剪裁边隙，提高物料的使用率。 （4）建立先进先出的物料收发制度，以免物料堆积过久而成为陈腐报废的物料。 （5）推选预防保养机器设备，作定期保养与维护，以减少机器的报废而发生的废料。 （6）预防虫咬现象的发生。老鼠、蟑螂、蛀虫等足以破坏物料的虫害彻底消灭。

3.26 库存量控制工作规范

库存量控制工作规范，如表 3–26 所示。

表 3–26　库存量控制工作规范

项目	规范内容
设定库存基准	库存控制主管依据去年的标准估算月用量，并在估算月用量的基础上设定请购点和采购期限，从而确定库存基准。库存基准的设定应区分物资使用的经常性和稳定性。

续表

项目	规范内容
判断库存现状	库存控制主管根据库存控制专员汇总的当前的库存信息判断当前的库存状况。库存状况包括三个方面，即库存量低于库存基准、存在用料差异以及物料使用日期的变更。
提出库存优化措施	库存控制主管针对判断结果提出不同的应对措施： （1）针对库存量低的情况，填写请购单，由采购部进行相关物资的采购。 （2）针对用料异常的情况，填写用料异常反应单，由相关部门和仓储部共同分析用料差异的原因，并制定对策。 （3）针对物资需求期变更的情况，则进行库存状况调整，填写交期变更联络单。
库存信息更新	库存控制专员根据库存量的变更情况对库存信息进行实时更新，确保库存控制的合理性及库存信息和数据的准确性。

3.27 库存管理方法选择规范

库存管理方法选择规范，如表 3-27 所示。

表 3-27 库存管理方法选择规范

项目	规范内容
确定存货总价值及年销售比率	存货额与销售额的比率等于按成本计算的总库存额除以年销售量。
明确供应日数	供应日数等于按成本计算的存货总值除以按成本计算的日销售额。
选择库存管理方法	常用的库存方法有双堆法、连续法、定期法、MRP 法、JIT 法、非强制补充供货法等，在订货数量、订货点、检查周期、需求率、前置时间以及保险存货量等方面进行计算，区分库存管理方法的特点。

3.28 ABC 法分类管理工作规范

ABC 法分类管理工作规范，如表 3-28 所示。

表 3-28　ABC 法分类管理工作规范

项目	规范内容
预测物资年使用量	库存控制专员根据企业生产计划和采购计划，在同去年同期出、入库数量进行比较的基础上推断物资的年使用量。
确定每种物资价格	在确定每种物资的价格时，应当选用统一的计算方法，可以选择进货价格或出货价格作为统一计算标准。
对使用物资进行排序	通过物资单价乘以物资数量，计算出每种物资的占用金额，并按照年占用金额的大小排列出全部品种的商品。
计算累计金额及其比例	按照商品占用金额多少，将其编号、使用量、单件、占用金额填入 ABC 分析表，并计算出库存累计占用的总金额及各种商品占用库存金额的比例。
制作 ABC 分析图	以“品种数累计百分比”为横坐标，以“占用资金累计百分比”为纵坐标，绘制 ABC 分析图。
分析并确定商品类别	（1）A 类商品品种占库存总数的 10% ~ 20%，其价值占总数的 70% ~ 80%。 （2）B 类物资品种占存货总数的 30%，其价值占总金额的 15% ~ 25%。 （3）C 类物资品种占存货总数的 50% ~ 60%，但其价值只占总金额的 5%。

3.29 滞料处理工作规范

滞料处理工作规范，如表 3-29 所示。

表 3-29　滞料处理工作规范

项目	规范内容
滞料信息收藏	库存控制专员依照库存类别，对一定期限内无异动或异动数量未超过一定百分比的材料信息进行收集，并将收集结果制成标准，送交库存控制主管。
组织查找滞料原因	库存主管组织生产部及其他材料使用部门对产生滞存的原因进行分析。
拟定处理方式和处理期限	在查找原因的基础上，制定处理方式和处理期限，其中处理方式包括转用、出售、交换、拆用以及报废等。
进行处理	生产部及其他相关部门根据确定的处理方式，在规定的期限内对滞料进行处理。
汇总处理信息	库存控制主管对滞料的处理信息进行汇总，包括处理方式、处理是否逾期等。

3.30 库存控制管理工作规范

库存控制管理工作规范，如表 3-30 所示。

表 3-30 库存控制管理工作规范

项目	规范内容
库存计划	仓库主管根据生产计划制订年度库存计划，报生产总监审批。
库存记录	对入库、出库进行记录控制，获得第一手统计资料，便于进行差异分析。
审核	生产总监对仓库主管提供的差异分析进行审核，考虑是否追加采购申请。
合理安排使用	仓库管理部门对仓库物资进行合理调配使用，并做好仓库管理记录工作。

3.31 物料领用管理工作规范

物料领用管理工作规范，如表 3-31 所示。

表 3-31 物料领用管理工作规范

项目	规范内容
制订领料制度	仓库出库主管制订物料领用管理制度，上报仓储部经理审批后生效执行。
填写领料单	生产车间根据生产需要，依照领料单填写标准填写领料单。
签字确认	车间主任在领料单上签字，确认领料事宜。
签发出库凭证	仓库出库主管对出库单进行审核无误后，签发出库凭证。
凭证核对	出库专员对物料领用和出库凭证进行核对，确认无误后开始准备发料。
物料交接	物料复核无误后，出库专员与领料员办理物料交接手续，并在相应的单据上签字核实。
台账处理	仓库出库主管进行仓库台账处理。

3.32 限额发料管理工作规范

限额发料管理工作规范，如表 3–32 所示。

表 3–32 限额发料管理工作规范

项目	规范内容
确定发料限额	仓储部与生产部按照生产计划和企业的生产消耗定额标准，以及产品的品种、批别和物料名称确定定额发料限额。
填写限额发料单	生产车间按照生产需要填写定额领料单，通过定额领料单向仓储部门提出领料申请。
限额核对	仓库管理人员核对生产车间定额领料表上的领料数量，看是否超过既定的领料限额。
申请计划外用料	当领料数量超过领料定额时，生产车间提交计划外用料申请，该申请经过生产部和仓储部审批后生效。
发放物料	仓库管理人员按照限额领料单发放物料，并在发放物料后根据领料单记账。
期末统计用料	在每个企业运营周期末，仓库管理人员根据领料单，核算各部门、车间的实际用料量，交财务部和生产部登账和备查。

3.33 货物出库准备工作规范

货物出库准备工作规范，如表 3–33 所示。

表 3–33 货物出库准备工作规范

项目	规范内容
签发发货单	（1）销售部对客户提交的“订货单”进行审核，经确认无误后，销售主管签发“发货单”，并将“发货单”交给出库主管。 （2）出库主管核实“发货单”的内容，据此填发“出库单”。
包装检查	出库专员根据主管填写的“出库单”备货、理货、置唛，做好货物出库的准备工作。

续表

项目	规范内容
组配、分装	（1）出库专员根据运输的需要，对待领货物进行组配封装，或拆零分装。 （2）对受损的包装进行加固或重新包装；对于易碎货物要加装相应的衬垫物。
货物包装标识	包装完成后，出库作业人员应于货物包装的显眼处添加标识，标明货物的名称、规格及提货单位等。
出库交接	出库专员联系货物配送部门，协调好搬运装载工具，按照规定办理出库交接手续。
通知发运的时间和地点	出库专员发货准备完毕后，通知相关单位，确定提货的时间和地点。

3.34 出库单流转处理规范

出库单流转处理规范，如表 3–34 所示。

表 3–34 出库单流转处理规范

项目	规范内容
开具发货单	业务人员根据客户的订货单或订货合同填写“发货单”，并将发货单交给仓库。
接收发货单	仓储部接收“发货单”，仓储部经理核对“发货单”，经确认无误后签字交给仓库管理员备货。
仓库备货	仓库管理员根据“发货单”进行备货、理货。
根据实际发货量填写发货单	仓库管理员根据实际发货数量，填写“发货单”。
签发发货单和发货清单	仓库管理员在确认货物结算事宜已办妥后，填写“发货单”，并签发“发货清单”。
凭单提货	客户指派的提货人凭“发货单”和“发货清单”提货出库。
货物交接	仓库管理员与提货人办理货物交接手续，双方共同核实货物数量。
门卫复核签收发货单	门卫核查提货人所持的“发货单”与货物，复核无误后签字收回“发货单”。

3.35 自提提货单流转工作规范

自提提货单流转工作规范，如表 3–35 所示。

表 3–35　自提提货单流转工作规范

项目	规范内容
接收提货单	销售部业务人员根据客户的提货通知，填写“提货单”，向仓储部提出提货申请。
填写货物出门证	仓库管理员核对“提货单”的具体内容是否符合相关规定，核对提货单的印鉴、背书有效期以及其他内容是否正确。审核无误后，签发一式两联的货物出门证，一联给提货人，一联给仓库备货用。
登账	仓库管理员根据“提货单”在“物资明细账”的出库记录栏内登账，并在提货单上签名，批注出库数量和结存数量。
按提货单备货	仓库管理员按照“提货单”备齐货物；提货人凭取到的货物出门证，向仓库管理员提货；仓库管理员待货付讫，应盖付讫章，与提货人办理货物交接手续。
交货并盖销提货单	提货人清点并提取货物，仓库管理人员盖销提货单。
收回出门证、放行	提货人凭货物出门证出门，门卫收回货物出门证，并在当天将出门证交给财务人员。
账务核对	（1）财务部将出门证与已收回的“提货单”进行核对，如果发现“提货单”或出门证不符，应该立刻追查原因。 （2）仓库管理员在货物出库后，对在库的相同货物进行清点，看账、物、卡是否一致，若不一致，则立刻查找原因。

3.36 物料配送管理工作规范

物料配送管理工作规范，如表 3–36 所示。

表 3-36 物料配送管理工作规范

项目	规范内容
备货	仓储部接到业务部门的“出货通知单”后，在相关部门的配合下，完成有关的质量检查、结算、交接等工作。
储存	仓储部在执行配送时，按分拣配货要求，在货场进行少量储存准备，以便于配送作业更有效地进行。
分拣	仓储部根据客户的订货需要或企业的配送计划，迅速从储位或其他地区拣出，并按照一定方式进行分类、集中，等待配装送货。
配装	仓储部为了提高送货水平，降低送货成本，在单个客户配送数量不能达到车辆的有效运载负荷时，将向不同客户配送的货物进行集中，并搭配装载以充分利用运能、运力。
物料运输	仓储部运输调度专员选择合适的运输线路，将车辆进行合理调度，保证资源利用的最大化。

3.37 拣选式配货工作规范

拣选式配货工作规范，如表 3-37 所示。

表 3-37 拣选式配货工作规范

项目	规范内容
确定需拣选的商品	仓储部接到“出货单”后，按照一单一拣的原则，明确需要拣选的商品。
明确商品存储位置	仓储部在明确需拣选的商品后，参照仓库储位设计原则，进一步明确商品在仓库中的位置。
选择最短取货路线	仓储部根据订单及确定的待选商品位置，合理设计取货路线。
到各货位分别取货	仓储部负责取货人员运用适当的工具，到各个货位上取货。
更改商品保管卡	仓储部负责取货人员在取货结束后，及时更改仓储保管卡。

3.38 运输送货管理工作规范

运输送货管理工作规范，如表 3-38 所示。

表 3-38　运输送货管理工作规范

项目	规范内容
配送计划	配送专员根据业务情况，制订配送计划，报运输配送主管审批。
暂定送货先后顺序	配送专员根据具体业务情况，初步拟定送货顺序。
通知	业务部根据送货安排，通知客户，并与客户就具体事项进行沟通。
确定送货顺序和时间	运输调度专员根据车辆情况，最终确定送货顺序和具体时间。
货品装运及手续办理	办理相关货品的出库和运输手续。

3.39 物料运输管理工作规范

物料运输管理工作规范，如表 3-39 所示。

表 3-39　物料运输管理工作规范

项目	规范内容
拟定运输方案	仓储部根据业务部的发货通知，拟定运输方案。
开具提货单	如需要提货，仓储部则开具提货单。
凭提货单取货	运输人员凭提货单提货。
配货	装卸专员组织货品装卸，办理各种手续，进行货品运输。
中途发生意外事故	如果中途发生意外事故，运输配送主管根据实际情况调整运输方案，例如道路、天气等原因。

3.40 装卸搬运管理工作规范

装卸搬运管理工作规范，如表 3-40 所示。

表 3-40 装卸搬运管理工作规范

项目	规范内容
装卸搬运安排	装卸专员根据到货物料的性质，进行装卸安排。
通知	仓储部接到到货通知后，根据物料的性质确定存储的位置，并做好相应的准备。
卸货搬运	装卸专员在仓储部准备好后，组织货品的搬运。
入库检查	仓储部进行货品入库检查，并核实货品的数量、质量、完好程度。
责任划分	对货品所出现的问题，仓储部和装卸人员进行详细记录，同时进行责任划分，报仓储部经理进行审批和确定。
备案	仓储部和装卸专员都要对责任情况进行备案，以便对相关人员做出处罚。

3.41 物料发送管理工作规范

物料发送管理工作规范，如表 3-41 所示。

表 3-41 物料发送管理工作规范

项目	规范内容
签订合同	业务部与客户签订发货合同。
拟定运输计划与方案	运输配送主管根据合同内容拟定运输方案。
开具提货单	仓储部开具提货单。
组织提货	运输配送主管组织运输人员凭提货单取货，进行物料交接和装运。
发货通知	运输配送主管发出发货通知，并告知客户准备接货。

3.42 订单处理工作规范

订单处理工作规范，如表 3-42 所示。

表 3-42　订单处理工作规范

项目	规范内容
1	订单处理工作包括接受转单、输单、分单、开出发货单和跟单反馈等业务。
2	（1）订单业务员在接到销售计划部转来的订单后，应及时完成输单业务。 （2）对于存在缺货的请购单，订单业务员应进行分单，即根据库存情况，逐批次地完成该订单的发货。 （3）分单处理应及时反馈到销售计划部，以利于销售计划部及时与办事处或客户沟通。
3	所有开具的发货单在交由储运之前，应报物流部经理或储运主管进行复审，确定无误后签字，办理发运。
4	订单业务员应对进入发货程序的每一订单，进行跟踪管理，知悉订单所处的程序环节，以督办订单发货业务及时处理，并反馈到销售计划部。

3.43 储运管理工作规范

储运管理工作规范，如表 3-43 所示。

表 3-43　储运管理工作规范

项目	规范内容
1	储运主管应组织仓库全体员工，严格按公司的仓库管理制度，管理好仓库的各项工作。
2	仓管员按生产部门开具的入库单，对成品进行入库前的检查，核对好品种、数量与包装完好后，开具入库单，同时调整库存记录。
3	仓管员根据发货员的发货单（仓库联）审核无误后，开具出库单，出库检验员协助备货员清点发货数量与品种后，由备货员在出库单上签字确认。
4	备货员备妥货物后，编号员及时对该批次货物的编号与客户名称记录清晰，留作备查。
5	发货司机接到备货员转交的货物与出库单据后，办理运输手续。办妥后将发货凭证转交订单管理员或销售计划部的市场管理员。
6	储运主管应逐月按上月平均日发货数量，测算出各品种的安全库存定额（以周出货量计算）。每天向销售计划部报送达到或低于补货点的品种与数量（注明产品的 ABC 属类），或按销售计划部的要求上报库存情况。

3.44 退货管理工作规范

退货管理工作规范，如表 3-44 所示。

表 3-44 退货管理工作规范

项目	规范内容
1	（1）物流部收到退货后，及时反馈到货信息，根据随箱所附的退换货申请的批准表和清单对该批货物清点、验货。 （2）进行入库或其他适当的处理，将处理结果反馈到销售计划部或客户服务部。
2	（1）如箱内未附退换货申请的批准表或清单，则对该批货物不予处理。 （2）将信息通知销售计划部或客户服务部。

3.45 商品入库验收细节规范

商品入库验收细节规范，如表 3-45 所示。

表 3-45 商品入库验收细节规范

项目	规范内容
验收准备	（1）收集、整理并熟悉各项验收凭证、资料和有关验收要求。 （2）准备所需的计量器具、卡量工具和检测仪器仪表等，要准确可靠。 （3）落实入库货物的存放地点，选择合理的堆码垛型和保管方法。 （4）准备所需的苫垫堆码物料、装卸机械、操作器具和担任验收作业的人力。如为特殊性货物，还须配备相应的防护用品，采取必要的应急防范措施，以防万一。 （5）进口货物或存货单位要求对货物进行质量检验时，要预先通知商检部门或检验部门到库进行检验或质量检测。

续表

项目	规范内容
核对验收单证	（1）审核验收依据，包括业务主管部门或货主提供的入库通知单、订货合同、协议书等。 （2）核对供货单位提供的验收凭证，包括质量保证书、装箱单、磅码单、说明书和保修卡及合格证等。 （3）核对承运单位提供的运输单证，包括提货通知单和货物残损情况的货运记录、普通记录和公路运输交接单等。在整理、核实、查对以上凭证时，如果发现证件不齐或不符等情况，要与货主、供货单位、承运单位和有关业务部门及时联系解决。 （4）入库商品必须具备下列凭证：入库通知单和订货合同副本；供货单位提供的材质证明书、装箱单、磅码单、发货明细表等；商品承运单位提供的运单。若商品在入库前发现残损情况，还要有承运部门提供的货运记录或普通记录，作为向责任方交涉的依据。 （5）核时凭证就是将上述凭证加以整理全面核对。入库通知单、订货合同要与供货单位提供的所有凭证逐一核对，相符后才可以进行下一步检验工作。
确定验收比例	抽验比例应首先以合同规定为准，合同没有规定时，确定抽验的比例一般应考虑以下因素： （1）商品价值。商品价值高的，抽验比例大；反之则小。有些价值特别大的商品应全验。 （2）商品的性质。商品性质不稳定的或质量易变化的，验收比例大；反之则小。 （3）气候条件。在雨季或梅雨季节，怕潮商品抽验比例大；在冬季速冻商品抽验比例大；反之则小。 （4）运输方式和运输工具。对采用容易影响商品质量的运输方式和运输工具运送的商品，抽验比例大；反之则小。 （5）厂商信誉。信誉好的抽验比例小；反之则大。 （6）生产技术。生产技术水平高或流水线生产的商品，产品质量较稳定，抽验比例小；反之则大。 （7）储存时间。储存时间长的商品，抽验比例大；反之则小。
实物验收	（1）实物验收是物资验收业务管理的核心，核对资料、证件都符合后，应尽快验收实物。 （2）仓库一般负责物资外观质量和数量的验收。 （3）对于有些入库物资需要进行内在质量和性能检验的，仓库应积极配合检验部门，提供方便，做好此项工作。

3.46 商品验收中发现问题处理细节规范

商品验收中发现问题处理细节规范，如表 3–46 所示。

表 3–46 商品验收中发现问题处理细节规范

项目	规范内容
数量不准	（1）数量短缺在磅差允许范围内的，可按原数入账，凡超过规定磅差范围的，应查对核实，验收记录和磅码单交主管部门会同货主向供货单位办理交涉。 （2）凡实际数量多于原发料量的，可由主管部门向供货单位退回多发数，或补发货款。
质量不符合要求	（1）在验收商品时，一定要严把质量关。 （2）对于不符合质量要求的，一定要求退换，绝不能入库，做到入库的商品无任何质量问题。
证件不齐全	（1）该类到库商品应作为待检商品处理，堆放在待验区，待证件到齐后再进行验收。 （2）证件未到之前，不能验收，不能入库，更不能发料。
单证不符	供货单位提供的质量证书与进库单、合同不符时，商品待处理，不得动用。
商品未按时到库	有关证件已到库，但在规定的时间商品尚未到库，应及时向货主查询。
价格不符	（1）应按合同规定价格承付，对多收部分应予拒付。 （2）如果是总额计算错误，应通知货主及时更改。
商品在入库前已有残损短缺	（1）有商务记录或普通记录等证件者，可按照实际情况查对证件记录是否准确，在记录范围内者，按实际验收情况填写验收记录。 （2）在记录范围以外或无运输部门记录时，应查明责任。其残损情况可以从外观上发现，但在接运时尚未发现而造成无法追赔损失时，应由仓库接运部门负责；外观良好，内部残缺时，应做出验收记录，与供货方交涉处理。
发错货	（1）如发现无进货合同、无任何进货依据，但运输单据上却标明本库为收货人的商品，仓库收货后应及时查找该货的产权部门，并主动与发货人联系，询问该货的来龙去脉，并作为待处理商品，不得动用。 （2）依其现状做好记载，待查清后做出处理。

续表

项目	规范内容
对外索赔	（1）对需要对外索赔的商品，应由商检局检验出证，对经检验提出退货、换货出证的商品应妥善保管，并保留好商品原包装，供商检局复验。 （2）对进口物资经验收发现规格、数量等不符合合同规定，如属供货方责任的应在规定索赔期内向外商提出索赔。 （3）在索赔期内应妥善保管物资，以备商检局或供货方复验。 （4）对国内供应的物资在验收中发现数量、产品质量不符时，如属运输部门责任时，应填制索赔单，随同运输部门的商务记录，交由运输部门处理；如属供货单位责任时，应先查询后处理。

3.47 入库手续办理细节规范

入库手续办理细节规范，如表 3-47 所示。

表 3-47　入库手续办理细节规范

项目	规范内容
登账	（1）登账必须以正式合法的凭证为依据，如入库单、出库单等。 （2）一律使用蓝、黑墨水笔登账。用红墨水笔冲账，当发现登账错误时，不得刮擦、挖补、涂抹或用其他药水更改字迹，应在错处画一红线，表示注销，然后在其上方填上正确的文字或数字，并在更改处加盖更改者的印章，红线画过后的原来字迹必须仍可辨认。 （3）记账应连续、完整，依日期顺序，不能隔行、跳页，账页应依次编号，年末结存后转入新账，旧账页入档妥为保管。 （4）记账时，其数字书写应占空格的 2/3 空间，便于改错。 （5）登记账卡前首先要认真审查凭证，记好日期、凭证编号，摘要栏要尽量简明扼要，认真填写；在过次页时，应在账页最后一行的摘要栏内注明转次页，并依次结出本月收、支、存数，在次页第一行摘要栏内注明承前页，并记录上页结出的收、支、存数。保管账可采取专职管理人员负责建立管理总账和保管员一人一账的方法。 （6）不论采取哪种管理方法，均应做到每天登账，经常查对，保证账账相符、账卡相符、账物相符。

续表

项目	规范内容
立卡	（1）每次物资入库码垛时，即应按入库单所列内容填写卡片，发货时应按出库凭证随发随销货卡上的数字，以防事后漏记。 （2）卡片式样根据物资存放地点不同而不同，存放在库房内的物资一般挂纸卡或塑料卡。 （3）存放在露天的物资，为防止卡片丢失或损坏，通常装在塑料袋中或放在特制的盒子里，然后再挂在垛位上，也可用油漆写在铁牌上。
建档	（1）商品档案应一物一档。存档资料包括： ①商品出厂时的各种凭证和技术资料，如商品技术证明、合格证、装箱单、发货明细表等。 ②商品运输单据、普通记录或货运记录、公路运输交接单等。 ③商品验收的入库通知单、验收记录、磅码单、技术检验报告。 ④商品入库保管期间的检查、保养、损溢、变动等情况的记录。 ⑤库内外温度、湿度记载及对商品的影响情况。 ⑥商品出库凭证。 （2）商品档案应统一编号，妥善保管。商品档案部分资料的保管期限，根据实际情况酌定。其中有些资料如库区气候资料、商品储存保管的试验资料，应长期保留。

3.48 理货工作细节规范

理货工作细节规范，如表 3-48 所示。

表 3-48 理货工作细节规范

项目	规范内容
清点货物件数	（1）对于件装货物，包括有包装的货物、裸装货物、捆扎货物，根据合同约定的计数方法，点算完整货物的件数。如合同没有约定，则仅限于点算运输包装件数（又称大数点收）。 （2）合同约定计件方法为约定细数以及需要在仓库拆除包装的货物，则需要点算最小独立（装潢包装）的件数，包括捆内细数、箱内小件数等。 （3）对于件数和单重同时要确定的货物，一般只点算运输包装件数。

续表

项目	规范内容
查验货物单重、尺度	货物单重是指每一运输包装的货物重量，一般通过秤重的方式核定，按照数量检验方法确定秤重程度。
查验货物重量	（1）衡重方法可以采用： 衡量单件重量，则总重等于所有单件重量之和； 分批衡量重量，则总重等于每批重量之和； 入库车辆衡重，则总重 = 总重车重量 – 总空车重量； 抽样衡量重量，则总重 =（抽样总重 / 抽样样品件数）× 整批总件数； 抽样重量核定，误差在 1% 以内，则总重 = 货物单件标重 × 整批总件数； （2）此外对设有连续法定计量工具的仓库，可以直接用该设备进行自动衡重。 （3）连续计量设备主要有：轨道衡、胶带衡、定量灌包器、流量计等。连续计量设备必须经国家计量行政管理部门检验发证（审证）方可有效使用。
检验货物表面状态	（1）理货时应对每一件货物进行外表感官检验，查验货物外表状态，接收货物外表状态良好的货物。 （2）外表检验是根据仓库基本质量的检验要求，确定货物有无包装破损、内容损坏、变质、油污、散落、标志不当、结块、变形等不良质量状况。
剔除残损	（1）在理货时发现货物外表状况不良，或者怀疑内容损坏等，应将不良货物剔除，单独存放，避免与其他正常货物混淆。 （2）待理货工作结束后再进行质量确定，确定内容有无受损以及受损程度。 （3）对不良货物可以采取退货、修理、重新包装等措施处理，或者制作残损报告，以便明确划分责任。
货物分拣	（1）仓库原则上采取分货种、分规格、分批次的方式储存货物，以保证仓储质量。 （2）对于同时运入库的多品种、多规格货物，仓库有义务进行分拣、分类、分储。 （3）理货工作就是要进行货物确认和分拣作业。 （4）对于仓储委托的特殊的分拣作业，如对外表的分颜色、分尺码等，也应在理货时进行，以便分存。 （5）需开包进行内容分拣时，则需要独立进行作业。

续表

项目	规范内容
安排货位、指挥作业	（1）由理货人员进行卸车、搬运、垛码作业指挥。 （2）根据货物质量检验的需要，指定检验货位，或者无须进一步检验的货物，直接确定存放位置。 （3）要求作业人员按照预定的堆垛方案堆码货或者上架。 （4）对货垛需要的垫垛、堆垛完毕的苫盖，指挥作业人员按要求进行。 （5）作业完毕，要求作业人员清扫运输、搬运、作业现场，收集地脚货物。
处理现场事故	（1）对于在理货中发现的货物残损，不能退回的，仓库只能接收，但要制作残损记录，并由送货人、承运人签署确认。 （2）对作业中发生的工损事故，也应制作事故报告，由事故责任人签署。
办理交接	由理货人员与送货人、承运人办理货物交接手续，接收随货单证、文件，填制收费单据，代表仓库签署单证，提供单证由对方签署等。

3.49 商品出库细节规范

商品出库细节规范，如表 3-49 所示。

表 3-49　商品出库细节规范

项目	规范内容
出库准备	仓库应根据凭证的要求，做好如下准备工作： （1）选择好发货的货区、货位。 （2）检查出库商品，拆除货垛苫盖物。 （3）安排好出库商品的堆放场地。 （4）安排好人力和机械设备。 （5）准备好包装材料。
审核出库凭证	出库凭证（如提货单、领料单）到达仓库后，仓库管理人员要对出库凭证的以下内容进行审核： （1）审核货主开出的提货单的合法性和真实性。 （2）核对商品的品名、型号、规格、单价和数量。 （3）核对收货单位、到站、开户银行和账号是否齐全正确。

续表

项目	规范内容
备货	备货时应注意以下事项： （1）要按出库凭证所列的项目和数量进行，不得随意变更。 （2）备货计量一般根据商品入库验收单上的数量，不用再重新过磅，对被拆散、零星商品的备货应重新过磅。 （3）备好的货物应放于相应的区域，等待出库。 （4）出库商品应附有质量说明书或抄件、磅码单、装箱单等附件。
复核	为避免出库商品出错，备料后应进行复核，复核的主要内容包括： （1）商品名称、规格、型号、批次、数量、单价等项目是否同出库凭证所列的内容一致。 （2）机械设备的配件是否齐全，所附证件是否齐全。 （3）外观质量、包装是否完好。 （4）复核的主要方式有三种：由多个保管员交替复核、由专职复核员复核、由运输员或包装员复核，不同企业可根据自己的管理模式选择相应的复核方式。
包装	为保证商品在装卸搬运途中不受损坏，商品的包装一定要符合以下要求： （1）根据商品的外形特点，选择适宜的包装材料，包装尺寸要便于商品的装卸和搬运。 （2）商品包装要符合运输的要求。 ①包装应牢固，怕潮的商品应垫一层防潮纸，易碎的商品应垫软质衬垫物。 ②包装外要有明显的标志，标明对装卸搬运的要求及其他标志，危险品必须严格按规定进行包装，并在包装外部标明危险品的有关标志。利用旧包装时，应彻底清除原有标识，以免造成标识混乱，导致差错。 ③不同运价的商品应尽量不包装在一起，以免增加运输成本。 （3）严禁性能抵触、互相影响的商品混合包装。 （4）包装的容器应与被包装商品体积相适应。 （5）要节约使用包装材料，注意节约代用，修旧利废。
刷唛	包装完毕后，在包装上写明收货单位、到站、发货号、本批商品的总包装件数、发货单位等，并在相应的位置印刷或粘贴条码标签。
清点交接	清点交接出库商品经复核、包装后，要向提货员点交，具体点交的内容主要有： （1）将出库商品及随行证件向提货人员当面点交。 （2）对重要商品的技术要求、使用方法、注意事项交待清楚。 （3）商品移交清楚后，提货人员应在出库凭证上签名；保管员应做好出库记录。

续表

项目	规范内容
清理	商品出库后，要对仓库进行清理，具体工作主要有： （1）要清理现场，根据储存规划要求，对货物进行并垛、挪位，腾出新货位，以备新来货物使用。 （2）要清扫发货现场，保持清洁整齐。 （3）要清查发货设备和工具有无丢失、损坏。 （4）商品发货完毕，要整理商品出入库情况、保管保养情况及盈亏数据等情况，然后记入档案，妥善保管，以备查用。

3.50 拣货工作细节规范

拣货工作细节规范，如表3-50所示。

表3-50 拣货工作细节规范

项目	规范内容
确定拣货方式	通常拣货方式有摘果式、播种式两种，应根据出库商品的性质选择合适的拣货方式： （1）摘果式。在以下情况下一般采用摘果式方式拣货： ①订单大小差异较大，订单数量变化频繁，尤其是在季节性较强的商品配送等情况下。 ②商品外形体积变化较大，商品差异较大的情况下。如化妆品、家具、百货、电器、高级服饰等。 （2）播种式。在以下情况下一般采用播种式方式拣货： ①自动化、系统化程度较高的库房。 ②订单变化较小，订单数量稳定的配送中心。 ③商品外型较规则、固定的商品出货每种拣货方式都有自己的优缺点，在选择的时候要综合评价后再做决定。
制定拣货清单	根据所选择的拣货方式形成不同的拣货清单。 （1）摘果式。根据每一份订单形成一份拣货清单。 （2）播种式。将多张订单集合成一批，按照商品品种类别把多张订单上的商品进行加总形成拣货清单。
安排拣货路线	根据拣货清单上的商品储位来安排拣货路线，基本原则为使拣货人员行走最近的路线。

续表

项目	规范内容
分派拣货人员进行拣货作业	拣货员根据拣货清单，按照事先规划好的拣货路线巡回于仓库中，按照拣货清单所列商品及数量，把商品逐一从仓库储位或其他作业区中取出放在托盘或其他容器上，然后集中在一起与出货单放在指定位置，由出货验收人员检查。

3.51 货物装卸搬运优化细节规范

货物装卸搬运优化细节规范，如表 3-51 所示。

表 3-51　货物装卸搬运优化细节规范

项目	规范内容
减少装卸搬运次数	（1）准确掌握仓储物品的流通动向，根据仓储协议确定货物流通计划，合理选择仓位，必要时采用分点存放。 （2）防止压堵出库货物，避免货物在仓库内倒仓。 （3）合理组织物流的各项活动，排除重复装卸搬运。
采用托盘化、集成化等成组作业	（1）将货物码放在托盘上，然后连同托盘一起进行装卸搬运，如能连同托盘一起出库，将会使货物全程的装卸搬运效率大大提高。 （2）采用其他器材，如绳网、货箱或其他较大容器进行成组集成，这也会大大提高装卸搬运效率。
使装卸搬运移动距离最近	（1）尽可能使运载车辆、搬运工具接近货物存放的位置，或尽量使车辆进入装卸作业区。 （2）使装卸作业设备能够直接进入作业的位置，尽可能消除完全采用人力的水平搬运。
省力化作业	（1）充分利用重力。从卡车、铁路货车上卸物时，利用卡车与地面或小搬运车之间的高度差，采用滑板、溜槽等工具，依靠货物自身的重力自上向下作业。 （2）减少重力影响。 ①在装卸时要尽量配合简单的机具，尽量避免重物提升作业，从而减少重力的影响，也能减少体力的消耗，达到省力的目的。 ②在出库作业区建设与车厢同样高度的车辆作业平台。

续表

项目	规范内容
使装卸搬运作业衔接流畅	要尽量避免货物先卸下在地面堆放，然后再从地面装上车辆的装卸和搬运脱节的现象发生。
提高货物的灵活性指数	（1）在货物装卸搬运过程中避免把货物散落在地面上，尽可能把货物码放在托盘、送货小车上，或装载到台车上，最好直接码放在传送带上，尽可能提高货物装卸搬运的灵活性指数，从而提高下一道工序的完成效率。 （2）“装卸搬运灵活性指数”是指对于不同放置状态的货物做了不同的灵活性规定，装卸搬运的灵活性指数分为 0 ~ 4 共 5 个等级，货物的装卸搬运灵活性指数越高，则其下一道工序越容易完成，装卸搬运的效率越高；灵活性指数越低，下一道工序越不容易完成，装卸搬运的效率越低。

3.52 商品出库数量检验细节规范

商品出库数量检验细节规范，如表 3-52 所示。

表 3-52　商品出库数量检验细节规范

项目	规范内容
商品条形码检验法	（1）作业员用条形码扫描器读取条形码内容，并把扫描的数据导入计算机中，计算机可以自动把扫描信息与发货单信息进行对比，从而检查出商品数量和号码是否有误。 （2）条形码是由一些规则排列的条、空和相应的数字组成，可以供机器识读的数据编码。目前使用频率最高的是 EAN，UPC，39 码、交插 25 码和 EAN 128 码。 条形码的优点： ①可靠准确； ②数据输入速度快； ③经济便宜； ④灵活、实用； ⑤自由度大； ⑥设备简单。

续表

项目	规范内容
声音输入检查法	作业员通过发声读出商品名称、代码和数量后，计算机接收声音并自动判断，转变成资料信息再与发货单信息进行对比，从而判断是否有误。
重量计算检验法	这种方法是把发货单上的货品重量自动相加起来，然后称出货品的总重量，把两种重量相对比，可以检查发货是否正确。

3.53 商品出库凭证问题处理细节规范

商品出库凭证问题处理细节规范，如表 3-53 所示。

表 3-53 商品出库凭证问题处理细节规范

项目	规范内容
出库凭证假冒、复制	如果发现出库凭证有假冒涂改、复制等情况时，应及时与仓库保卫部门以及领导联系，妥善进行处理。
出库凭证上规格开错或印鉴不符	（1）如果发现出库凭证规格开错或印鉴不符时，保管员不得调换规格发货，必须通过制票员开票方可重新发货。 （2）严禁无凭证、电话、口授发货。 （3）任何白条子都不能作为发货凭证；任何人都不能强制保管员将库存商品借用、试用。
出库凭证超过提货期限	当出库凭证超过提货期限，用户前来提货，必须先办理手续，按规定缴足逾期仓储保管费，然后才可以发货。
商品进库时未验收，或者期货未进库	当遇到商品进库时未验收，或者期货还没进库的出库凭证时，一般应暂缓发货，并通知货主，等货物到了并验收后才能发货。
出库凭证遗失	（1）如客户因各种原因将出库凭证遗失，客户应及时与仓库发货员和账务人员联系挂失。 （2）如果挂失时货物已被提走，保管员不承担责任，但要协助报案，尽量帮助货主单位找回商品。 （3）如果货物还没被提走，保管人员和账务人员查实后，做好挂失登记，将原凭证作废，缓期发货。

3.54 商品出库常见问题处理细节规范

商品出库常见问题处理细节规范，如表3–54所示。

表3–54 商品出库常见问题处理细节规范

项目	规范内容
提货数与实际数不符	（1）如属于入库时记错账，则可以采用“报出报入”方法进行调整。 （2）如属于仓库保管员串发、错发而引起的问题，应由仓库方面负责解决库存数与提单数间的差数。 （3）如属于货主单位漏记账而多开出库数，应由货主单位出具新的提货单，重新组织提货和发货。 （4）如果是仓储过程中的损耗，需考虑该损耗数量是否在合理的范围内，并与货主单位协商解决。合理范围内的损耗，应由货主单位承担；而超过合理范围之外的损耗，则由仓储部门负责赔偿。
串发货与错发货	（1）串发和错发，主要是指发货人员对商品种类规格不很熟悉的情况下，或者由于工作中的疏漏，把一定规格、数量的商品错发出库的情况。 （2）在这种情况下，如果商品尚未离库，应立即组织人力，重新发货。 （3）如果商品已经提出仓库，保管人员要根据实际库存情况，会同货主单位和运输单位共同协商解决。 （4）一般在无经济损失的情况下由货主单位重新按实际发货数冲单解决。 （5）如果形成了直接的经济损失，应按赔偿损失单据冲转调整保管账。
退货处理	（1）用户填写“退货申请表”，在收到同意退货的通知后，须按规定的运输方式办理运输。 （2）仓库在收到客户的退货时，应尽快清点完毕，如有异议，必须以书面形式提出。 （3）退回的货品与退货申请表是否相符，以仓库清点为准。 （4）仓库应将退入仓库的货品，根据其货物原因，分别存放、标识。对属供应商造成的不合格品，应与采购部门联系，催促供应商及时提回。 （5）已发放的货品和退回的货品要及时入账，并按时向有关部门报送有关材料。

第 4 章 供应链管理工作规范

4.1 供应链形态结构组建细节规范

供应链形态结构组建细节规范，如表 4-1 所示。

表 4-1　供应链形态结构组建细节规范

项目	规范内容
确定企业的运作流程	一般来说，供应链管理系统的建立有两条路径：一是量身定制地开发；二是集成系统地导入。IT 系统量身定制开发的前提是企业运作流程的分析设计。集成系统的导入要求企业改变现有的运作流程。无论选择哪条路径，企业建立 IT 系统的前提都是要确定其运作流程。
以客户需求为依据的供应链设计	IT 系统的投资属于企业的长期战略投资，所以在设计和导入信息系统之前，正确的做法往往要求企业制定发展战略规划。 企业的发展战略由市场即客户需求决定，归根结底，企业 IT 系统的设计必须以客户服务需求为基本依据。 要与客户一起商定企业服务目标、确定企业管理模式以及信息分享的机制。没有互动的机制，就没有信息的分享，更没有高水平的物流服务，这一点在第三方物流服务供应商中显得特别重要。

续表

项目	规范内容
确定企业的管理模式	在客户需求确定以后，企业的物流管理模式将对流程设计起决定性的作用。这时，物流运作流程的设计问题实际上已经转化为客户需求服务和企业服务能力的匹配问题。 在实践中，人们往往只注意企业的管理模式而忽视客户具体的物流服务需求，使得IT系统的设计失去了最根本的依据，因此，往往不能建立相关信息与客户服务之间直接的知识关系。就此建立的信息系统要么是过于理想化而不适用，要么是企业现有物流运作管理模式和台账的桌面化。 企业的管理模式的选择，应建立以满足客户需求为目标的企业竞争战略；或总成本领先，或差别化服务，或专门化攻略(集中一点)。企业的管理模式如存货水平的控制、存货的布局和结构配置、存货可得性的优先度排序、不同运输方式的选择等是服务手段，是企业为满足客户需求而配置物流服务资源的方法。 同一个企业当它采用分销或直销、或分销与直销相结合的营销渠道结构的时候，当它采用集中或分散、或分级、或外包的不同的物流管理模式的时候，其物流运作的流程以及相应的物流IT系统数据集中存放或数据分级存放是不一样的。
供应链设计需有明确的市场定位	供应链的设计要有明确的市场定位，如行业定位、产品定位或客户定位；要有明确的服务定位如仓储服务、货运服务、货代服务、供应服务、分销服务或供应链整合等。 在进行市场定位的时候，不仅要考察客户企业，而且要考察客户企业所属的行业发展趋势，要考虑客户的客户及其供应商的供应商。
供应链系统需具备开放性和扩张性	供应链系统的结构要具有开放性和扩张性。如要把现在的仓库改造为增值服务中心，则在IT系统的配置方面，至少要有仓库管理系统和商务管理系统，还要配置条码印制系统和无线终端识别系统等。 要以企业的发展战略为依据，同时还要考虑有关信息技术的经济寿命。要防止为预留功能接口而购进冗余的设备或造成资金沉淀。
注意	在供应链的形态结构设计中，不仅要充分考虑上述问题，还要考察同行业经验，尽量减少在设计过程中所犯的错误。

4.2 供应链伙伴筛选工作规范

供应链伙伴筛选工作规范，如表 4–2 所示。

表 4–2　供应链伙伴筛选工作规范

项目	规范内容
直观判断法	（1）直观判断法是根据征询和调查所得的资料并结合人的分析判断，对合作伙伴进行分析、评价的一种方法。 （2）这种方法主要是倾听和采纳有经验的采购人员意见，或者直接由采购人员凭经验做出判断。常用于选择企业非主要原材料的合作伙伴。
招标法	（1）当订购数量大、合作伙伴竞争激烈时，可采用招标法来选择适当的合作伙伴。 （2）招标方法竞争性强，企业能在更广泛的范围内选择适当的合作伙伴，以获得供应条件有利的、便宜而适用的物资。 （3）但招标法手续较繁杂，时间长，不能适应紧急订购的需要；订购机动性差，有时订购者对投标者了解不够，双方未能充分协商，造成货不对路或不能按时到货。
协商选择法	（1）在供货方较多、企业难以抉择时，也可以采用协商选择的方法，即由企业先选出供应条件较为有利的几个合作伙伴，同他们分别进行协商，再确定适当的合作伙伴。 （2）与招标法相比，协商方法由于供需双方能充分协商，在物资质量、交货日期和售后服务等方面较有保证。 （3）但由于选择范围有限，不一定能得到价格最合理、供应条件最有利的供应来源。当采购时间紧迫、投标单位少、竞争程度小，订购物资规格和技术条件复杂时，协商选择方法比招标法更为合适。
采购成本比较法	（1）对质量和交货期都能满足要求的合作伙伴，则需要通过计算采购成本来进行比较分析。 （2）采购成本一般包括售价、采购费用、运输费用等各项支出的总和。采购成本比较法是通过计算分析针对各个不同合作伙伴的采购成本，选择采购成本较低的合作伙伴的一种方法。
ABC 成本法	鲁德霍夫和科林斯在 1996 年提出基于活动的成本分析法，通过分析企业因采购活动而产生的直接和间接的成本，选择成本值最低的合作伙伴。

续表

项目	规范内容
层次分析法选择合作伙伴	（1）该方法是由著名运筹学家赛惕提出的，韦伯等提出将层次分析法用于合作伙伴的选择。 （2）它的基本原理是根据具有递阶结构的目标、子目标（准则）、约束条件、部门等来制定评价方案，采用两两比较的方法确定判断矩阵，然后把判断矩阵的最大特征相对应的特征向量的分量作为相应的系数，最后综合给出各方案的权重（优先程度）。 （3）由于该方法让评价者对照相对重要性函数表，给出因素两两比较的重要性等级，因而可靠性高、误差小；不足之处是遇到因素众多、规模较大的问题时，该方法容易出现问题，如判断矩阵难以满足一致性要求，往往难于进一步对其分组。

4.3 合作伙伴确定过程操作规范

合作伙伴确定过程操作规范，如表 4–3 所示。

表 4–3　合作伙伴确定过程操作规范

项目	规范内容
分析市场竞争环境（需求、必要性）	（1）市场需求是企业一切活动的驱动源。 （2）建立基于信任、合作、开放式交流的供应链长期合作关系，必须首先分析市场竞争环境，其目的在于找到针对哪些产品的市场开发供应链合作关系才有效，必须知道现在的产品需求是什么，产品的类型和特征是什么，以确认用户的需求，确认是否有建立供应链合作关系的必要。 （3）如果已建立供应链合作关系，则根据需求的变化确认供应链合作关系变化的必要性，同时分析现有合作伙伴的情况，分析、总结企业存在的问题。
确立合作伙伴选择目标	（1）企业必须确定合作伙伴评价程序如何实施、信息流程如何运作、谁负责，而且必须建立实质性的实际目标，其中降低成本是主要目标之一。 （2）合作伙伴评价、选择不仅仅是一个简单的评价、选择过程，它本身也是企业自身和企业之间的一次业务流程重构过程，实施得好，它本身就可带来一系列的利益。

续表

项目	规范内容
制定合作伙伴评价标准	（1）合作伙伴综合评价的指标体系是企业对合作伙伴进行综合评价的依据和标准。 （2）需要根据系统全面性、简明科学性、稳定可比性、灵活可操作性的原则，建立集成化供应链管理环境下合作伙伴的综合评价指标体系。 （3）不同行业、企业、产品需求、不同环境下的合作伙伴评价应是不一样的，但不外乎都涉及合作伙伴的业绩、设备管理、人力资源开发、质量控制、成本控制、技术开发、用户满意度、交货协议等可能影响供应链合作关系的主要方面。
成立评价小组	（1）企业必须建立一个小组以控制和实施合作伙伴评价。 （2）组员以来自采购、质量、生产、工程等与供应链合作关系密切的部门为主，组员必须有团队合作精神、具有一定的专业技能。 （3）评价小组必须同时得到自身企业和合作伙伴企业最高领导层的支持。
合作伙伴参与	（1）一旦企业决定进行合作伙伴评价，评价小组必须与初步选定的合作伙伴取得联系，以确认他们是否愿意与企业建立供应链合作关系，是否有获得更高业绩水平的愿望。 （2）企业应尽可能早地让合作伙伴参与到评价的设计过程中来。 （3）然而因为企业的力量和资源是有限的，企业只能与少数的、关键的合作伙伴保持紧密合作，所以参与的合作伙伴不能太多。
评价合作伙伴	（1）评价合作伙伴的一个主要工作是调查、收集有关合作伙伴的生产运作等全面的信息。 （2）在收集合作伙伴信息的基础上，就可以利用一定的工具和技术方法对合作伙伴进行评价。 （3）在评价合作伙伴的过程中，如果选择成功，有一个决策点，即根据一定的技术方法选择合作，则可开始实施供应链合作关系，如果没有合适的合作伙伴可选，则重新定义合作伙伴，选择目标重新开始评价选择。

4.4 供应链系统设计原则设定规范

供应链系统设计原则设定规范，如表 4–4 所示。

表 4-4 供应链系统设计原则设定规范

项目	规范内容
供应链设计需考虑自顶向下和自底向上相结合的设计原则	（1）在系统建模设计方法中，存在两种设计方法，即自顶向下和自底向上的方法。 （2）自顶向下的方法是从全局走向局部的方法，自底向上的方法是从局部走向全局的方法；自上而下是系统分解的过程，而自下而上则是一种集成的过程。 （3）在设计一个供应链系统时，往往是先有主管高层做出战略规划与决策，规划与决策的依据来自市场需求和企业发展规划，然后由下层部门实施决策，因此供应链的设计是自顶向下和自底向上的综合。
供应链设计需考虑简洁性原则	（1）简洁性是供应链的一个重要原则，为了能使供应链具有灵活快速响应市场需求的能力，供应链的每个节点都应是简洁的、具有活力的、能实现业务流程的快速组合的。 （2）比如供应商的选择就应以少而精的原则，通过和少数的供应商建立战略伙伴关系，减少采购成本，推动实施 JIT 采购和生产。 （3）生产系统的设计更是应以精细思想为指导，努力实现从精细的制造模式到精细的供应链这一目标。
供应链设计需考虑集优原则（互补性原则）	供应链的各个节点的选择应遵循强强联合的原则，达到实现资源外用的目的，每个企业只集中精力致力于各自核心的业务过程，就像一个独立的制造单元（独立制造岛），这些所谓单元化企业具有自我组织、自我优化、面向目标、动态运行和充满活力的特点，能够实现供应链业务的快速重组。
供应链设计需考虑协调性原则	（1）供应链业绩好坏取决于供应链合作伙伴的关系是否和谐，因此建立战略伙伴关系的合作企业关系模型是实现供应链最佳效能的保证。 （2）和谐是描述系统是否形成了充分发挥系统成员和子系统的能动性、创造性及系统与环境的总体协调性的标志。 （3）只有和谐而协调的系统才能发挥最佳的效能。

续表

项目	规范内容
供应链设计需考虑动态性（不确定性）原则	（1）不确定性在供应链中随处可见，由于不确定性的存在，导致需求信息的扭曲。 （2）要预见各种不确定因素对供应链运作的影响，减少信息传递过程中的信息延迟和失真。降低安全库存总是和服务水平的提高相矛盾的程度。 （3）增加透明性，减少不必要的中间环节，提高预测的精确度和时效性，对降低不确定性的影响都是极为重要的。
供应链设计需考虑创新性原则	（1）创新设计是系统设计的重要原则，没有创新性思维，就不可能有创新的管理模式，因此在供应链的设计过程中，创新性是很重要的一个原则。 （2）要产生一个创新的系统，就要敢于打破各种陈旧的思维框框，用新的角度、新的视野审视原有的管理模式和体系，进行大胆的创新设计。 （3）进行创新设计，要注意四点：一是创新必须在企业总体目标和战略的指导下进行，并与战略目标保持一致；二是要从市场需求的角度出发，综合运用企业的能力和优势；三是发挥企业各类人员的创造性，集思广益，并与其他企业共同协作，发挥供应链整体优势；四是建立科学的供应链和项目评价体系及组织管理系统，进行技术经济分析和可行性论证。
供应链设计需考虑战略性原则	（1）供应链的建模应有战略性观点，通过战略的观点考虑减少不确定影响。 （2）从供应链战略管理的角度考虑，我们认为供应链建模的战略性原则还体现在供应链发展的长远规划和预见性上。 （3）供应链的系统结构发展应和企业的战略规划保持一致，并在企业战略指导下进行。

续表

项目	规范内容
供应链设计需充分考虑信息系统	（1）现代管理最重要的是通过信息管理来实现的。 （2）应用现代信息技术不仅改变了传统的企业物流管理，实现了物流管理信息化，而且成就了供应链企业。 （3）企业通过电子商务最新现代技术实现管理信息化，通过条码技术（用扫描方法对信息实现自动控制的技术）、EDT 技术（电子数据的交换和自动处理）、GIS 技术（通过地理信息系统实现物流配送的最佳模型）、GPS 技术（通过全球卫星定位系统实现物流配置国际化）在供应链上建立一个高效的集成系统，以达到服务客户、降低成本的目的。
供应链设计需与环境因素相结合	（1）一个设计精良的供应链在实际运行中并不一定完全能按照预想的那样，甚至无法达到设想的要求，这是主观设想与实际效果的差距，原因并不一定是设计或构想得不完美，而是环境因素在起作用。 （2）因此构建和设计一个供应链，一方面要考虑供应链的运行环境（地区、政治、文化、经济等因素），同时还应考虑未来环境的变化对实施供应链的影响。 （3）因此，我们要用发展的、变化的眼光来设计供应链，无论是信息系统的构建还是物流通道设计都应具有较高的柔性，以提高供应链对环境的适应能力。
供应链设计需以客户服务为中心	（1）供应链管理是一种集成的管理思想和方法，是通过社会信息流和反馈的物流信息流，将供应商、制造商、分销商、零售商直到用户连接成一个完整过程的管理模式，这其中必须将供应链管理和以客户服务为中心的思想贯穿于整个企业的管理和经营过程中，注重商品和产品流通过程中每个环节的运作，建立整体优化的供应链。 （2）在供应链的设计过程中，企业要做好变革的准备，尤其是服务理念和企业文化的变革。并且在组织创新、流程创新中做好协调工作，培养好相关人才。

4.5 供应链信息系统开发操作规范

供应链信息系统开发操作规范，如表 4–5 所示。

表 4–5　供应链信息系统开发操作规范

项目	规范内容
了解信息系统的软硬件	（1）供应链企业的信息系统可以划分为信息系统模式（“硬件”）和信息系统管理模式（“软件”）两部分。 （2）信息系统模式包括计算机系统、网络系统、数据库系统、管理软件、用户工作站等；信息系统管理模式包括业务方案、流程、组织、信息介质等。
构架信息系统的体系结构	（1）集成的信息管理模式需要建立灵活的业务流程结构，使得业务流程不仅贯穿企业的各个管理层面，而且流程是柔性的，可以随着企业的经营目标反复地进行重组，使企业资源真实实现动态管理与控制。 （2）需要在信息系统的体系结构中确立多视图的管理模式，通过操作平台使整个企业建立多部门、多任务的多视图管理环境，即通过终端、用户系统窗口透视“生产线”、“交易流”、“物流”、“资金流”。
认知信息管理模式的管理内容	（1）规划管理层。经营规划对应着企业的年度经营规划工作。包括制定新的一年的生产计划、资金规划、销售规划等。 （2）计划管理层。生产计划是根据经营规划平衡产能，依据用户的需求指挥车间按时完成作业计划。 （3）制造管理层。产品的制造过程，它是生产计划的执行部分，也是物流的实体。它包含了采购、加工、销售活动过程。 （4）成本管理层。物流活动的同时就已经与资源发生了联系，也就是说在物流活动的时候就已经消耗了资源。需要在物流移动的同时计算系统自动采集、存储、处理的成本数据。 （5）财务管理层。在企业管理中不可避免地要使用账务凭证，在采购订单中入库单、发票的关系与应付账款的关系，销售订单中提货单、发票与应收账款关系，库存、产品制造成本与总账之间的关系，都可在信息系统由财务会计人员采用人机互动方式来完成。

续表

项目	规范内容
充分认识信息系统开发过程及其存在的问题	（1）在信息系统软件开发所必经的需求分析、软件设计、软件编程、系统测试等开发过程中，每个阶段都不可避免地因人为或非人为因素产生一些错误并带到下一阶段中，这些错漏又往往因未及时处理而造成无穷的后患。 （2）需要对开发中的各个阶段的差错有清醒的认识，通过完善的业务建模避免差错，防止其逐步放大与扩散，使企业信息化的建设步伐不因这些因素的影响而放缓。常见错误在不同阶段的主要表现是： ①在需求分析阶段：由于用户可能对自己的业务叙述以及对系统软件需求等背景内容的了解不够系统和完善，加之信息系统开发理解上的偏差，形成包含了错误需求的“需求分析报告”，这种错误包括误解与遗漏。 ②在软件设计阶段：因为对需求理解的偏差，加上设计本身考虑不周，导致含有错误的“设计报告”出台。 ③在软件编程阶段：因为对设计思路、意图、方案、规划等基本思路的理解偏差，加上编程本身的疏忽，“程序代码”中往往会出现错误。 ④在系统测试阶段：总会有一些“潜伏的错误”没能及时发现，而能够发现的错误在交付期迫近的压力下又不能及时修改。
建立健全信息系统开发时的组织机构	（1）要想保证信息系统开发工作的顺利启动，首先要建立项目的组织机构—项目组。 （2）项目组可以由负责项目管理和开发的不同方面的人员组成，项目组由项目组长或项目经理来领导。 （3）一般来说可以根据项目经费的多少和系统的大小来确定相应规模的项目组。 （4）项目组根据工作需要可设若干小组，小组的数目和每个小组的任务可以根据项目规模、复杂程度和周期长短来确定，可以设立的小组有：过程管理小组、项目支持小组、质量保证小组、系统工程小组、系统开发与测试小组、系统集成与测试小组等。一个好的项目组不一定能保证项目的成功，但一个差的项目组将肯定会导致项目的失败。 （5）在建立项目组时要充分利用项目组每个成员的特长，坚持将正确的开发方法贯穿始终。

4.6 供应链信息系统需求分析工作规范

供应链信息系统需求分析工作规范，如表 4–6 所示。

表 4–6 供应链信息系统需求分析工作规范

项目	规范内容
认识需求分析的基本任务	（1）问题识别：就是从系统角度来理解软件，确定对所开发系统的综合要求，并提出这些需求的实现条件以及需求应该达到的标准。供应链信息系统的这些需求包括：功能需求（做什么），性能需求（要达到什么指标），环境需求（如机型、操作系统等），可靠性需求（不发生故障的概率），安全保密需求，用户界面需求，资源使用需求（软件运行是所需的内存等），软件成本消耗与开发进度需求，预先估计系统以后可能达到的目标。 （2）分析与综合：逐步细化所有的软件功能，找出系统各元素间的联系，接口特性和设计上的限制，分析他们是否满足需求，剔除不合理部分，增加需要部分。最后，综合成系统的解决方案，给出要开发的系统的详细逻辑模型（做什么的模型）。 （3）制定规格说明书：即编制文档，描述需求的文档称为软件需求规格说明书。请注意，需求分析阶段的成果是需求规格说明书，向下一阶段提交。 （4）评审：对功能的正确性、完整性和清晰性以及其他需求给予评价。评审通过才可进行下一阶段的工作，否则重新进行需求分析。
采用原型法进行需求分析	原型是软件的一个早期可运行的版本，它实现了目标系统的某些或全部功能。原型化方法就是尽可能快地建造一个粗糙的系统，这一系统实现了目标系统的某些或全部功能，但是这个系统可能在可靠性、界面的友好性或其他方面上存在缺陷。建造这样一个系统的目的是为了考察某一方面的可行性，如算法的可行性，技术的可行性或考察是否满足用户的需求等。采用原型法进行需求分析的供应链信息系统可以分为三个阶段： （1）确定用户的基本需求。了解客户的需求，并确定哪些是可以做到的，哪些是做不到的，同时估算模型开发的成本费用。 （2）利用原型来认清客户的需求，明确尚不能满足的需求，一方面记录系统的不足，另一方面借势诱导，彻底搞清用户的真正需求。 （3）修正和改进系统。

续表

项目	规范内容
采用结构化方法进行需求分析	结构化分析方法简称SA法，是面向数据流进行数据分析的方法，分析的策略是自顶向下、逐层加细、由抽象到具体的过程。顶层抽象地描述整个系统，底层具体地画出系统工程的每个细节。中间层则是从抽象到具体的过渡。使用数据流图、数据字典作为描述工具，使用结构化语言、判定表、判定树描述加工逻辑。采用结构化进行需求分析的供应链信息系统有四个步骤： （1）了解当前系统的工作流程，获得当前系统的物理模型。 （2）抽象出当前系统的逻辑模型。 （3）建立目标系统逻辑模型。 （4）做进一步的补充和优化。
考虑信息的采集、加工、存贮和发布	多数情况把数据理解为原始数据、事实的记录，而把信息理解为数据经过整理加工后所得到的有用的数据。供应链信息系统需求分析涉及以下信息加工处理过程： （1）信息的采集过程。供应链信息的采集过程要特别重视收集数据手段的完善性、准确性、及时性。需求分析中要确认采集录入手段是否方便有用，有哪些检验功能，对数据收集人员和录入人员的技术有何要求，整个数据收集与录入的组织是否严密完善。 （2）信息的加工处理。信息加工包括范围很大，通常从简单的查询、分类排序、归并直到复杂的模型调试及预测等。现代信息系统在这方面的功能越来越强，尤其面向高层管理者的信息系统，如供应链决策支持系统，更多地运用数学及运筹学等工具和方法，大大增强了信息加工能力。 （3）信息的存贮。通过整理或加工，得到有用的信息，并将这些信息存贮起来。要考虑信息的冗余以及安全性、易用性、一致性等内容。 （4）信息的输出和发布。系统的最终目的是为管理人员提供科学信息，因而输出信息的形式或格式对用户是否方便使用是十分重要的。 （5）系统输出手段、输出结果是否醒目直观和简单易用都应作为需求分析考虑的内容。在供应链信息系统中，要考虑以声音、图表等多种形式输出。
考虑系统安全策略	（1）现代企业信息系统要求具有很强的安全监控能力，既能抵御外部的侵扰，又能根据信息保密程度，对内部用户进行权限控制。 （2）供应链管理系统应采用系统整体安全策略，从用户意识、网络系统、应用系统等各个方面来保证信息系统最大程度地安全运行。 （3）在需求分析阶段，要着重分析各级领导、系统管理人员和所有用户的安全意识，构建系统安全策略。 （4）供应链信息系统的需求分析，还要分析事务处理能力需求的合理性，分析决策功能需求的合理性，找出关键需求，做出解决问题的初步计划。

4.7 供应链数据库设计工作规范

供应链数据库设计工作规范，如表 4–7 所示。

表 4–7　供应链数据库设计工作规范

项目	规范内容
了解数据库设计的内容	（1）数据库设计是指对于一个给定的应用环境，提供一个确定最优模型与处理模式的逻辑设计以及一个确定数据库存储结构与存取方法的物理设计，建立起既能反映现实世界信息和信息联系、满足用户数据要求和加工要求，又能被某个数据库管理系统所接受、同时能实现系统目标并有效存取数据的数据库。 （2）供应链信息系统数据库设计的内容包括： a. 数据存储、检索、更新设计； b. 用户可访问的目录设计； c. 事务设计； d. 并发控制设计； e. 恢复服务设计； f. 授权服务设计； g. 对数据通信的支持设计； h. 完整性设计； i. 数据独立性服务（视图、表空间）设计。
遵循数据库系统的设计与开发指导方针	（1）系统的目的性：系统开发的成功与否取决于是否符合用户的需要，满足用户的要求是设计与开发工作的出发点和归宿。 （2）系统的整体性：对各个环节的信息进行综合和抽象，得出实际业务环节的整体逻辑模型和整体物理模型，而不是各个供应链环节信息的简单组合和拼凑。 （3）系统的相关性：供应链系统的各个子系统（模块）各有其独立功能，同时又相互依赖，相互作用，需通过信息流把它们的功能联系起来。

续表

项目	规范内容
遵循数据库系统的设计与开发指导方针	（4）系统的扩展性和易维护性：要能适应外界环境的变化，对数据库的设计要充分考虑留有余地，以便于扩充。供应链系统要能跟外界进行信息交换，有行业规范或国家标准的要尽量采用，对没有标准的可以考虑建立企业标准；系统要有前瞻性，对可能提出的信息需求和功能需求，系统应留有接口；对可能发生的误操作或故意破坏，要尽可能把损失降低到最小程度。 （5）工作成果文档化和图表规范化：软件是程序和文档资料的集合，文档资料是系统的组成部分。因为系统的扩充、修改、交流是建立在文档资料基础之上，而不应该拿程序进行交流。在文档资料的标准规范化方面可以参照软件工程规范。
遵循数据库设计步骤	（1）规划。描述数据库设计的必要性以及进行数据库设计的可行性分析。供应链信息系统的规划阶段需要确定系统的范围，进行任务陈述，定义数据库应用程序的主要目标，每个任务标识数据库必须有支持的特定任务，确定开发工作所需的资源，估计开发成本，确定项目进度。 （2）需求分析。需求分析是数据库设计成败的关键，没有对系统充分的需求分析，数据库设计很难取得成功。供应链信息系统的需求分析阶段应该对系统的整个应用情况做全面、详细的调查，收集支持系统总的设计目标的基础数据和对这些数据的要求，确定用户的需求，并把这些要求写成用户和数据库设计者都能够接受的文档。 （3）概念设计。使用实体联系模型对需求分析所得到的数据进行更高层次的抽象描述。 （4）逻辑设计。逻辑设计的目的是把概念模式设计阶段的全局模型转换成与选用的具体机器上的 DBMS 所支持的数据模型相符合的逻辑结构。 （5）物理设计。对已经确定的逻辑结构选择适当的物理结构，包括存储结构、存取路径、存储分配等，如在 Oracle 数据库中设置供应链数据库的磁盘分配方式等。 （6）应用程序开发。包括数据库应用程序的设计、编码、调试、运行。 （7）数据库实施与维护。包含了供应链数据库的装入、数据库的试运行、数据库的运行维护。

续表

项目	规范内容
由易到难、由点到面进行数据库演进	（1）供应链企业信息系统涉及的功能多，要采集的数据量十分庞大，为了尽早地把系统运转起来，不可能等待把数据库建完善了再运行，因此需要采用数据库演进策略。首先解决核心业务流程，并随着应用范围的扩大和深入，不断修改和增加新的功能，从而使整个系统由点到面、由易到难地推进。 （2）数据库设计过程是一个有起点和几乎无止境的逐步求精的反复过程，尽管前面我们把数据库设计过程表述为一个程序化的过程，但供应链数据库设计过程并不一定非要以这种程序化方式进行，各个阶段之间的区分也并不是非常严格。在供应链数据库的设计过程中，还要充分利用数据库管理系统提供的安全策略，包括用户验证、对数据库的访问权限设置等。

4.8 信息条码使用规范

信息条码使用规范，如表 4-8 所示。

表 4-8　信息条码使用规范

项目	规范内容
了解条码知识	（1）所谓条码，简单说就是由一组粗细不同的条与空相间组成的图形。 （2）条码可有各种颜色，不过我们常看到的是黑色。 （3）条码是可利用光电扫描阅读设备识读并实现数据输入计算机的特殊代码。 （4）条码的分类多种多样，有商业通用条码和工业通用条码，有一维码和二维码。
使用商品上已有的条码	（1）从国外进口的商品上的条码都比较符合规范，可以直接使用。但国内商品上的条码由于种种原因，不符合规范条码、重码等现象时有发生，由于印刷的原因或条码颜色搭配不当使条码阅读器无法阅读的现象经常出现。 （2）在使用条码扫描销售商品前，必须对每一种商品的条码进行仔细的检查。最简便的方法就是用条码阅读器对每一种商品进行扫描，剔除重码或无法读出的条码。

续表

项目	规范内容
使用店内码	（1）对于商品的重码或无法读出的条码，比较简便的做法是对该类商品重新贴，一般由用户自己制作的“店内码”。 （2）看起来这是一个很简单的问题，但如果工作没有做好，就会影响到数据的准确性，甚至会造成某些商品无法使用条码扫描销售。 （3）在条码管理的商场中，对于店内码有两种做法：一种做法是无论商品上原来有无条码，一律使用用户自己制作的店内码；另一种做法是充分利用商品上原有的条码，对没有条码的商品才标上用户自己制作的店内码。 （4）店内码的编制，应按照中国物品编码中心的规定来进行。制作店内码必须配置专用条码打印机，可以通过预先编制好的程序来制作所需的店内码，从而减少人工输入的差错，并可大大提高工作效率。
将条码运用于商品销售	条码技术在商品扫描销售中的应用，还促进了销售管理模式的改变，营业员或凭商品、或凭条码标签到收款台去扫描条码，收款员同时扫描营业员的工号条码。这样就废除了营业员开小票、收款员需输入营业员工号等烦琐做法。
将条码运用于仓库管理	（1）将条码技术运用到仓库管理，可以方便产品的出入库管理，最主要的是使仓库的管理更加正规化，降低仓库的损耗。 （2）在仓库管理中利用便携式数据采集器，通过条码阅读器扫描，可快速、准确地进行库存和柜存盘盈盘亏表，然后送入 POS 系统，与 POS 系统中的数据进行对比后产生盘盈。如果采用手工方法进行库存和柜存的盘点，不仅费工、费时，而且不易盘准，容易产生差错。 （3）如果能够正确地将条码用在企业的仓库管理的有关环节，一定会极大地改进企业的仓储管理，减少产品信息的人工登记工作，降低仓库管理人员的劳动强度，减少出错机会，提高劳动效率，即便于企业对产品进行售后质量跟踪，使企业在激烈的市场竞争中把握主动。
选择条形码设备	（1）条形码设备包含有三类：条形码打印设备，条形码扫描器和数据采集器。对于条码扫描器的选择，在大、中型百货商场、零售店、专卖店等以选择手持式条码扫描器为宜，而在超市则以选择激光平台式条码扫描器为宜。 （2）对于条形码扫描器和数据采集器在性能上有防撞击、扫描分辨率、扫描速度、扫描距离等要求。

4.9 电子数据交换（EDI）规划工作规范

电子数据交换规划工作规范，如表 4–9 所示。

表 4–9　电子数据交换规划工作规范

项目	规范内容
认识电子数据交换的意义	（1）在不必连续接触的情况下，EDI 能加强组织间的协调。供应链问题最根本的解决方法是将供应链变成一个管道。它的解决之道是设计更新供应链所有层次的系统；或者将供应链中各个层次连接起来形成具有快速反应的系统，使其对当前的要求具有接受、处理和传递到供应链的下一层的能力。 （2）EDI 为数据提供了自动化控制，为信息到达所有作业层次提供了通道，并鼓励基层做出决策。有了 EDI，网络可以用来支持生产、营销、技术或管理等在空间上的分散。 （3）EDI 促使组织内部发生变化。EDI 可以减少组织上的障碍，并在没有人为干预的情况下更新计算机文件，为传送信息和管理协商提供平台。
规划电子数据交换的组成部分	EDI 由数据标准、EDI 软硬件、通信网络组成。 （1）在软件方面，除了保证安全通信的软件之外，在 Tnternet 实现 EDI 还需另一种软件，称为 EDI 映像软件。这些软件主要用来将数据转换为 EDI 标准格式，在传送文件时，将 EDI 格式化的数据通过互联网络发送出去。接收方接收通过 Internet 传来的 EDI 文件，经解码后送到 EDI 映像软件，EDI 映像软件将其进行变换，送达事务处理应用程序。 （2）目前，美国国家标准局制定了一个称为 X12 的标准，用于美国国内。联合国主持制定了一个行政、商业、交通用 EDI 格式，缩写为 EDI，用于其他国家。目前，已有软件可对这两种标准进行互相转换。

续表

项目	规范内容
加强信息编码和标准化工作	为了做到信息共享和便于计算机处理，必须有大家共同认可的标识，因此需要做一系列前期准备工作，其中最主要的是编码和标准化工作。 （1）编码标准的制定原则。在制定分类编码体系时，设计、制造、管理各部门要从各自的应用目的出发提出使用需求，便于在制定编码时全面考虑。制定的编码标准应具备标识的唯一性、分类功能、排序功能和特定含义。 制定编码时应尽量采用国家标准和行业标准，在这些标准满足不了需求而制定企业标准时也应尽量考虑与相应的国家标准、行业标准兼容。 （2）实施 EDI 的基本代码有： ①物料类代码，包括产品物料码，刀具、夹具、量具编码和设备编码等。这是最主要的编码。 ②工艺类代码，包括毛坯类别码和标准工艺代码与术语。在编制标准工序代码时可按加工方法逐层细化，而加工进程单就是这些标准工序的组合。 ③管理类代码，包括分配任务或成本核算用的部门码；库房库位码；供采购或销售管理用的合同码、用户码、供应商码；为提高管理水平的各类控制码、分类码。这些代码与软件编制有密切关系。
达成电子数据交换的基本要求	EDI 将结构化的数据从一个组织的计算机传输到另一个组织的计算机中，有三个基本要求： （1）特定的计算机之间数据传送的通讯标准； （2）某一特定业务的统一交易信息标准； （3）将内部使用的信息数据转换的翻译软件。
重点在电子数据交换强化竞争优势的部分	（1）SDI 已成为 B2B（企业对企业）电子商务的主流技术，对采购业务有着很重要的影响，它不仅是一种通信用的业务交易工具，更是一种联合设计、计划、交换、预测数据并与其他组织协调的方式。 （2）EDI 的竞争优势不仅在于作为通信工具的运用；而且在于它迫使组织内部和组织之间的关系发生改变。 （3）EDI 的交互效用可以分成与供应商有关的、内部的和与客户有关的两个方面。在买方统治的市场上，EDI 迫使它们整合成较少的客户；而在卖方统治的市场上，EDI 可以为市场设计一些附加超值服务，例如，通过监控客户存货而自动地追加订货、收集即时市场信息为生产计划增加灵活性和反应能力等。

4.10 供应链信息系统评估工作规范

供应链信息系统评估工作规范，如表 4–10 所示。

表 4–10 供应链信息系统评估工作规范

项目	规范内容
从管理角度进行评估	（1）是否体现了先进管理思想。任何软件都是管理思想的体现。供应链管理作为一种新的管理思想，其信息系统本身也会因不同管理流派对供应链管理理解的不同而不同。 （2）是否体现了集成。供应链管理实际上应该包括供应链组织内部各功能部门之间的集成和在供应链上下游组织之间的集成，集成的内容包括商流、物流、信息流等，集成的对象有资源、组织、业务、流程等。信息系统在这些方面均应有体现。
从系统功能上进行评估	（1）带有供应链规划功能的一类软件称为广义的供应链管理软件，它按照管理过程进行供应链组织间的计划、安排进度表和供应链计划的执行与控制，着重于整个供应链和供应网络的优化以及贯穿于整个供应链计划的实现。 （2）好的供应链信息系统所含的套件，包括从订单输入到产品交付等并行于制造业务流程的全部业务过程，其中包括预测、供应链和生产计划、需求和分销管理、运输计划以及各种形式的业务智能。
从系统的使用效果进行评估	（1）是否使各供应链环节协调运作。整个供应链伙伴间的业务流程将数据化、电子化，再通过有效的方式连接起来，实现各环节信息的互动。整个信息系统将变成一个综合的立体全方位网络，其中物流将转化为灵活控制的信息流。 （2）是否提高了服务质量。服务质量是服务效果的集中反映，可以用时间、费用、效率来衡量，其变化突出表现在减少供应时间、降低物流成本、提高效率等方面。 （3）是否提高了信息管理和利用能力。企业是否通过供应链信息系统使得在信息加工、处理、利用上更上一层台阶，在信息传递上更有效率。

续表

项目	规范内容
对企业信息化评估指标体系进行评估	（1）企业信息化的社会效益包括：信息化给人类社会带来的转变；信息化对促进社会文明、提高全民素质的影响；信息化对促进国家科技进步、提高国民生产力的影响；信息化对社会上产业结构的调整和优化的影响；信息化对促进管理方法现代化的影响；信息化对企业就业结构和就业机会改善的影响；信息化对企业内部管理体制改革的影响；信息化对改善企业人力资源的开发利用的影响；信息化对改善工作环境、企业竞争环境、企业经营环境所做出的贡献；信息化对改善环境保护的影响；信息化为节约资源、节约能源所做出的贡献。 （2）企业信息化的指标体系包括： ①管理信息支持程度； ②战略目标匹配程度； ③竞争优势支持程度； ④竞争反应； ⑤组织机构风险； ⑥战略信息系统构造； ⑦技术不确定性； ⑧所需环境投资风险。
使用信息化评估指标体系进行评估	（1）企业信息系统评估指标：平台利用指标、信息利用指标、管理效率指标。 （2）企业管理系统评估指标：组织结构指标、管理方式指标、管理流程指标、人员素质指标、企业文化指标、决策水平指标、战略目标指标。 （3）企业业务系统评估指标：业务流程指标、响应速度指标、满意程度指标、市场份额指标、质量保证指标、成本水平指标。 （4）信息技术为人们带来了好处，给企业带来了深刻的变革，这都是毋庸置疑的。IT 投资的复杂性，使得估计当前投资对未来的收益贡献的确十分困难。 （5）评估企业信息系统，既要体现管理与应用水平，又要体现效益和效率；既要体现直接效益，更要体现发展潜力和价值。

4.11 供应链中企业间关系协调工作规范

供应链中企业间关系协调工作规范，如表 4–11 所示。

表 4–11　供应链中企业间关系协调工作规范

项目	规范内容
调整组织，适应快速反应要求	（1）供应链管理是协调企业内外部资源来共同满足消费者需求，是一种基于协作的策略，它把跨企业的业务运作联合在一起，以期实现市场机会的共同远景。 （2）需要重新定义各项业务及其相互关系，在管理和组织上采取更灵活的方式，对供应链上供需关系的变动，同步、敏捷、及时地做出响应，在掌握准确、及时、完整信息的基础上，做出正确决策，尽力能动地采取措施。
构建电子商务网络，促进信息共享	（1）我们需要与包括供应商等在内的上下游企业紧密配合，实现企业的供应链管理。 （2）B2B 电子商务正好面向整个供应链，运用供应链管理的思想，利用互联网，整合企业的上下游产业，构成一个电子商务供应链网络，使得企业供应链上的所有参与者之间可以通过网络，实现资料互换、信息共享，整合合作共同体的资源，消除了整个供应链网络上不必要的动作和消耗，促进了供应链向动态的、虚拟的、全球网络化的方向发展。
构建企业间的战略合作关系	（1）企业同其销售代理、客户和供应商的关系，不再是简单的业务往来对象，而是利益共享的合作伙伴关系，这是现代管理观念的重大转变。 （2）这种合作伙伴关系组成了一个企业的供应链。当前企业之间的竞争不再是一个企业对一个企业的竞争，而发展成为一个企业的供应链同竞争对手的供应链之间的竞争。 （3）从当前我们方兴未艾的物流市场发展实践来看，现代物流与供应链的发展方向都会从追求降低成本发展到协调企业之间的合作、提升供应链竞争力。

续表

项目	规范内容
通过业务外包利用联盟企业的资源	（1）企业间关系中最核心的是利益关系，故供应链管理的一个重要的方面，就是利用业务外包，整合相互之间的利益。这样可以把资源集中在企业的核心竞争力上，以便获取最大的投资回报，那些不属于核心能力的功能应该被弱化或者外包。业务外包可以充分利用联盟企业的资源，获得更大的竞争优势。 （2）业务外包可以利用的资源还有时间和资金。传统的企业，往往拥有全过程自我投资和建设的部门，从基建部门到制造车间，到装配、验收部门，再到包装车间都是自己的。 （3）这通常导致项目完工的时候，就是经营面临困难的时候，企业负债累累，产品延期交货，一系列问题相继出现。 （4）而业务外包可以获得多个联盟企业的协作，缩短产品周期，在最短的时间内推出最新的产品，而且它还可以利用联盟企业的资金，降低自身的风险，从而更轻松地获得竞争优势。
以满足市场需求为目的协调企业关系	（1）在发达国家企业中，“关系管理”已受到广泛关注，企业纷纷从 CI 战略管理转向了 CS 战略管理，CS 即英文“顾客满意”的缩写。 （2）企业关系管理的内涵突出了市场需求为企业最高目标，顾客是企业经营的主要驱动力，企业管理组织的中心位置是协调各方面内外关系。同时企业采用市场信息管理系统，对市场需求、企业与消费者、上游企业、配套协作伙伴及内部员工等不断变化的情况随时进行监测，指导企业提高关系管理水平。 （3）现代企业应从强化企业关系管理与协调中，适应日趋成熟的市场，培养更多的忠诚客户，营造企业员工满意的工作环境。
推进协调发展	（1）供应链企业需推进协调发展，积极承担社会责任，进一步拓宽管理创新的领域，改变生产方式，整合资源，减少对土地等资源的占用和浪费；加强环境保护，发展循环经济；协调企业内外部利益相关者（包括员工、客户、供应商、社区、公众和学校等）的关系；讲诚信，树立企业的公信力，使之成为核心竞争力的重要组成部分等。 （2）协调企业之间的关系是企业关系管理的重要内容。企业关系管理是指获得、建立和维系企业在市场经营中诸方关系的行为，是巩固和发展企业与消费者、供应商、合作伙伴、金融与政府部门以及企业内部员工关系的活动。企业关系管理在供应链企业中应该引起充分重视。

4.12 供应链中部门间关系协调工作规范

供应链中部门间关系协调工作规范，如表 4–12 所示。

表 4–12　供应链中部门间关系协调工作规范

项目	规范内容
借助信息系统与计算机网络协调部门间关系	企业要开展优质服务，需协调企业各职能部门间的关系，对经营信息实现全方位的动态管理，达到科学化、准确化、标准化、敏捷化和智能化的管理要求，必须借助现代计算机通信网络技术和先进的商业经营管理信息系统。
围绕市场需求协调部门间关系	（1）协调各部门各环节的关系，使企业各个管理部门围绕市场导向，更加灵活或“柔性”地开展业务活动，适时地响应市场需求，就能进一步提高企业的竞争力，使企业在激烈的市场竞争中全方位地发挥足够的能力，从而取得最好的经济效益。 （2）它要求企业以市场为导向在物资供应、生产和销售等环节的各项作业形成连续、同步的“作业流程”，消除作业链中一切不能增加价值的作业，使企业处于持续改善状态，促进企业整体价值链的优化，增强企业竞争优势。
以提高快速响应为目标协调部门间关系	（1）提高快速响应能力要求从计划入手，全面协调企业内部各部门的业务。 （2）如在生产组织方面，能根据销售计划及库存情况制定生产计划，同时生成相关的物料采购计划和质量检验计划。在销售、采购业务中分别与库存、应收应付相结合。 （3）重新定义企业各项业务及其相互关系，在管理和组织上采取更科学、更灵活的方式，对供应链上供需关系的变动同步、敏捷、适时地做出响应。由于建立在全面掌握准确、及时、完整的信息的基础上，因而可以帮助企业做出正确的决策，使企业在变化的市场中保持主动。

续表

项目	规范内容
以企业文化为导向协调部门间关系	（1）传统的企业组织一般按客户、产品种类或管理职能把部门划分为相对独立的利润中心、成本中心、责任中心和绩效中心。 （2）网络化生产打破了传统的企业内部生产关系。在网络化的层级结构下，当管理中枢无需直接利用权力去分配和协调下属单位的活动后，其重要的工作内容就不仅是组织信息的收集、处理与传播，而是要通过基本政策的制定，借助各种沟通渠道，去倡导某种适合企业特点的文化，大张旗鼓地宣传这种文化，总结和介绍在这种文化影响下成功工作单元的事例，以促进这种文化所包含的价值观和行为观被各工作单元迅速普遍地接受，并使之成为影响他们行为选择的基本规范。

4.13 供应链中采购工作规范

供应链中采购工作规范，如表 4-13 所示。

表 4-13 供应链中采购工作规范

项目	规范内容
采购管理的重心	（1）认识采购在提高客户满意度中的战略作用。 （2）选择有效的战术、战略以支持采购在供应链中不断变换的职能。 （3）明确采购中的成本管理策略。 （4）明确主要的采购目标与活动。
遵循采购作业中的基本原则	（1）企业采购应以最低的成本和费用从供应链的上游供应商处获得自己所需的原材料。 （2）应从一个全新的高度和角度加以解释，来对采购阶段的相关物流和信息流进行有效管理。 （3）采购的侧重点在于公司之间或公司内部之间的链接。 （4）使供应链上的每个贸易伙伴联结起来组成一个完整的网络系统，使其密切合作、共享信息、共担风险；同时应当运用最新科学技术作为行之有效的管理手段。

续表

项目	规范内容
执行采购作业中的相关方法	（1）周密计划。信息的分析可以使采购计划延续到未来某个任意日期，这样不但可以按需采购，而且可以保证足够的采购提前期和采购预算，防止因突发性采购而增加额外的采购费用。 （2）设置目标成本（标准成本）。每一个会计年度，企业都必须通过模拟成本确定标准成本，也就是说，必须严格控制成本限额。在保证一定的利润前提下，确定标准产品成本。 （3）控制采购权限。要严格控制成本，首先要控制资金流出。要设置每一个采购员的采购物料范围和支付权限，同时规定超过限额的审批层次和权限，以规范采购管理。 （4）控制库存量。要对每一种物料规定最大储存量和最长储存期限。超过最大值时，要发出警示信号，以便管理人员采取纠正措施。 （5）要求供应商认证。根据 ISO9000 的要求，为了保证产品质量，首先要保证进厂材料的质量。各种物料的供应商都必须经过认证，建立供应商主文件。如果向没有建立主文件的供应商采购，系统将拒绝执行。 （6）跟踪采购订单。系统可以提供多种查询途径，通过采购单编码、物料号、供应商号、采购员代码、交货日期等进行查询，跟踪采购合同执行情况。 （7）严格控制付款程序。付款前，系统将自动进行一系列的对比，如物料规格性能、合格数量、交货日期是否与采购单一致，报价单与发票金额是否一致。必须几方面都相符才能执行付款程序，严格控制不良资金流出。
协调好采购与供应商的关系	采购与供应商可以说是紧密联系的。但是在整个供应环节中，供应商常常是怨声载道、满腹牢骚，因为他们经常会遇到这样那样的问题和困扰。如，供应商抱怨“客户需求数量变化无常，预测不准”。还有，随着产业竞争越来越激烈，客户对供货时间的要求也越来越苛刻。在这些情况下，需要协调好采购与供应商的关系。如提供多种渠道与供应商进行沟通协调。

续表

项目	规范内容
激励、监控采购者	（1）每个企业经过多年的摸索，都会总结出一套采购管理办法。 （2）真正使采购管理者普遍大伤脑筋的问题在于：如何“以人为本”去管理采购人员，激励他们自觉主动地去搞好与供应商的关系，始终把降低成本放在第一位。 （3）要达此目的，就要不断健全采购管理制度，提供一套高效的监控体系和时效性强的管理方法，加强激励管理，最大限度地避免“灰色”现象，是解决问题的根本办法。 （4）加强对采购人员的培训，包括对专业采购技能、沟通能力等的培训；适时对供应商进行培训，将采购方的企业文化、采购运作方式渗透到供应商当中。 （5）就企业采购供应这一环节来说，它也是供应链系统上的一个组成部分。采购的速度、效率，订单的执行情况将直接影响到企业能否快速灵活地满足下游客户的需求；采购成本的高低也直接影响到企业最终产品的定价和整个供应链的最终获利如何。

4.14 供应链中供应商管理工作规范

供应链中供应商管理工作规范，如表 4–14 所示。

表 4–14　供应链中供应商管理工作规范

项目	规范内容
与供应商建立合作关系	（1）在新产品推介过程中，越早让供应商参与其中，整个项目所节省的资金也就越多。 （2）一些公司积极寻求机会，与其供应商建立长期合作关系，共享计划、产品设计和规范信息以及运作方式上的改进，这样的公司已经取得了明显的竞争优势。 （3）随着产品生命周期的缩短，从一开始就做好设计、货源组织、计划制订和物料生产，已变得至关重要。 （4）通过开拓更广泛、更灵活、响应更积极的供应商关系，企业等于获得了新的经济增长点，同时也建立起了能够增加盈利的新的商业模式。

续表

项目	规范内容
尽量采用外包方式	如何选择供应商、控制库存量，在降低库存的同时又能为生产不同产品提供保障：如何使供应商积极参与和加入到产品的设计过程中，为工程更改提供快速的响应支持，以不断加快产品创新的节奏和缩短产品从研发到投放市场的时间；如何在动态环境中面对组织结构、业务流程不断变化的情况下，实现快速适应和调整。 这就要求在条件合适的情况下，尽可能采用外包方式，以便企业将主要精力集中在核心技能上，从而保持资产的精练和对市场状况的敏捷反应，降低成本，保障供应。
进行新供应商评选	新供应商评选就是为新开发的供应商做全面的资格认定。评估供应商主要着重于对他们的技术、质量、交货、服务、成本结构和管理水平等方面的能力进行综合评定。供应商评选标准的基本准则是“Q.C.D.S”原则，也就是质量、成本、交付与服务并重的原则。 在这四项中，质量因素是最重要的，第一要确认供应商是否建立有一套稳定有效的质量保证体系；第二确认供应商是否具有生产特定产品所需的设备和工艺能力；第三是成本与价格，要运用价值工程的方法对所涉及的产品进行成本分析，并通过双赢的价格谈判实现成本节约；在交付方面，要确定供应商是否拥有足够的生产能力，人力资源是否充足，有没有扩大产能的潜力；第四，也是非常重要的，即是供应商的售前、售后服务的记录。
进行供应商的绩效评估	以前的商业竞争环境较单纯，评估一个公司的优劣主要是比较其与竞争对手间的获利能力与市场占有率的差别，于是绩效评估的方向也就多半围绕着这些项目进行。 但是在强调专业分工、快速客户化产品以及全球化经济的年代，公司间的竞争重点已逐渐转变成各自的供应链体系的效能之争，所比较的则是谁能以最快的速度、最低廉的成本将客户化的产品送交到顾客手上。
采用供应商的激励机制	（1）要保持长期的双赢关系，对供应商的激励是非常重要的，没有有效的激励机制，就不可能维持良好的供应关系。在激励机制的设计上，要体现公平、一致的原则。 （2）给予供应商价格折扣和柔性合同以及采用赠送股权等，使供应商和制造商分享成功，同时也使供应商从合作中体会到双赢机制的好处。

续表

项目	规范内容
采用适当的合作终止策略	当因合作伙伴关系失败而决定终止时，我们常常会对对方怀有讽刺乃至敌意的态度，而不是采用适当宽容的态度。 但当今世界已越来越小，说不定哪天我们又会需要用到其中哪个供应商；或者供应商中的一个 CEO 跳到了其他公司，而这家公司正是我们目前所依靠的。所以我们要将转换供应商这一过程尽量做得天衣无缝，同时又不损害客户的满意度、公司的利润以及我们的名誉。 应先向供应商解释这次散伙对双方可能都有的好处，然后再寻求迅速公平的转换方法以使“痛苦”降到最小。接着你应清楚地列出供应商该做哪些，例如对方需按指示停止相关工作，同意终止合同，马上结束他的分包合约，送回属于我方的资产，对方应知会我方有关的法律事项以及如何以双方最低的成本处理现有库存。 同样要认可供应商对你的要求：围绕散伙事实的合理解释，确定已发生费用的结算，协助处理现有库存。请记住你和供应商要共同确立转换过程的合理时间表。最后拟订出一份清存货合同清单，正规地对所有细节加以回顾，写明双方的职责和结束日期。 供应商的开发和管理是整个采购体系的核心，其表现不仅关系到整个采购部门的业绩，而且其生命周期包含了供应市场竞争分析，寻找合格供应商，潜在供应商的评估，询价和报价，合同条款的谈判，最终供应商的选择，供应商供货与评价以及与供应商合作终止等过程。

4.15 供应链中生产管理工作规范

供应链中生产管理工作规范，如表 4–15 所示。

表 4-15　供应链中生产管理工作规范

项目	规范内容
充分利用互联网络进行企业间生产调度	（1）一般说来，生产管理中的生产调度管理是 SCM 中最难管理的环节，主要理由有： ①核心企业对产品销售预测的高度不准确性； ②缺乏来自供应商的原材料信息； ③缺乏供应商的库存水平波动和客户需求波动信息。 （2）利用互联网络，通过改善供应商、核心企业和客户之间的通信，可以降低在生产调度管理中所出现的困难程度。 （3）企业使用了互联网络，就可协调与供应商的 JIT 程序，协调与供应商之间的生产衔接。 （4）互联网络在订单处理中的应用能够提供企业有关产品销售和服务的适时信息，在一定程度上会使销售预测变得精确，反过来又会大大改善生产调度管理。
充分利用在供应链管理环境下的生产进度信息	（1）生产进度信息是企业检查生产计划执行状况的重要依据，也是滚动制定生产计划过程中用于修正原有计划和制定新计划的重要信息。在供应链管理环境下，生产进度计划属于可共享的信息。 （2）这一信息的作用在于：上游企业可以通过网络和双方通用的软件了解下游企业真实需求信息，并准时提供物资；下游企业可以避免不必要的库存，并依据了解到的上游企业的生产进度，适当调整生产计划，使供应链上的各个环节紧密地衔接在一起。
制订供应链管理环境下的生产计划	（1）在供应链管理下，企业的生产计划编制过程有了较大的变化，在原有的生产计划制订过程的基础上增添了新的特点。 （2）如具有纵向和横向的信息集成过程，丰富了能力平衡在计划中的作用以及计划的循环过程突破了企业的限制等特点。 （3）供应链环境下的生产计划不仅要考虑到信息集成过程，如上下游的信息集成以及生产相同或类似产品的企业之间的信息共享，而且要充分发挥供应链环境下信息的作用，扩展原有的生产计划所不具备的功能，如生产计划在上下游企业间的传递。

续表

项目	规范内容
进行供应链管理环境下的生产控制	（1）在供应链管理环境下，生产管理组织模式和现行生产管理组织模式有一个显著的不同就是供应链管理环境下生产管理是开放性的、以团队工作为组织单元的多代理制。 （2）在供应链联盟中，企业之间以合作生产的方式进行，企业生产决策信息通过互联网络适时地在供应链联盟中由企业代理通过协商决定，企业在互联网络上建立一个合作公告栏，适时地和合作企业进行信息交流。 （3）生产进度控制的目的在于依据生产作业计划，检查零部件的投入和出产数量、出产时间和配套性，保证产品能准时装配出厂。为此必须建立一种有效的跟踪机制进行生产进度信息的跟踪和反馈。
建立供应链管理环境下的协调机制	（1）要实现供应链的同步化运作，需要建立一种供应链的协调机制。供应链的协调机制有两种划分方法。 （2）根据协调的职能可划分为两类：一是不同职能活动之间的协调与集成，如生产—供应协调、生产—销售协调、库存—销售协调等协调关系；另一类是根据同一职能不同层次活动的协调，如多个工厂之间的生产协调。 （3）根据协调的内容划分，供应链的协调可划分为信息协调和非信息协调。 （4）应当指出，供应链上任何一个企业的生产决策都会影响供应链上其他企业的决策，企业需跳出以某个企业物料需求为中心的生产管理局限，充分了解用户需求并与供应商在经营上协调一致，实现信息的共享与集成，以顾客化的需求驱动顾客化的生产计划，获得柔性敏捷的市场响应能力。

4.16 供应链中库存管理工作规范

供应链中库存管理工作规范，如表 4-16 所示。

表 4-16　供应链中库存管理工作规范

项目	规范内容
供应链管理环境下的库存问题	（1）供应链环境下的库存问题和传统的企业库存问题有许多不同之处，这些不同点体现出供应链管理思想对库存的影响。 （2）传统的企业库存管理侧重于优化单一的库存成本，从存储成本和订货成本出发确定经济订货量和订货点。 （3）但是从供应链整体的角度看，单一企业库存管理的方法显然是不够的。
确定库存补给策略	（1）连续性检查的固定订货量、固定订货点策略，即（Q，R）策略。该策略的基本思想是：对库存进行连续性检查，当库存降低到订货点水平 R 时，即发出一个订货。每次的订货量保持不变，都为固定值 Q。该策略适用于需求量大、缺货费用较高、需求波动性很大的情形。 （2）连续性检查的固定订货点、最大库存策略，即（R，S）策略。该策略和（Q，R）策略一样，都是连续性检查类型的策略，也就是要随时检查库存状态，当发现库存降低到订货点水平 R 时，开始订货。订货后使最大库存保持不变，即为常量 S，若发出订单时库存量为 I，则其订货量即为（S-I）。该策略和（Q，R）策略的不同之处在于其订货量是按实际库存而定，因而订货量是可变的。 （3）周期性检查策略，即（t，S）策略。该策略是每隔一定时期检查一次库存，并发出一次订货，把现有库存补充到最大库存水平 S，如果检查时库存量为 I，则订货量为 S－I。该策略不设订货点，只设固定检查周期和最大库存量。该策略适用于一些不很重要的或使用量不大的物资。 （4）综合库存策略，即（t，R，S）策略。该策略是策略（t，s）和策略（R，S）的综合。这种补给策略有一个固定的检查周期 t、最大库存量 S、固定订货点水平 R。当经过一定的检查周期 t 后，若库存低于订货点，则发出订货，否则，不订货。订货量的大小等于最大库存量减去检查时的库存量。当经过固定的检查时期到达 A 点时，此时库存已降低到订货点水平线 R 之下，因而应发出一次订货，订货量等于最大库存量 S 与当时的库存量 I1 的差（S－I1）。经过一定的订货提前期后在 B 点订货到达，库存补充到 C 点，在第二个检查期到来时，此时库存位置在 D，比订货点水平位置线高，无须订货。第三个检查期到来时，库存点在 E，等于订货点，又发出一次订货，订货量为（S－I3），如此周期进行下去，实现周期性库存补给。

续表

项目	规范内容
确定库存控制模型	（1）确定型库存模型。又分为周期性检查模型和连续性检查模型。周期性检查模型有6种，分不允许缺货、允许缺货、实行补货三种情况。每种情况又分瞬时到货、延时到货两种情形。连续性检查模型需要确定订货点和订货量两个参数。连续性库存检查模型分六种：不允许缺货、瞬时到货型；不允许缺货、延时到货型；允许缺货、瞬时到货型；允许缺货、延时到货型；补货、瞬时到货型；补货、延时到货型。 （2）随机型库存模型。随机型库存模型要解决的问题是：确定经济订货批量或经济订货期，确定安全库存量，确定订货点和订货后最大库存量。随机型库存模型也分连续性检查和周期性检查两种情形。
供应链管理环境下的库存管理策略	（1）供应商管理用户库存。这种库存管理策略打破了传统的各自为政的库存管理模式，体现了供应链的集成化管理思想，适应了市场变化的要求，是一种新的有代表性的库存管理思想。VMI是一种供应链集成化运作的决策代理模式，它把用户的库存决策权代理给供应商，由供应商代理分销商或批发商行使库存决策的权力。 （2）联合库存管理。联合库存管理是一种风险分担的库存管理模式。联合库存管理的思想可以从分销中心的联合库存功能谈起。地区分销中心体现了一种简单的联合库存管理思想。基于协调中心的联合库存管理是一种联邦式供应链库存管理策略，是对供应链的局部优化控制。 （3）多级库存优化与控制。供应链管理的目的是使整个供应链各个阶段的库存最小，但是，现行的企业库存管理模式是从单一企业内部的角度去考虑库存问题的，因而并不能使供应链整体达到最优。而要进行供应链的全局性优化与控制，则必须采用多级库存优化与控制方法。多级库存优化与控制是供应链资源的全局性优化。多级库存的优化与控制是在单级库存控制的基础上形成的。 （4）供应链管理模式下的库存管理的最高理想是实现供应链企业的无缝连接，消除供应链企业之间的高库存现象。为了减少企业的库存水平，需要建立协调管理机制，增加企业之间的信息交流与共享，减少不确定性因素对库存的影响，需要增加库存决策信息的透明性和可靠性、适时性，解决供应链中的需求变异放大与库存波动，解决供应链的不确定性与库存问题。

4.17 供应链中配送管理工作规范

供应链中配送管理工作规范，如表4-17所示。

表 4–17　供应链中配送管理工作规范

项目	规范内容
配送类型	（1）巨型企业内部的供应配送； （2）企业内部的连锁配送； （3）企业的销售配送。
认识配送中心	（1）配送中心是一种末端物流的结点设施，通过有效地组织配货和送货，使资源的最终端配置得以完成。 （2）配送中心定位在整个物流系统中；流通中心定位于商流、物流、信息流、资金流的综合汇集地，具有非常完善的功能。相比较而言物流中心定位于物流、信息流、资金流的综合设施，其涵盖面较流通中心为低。 （3）配送中心是处于末端物流过程的起点，它所处的位置是直接面向用户的，因此，它不仅承担直接对用户服务的功能，而且根据用户的要求，起着指导全物流过程的作用。 （4）配送中心的主要功能是围绕配货和送货而确定的，通过配货和送货完成资源的最终配置，而有关的信息活动、交易活动、结算活动等虽然也是配送中心不可缺的功能，但是它们必然服从和服务于配货和送货这两项主要的功能。
提升配送中心的配送效率	（1）市场价格竞争和顾客追求高质量的服务要求配送中心具有良好的配送效率，但运输环节过多、管理不善等方面的问题会造成配送效率低下。 （2）要想达到配送效用最大化，需要有一套专门的技术知识与之相适应，而且要更新旧有的企业物流管理理念与配送技术，以做到合理规划，统筹安排。 （3）在仓库发展建设过程当中，如果没有调查未来发展需求和市场环境状况，规划建设不当，会造成仓库区域布局不合理、空间布局不合理、物流环节存在相互重复和冲突现象，会使物品呆滞时间过长、人力资源浪费巨大，造成各个作业环节效率低下。
提升配送中心的现代化程度	（1）提高配送中心计算机的应用程度，使之不仅限于日常事务和业务运作流程的管理，而且对于物流中的许多重要决策问题，如配送中心的选址，货品组配方案、运输的最佳路径、最优库存控制等方面，都有良好的辅助决策功能。 （2）提高机械化水平程度，现代物流配送中心是以机电一体化、无纸化为特征，而不是几乎所有的物流环节都是人工处理的传统仓库。 （3）提升整体物流技术水平，具体体现在运输技术、储存保管技术、装卸搬运技术、物资检验技术、包装技术、流通加工技术以及与物流各环节密切相关的信息处理技术等。

续表

项目	规范内容
重视配送中心的拣选系统	（1）在配送中心作业的各环节中，分拣作业是非常重要的一环，它是整个配送中心作业系统的核心。 （2）物流经营绩效需要规划合理的拣货系统，拣货系统的选定对日后拣货作业效率的影响很大，为了满足不同的订单需求，衍生出各种不同的拣货系统。决定拣货系统的主要因素为分区、订单分割、订单分批及分类。 （3）对于高频度、小批量的分拣出货，可以使用自动分拣系统和自动检验系统，从进货检验、入库到分拣、出库、装车全部用各种标准化物流条码经电脑终端扫描，由传送带自动进出，人工操作只占其中很小一部分，大大降低出错率。 （4）在包含配送中心的物流系统中，配送中心对整个系统的效率提高起着决定性的作用。所以，需要提升配送中心的效能。

4.18 供应链分销渠道设计细节规范

供应链分销渠道设计细节规范，如表 4–18 所示。

表 4–18 供应链分销渠道设计细节规范

项目	规范内容
构建企业核心竞争力	（1）企业怎样在众多品牌中脱颖而出，在艰难生存的同时不断谋求新的发展，核心竞争力是最重要的基础。 （2）构建核心竞争力之前，首先要了解市场、了解自己、了解竞争对手，才能做到全方位考虑，选择最适合自己的经营模式与渠道模式。 （3）寻找差异化，并不断扩大与其他竞争对手的差异，使之成为别人难以模仿的企业核心竞争力。

续表

项目	规范内容
建立扁平化的分销渠道	（1）扁平化的销售渠道，是以最高效率将产品送到消费者的手中，最大限度降低中间环节的效率失分水平。 （2）在铺设渠道过程中，很多大企业的投入可谓不惜血本，在全国市场广设分销机构，恨不得将销售的触角延伸到每个角落；另一方面，综合性的分销渠道商，凭借专业化的规模经营和雄厚的资本，正在成为分销渠道的重要力量。 （3）建立扁平化的分销渠道要注意解决诸多难题。如：如何及时了解各个据点的销售状况；如何有效控制资金流；如何以快速的物流配合销售；如何有效控制全国的库存，使之合理分配；如何在最短时间内满足客户的购买需求；如何将企业渠道政策及时传达到每个据点，且保证有效执行等，随着互联网络技术的广泛应用，企业应用软件的不断发展，可以通过对整个分销供应链进行 e 化，充分协同采购、销售、财务等各个环节的作业，简化作业流程的方法予以解决。
选择分销渠道的合作伙伴	（1）合作期望：全力投入的配合是伙伴关系中最为重要的方面，合作的期望也就是展开市场活动的动力，就像创业一样，需要激情投入才能把市场做好。 （2）行业定位：不同行业的营销方式是有差异的，利用相同方式操作市场的伙伴更能理解企业的市场目标，效果更为理想。 （3）客户群：合作伙伴的客户群与企业的产品应该是相关联的，这样就可以充分挖掘伙伴的客户资源，形成发展上的互补。 （4）其他实力：市场开发需要经过许多努力，投入包括资金、技术和人员来展开一个一个的战役。合作伙伴这些方面的综合实力，决定了他们是否能坚持下去，摘取市场果实。
提高分销供应链反应速度	（1）提高订单反应速度。随着分销渠道扁平化，企业将面对越来越多的经销商、零售商，他们由于缺乏足够的流动资金周转，所以大都采用多次小批量的采购，每次订货数量、金额很小，但是加大了订货频率，导致企业日常订单的处理量猛增。如何应对订单数量激增的状况，用最短的时间准确地处理每一张订单，已成为首要问题。充分利用先进的计算机管理系统，可以大大提高处理速度。 （2）提高维修反应速度和服务品质。考虑分销渠道日益扁平化的趋势，生产厂家的维修点逐渐在各地广泛分布，造成产品的售后保修方便了，但维修状况复杂，维修服务的过程难于管制、监控，维修周期较长，维修服务成本较高，产品品质的市场反馈信息也难于收集分析等一系列的问题。谁能快速提供高质量的维修服务，谁就能在竞争激烈的 IT 市场赢得更多的客户满意度。

续表

项目	规范内容
使用电子商务整合分销渠道	（1）随着软件技术和营销手段的成熟，使得电子商务作为一种高效的服务手段成为可能。电子商务的实践表明，在销售的直销与分销领域，除了可以完全e化的信息内容之外，直销离不开配送和服务，网络直销也需要物流配送和本地化服务。分销商也可以从直销的服务商中获得利益，分销商利用互联网络提供更多的产品组合及促销方案，让经销商方便、多样地选择。在电子商务的网络时代，分销企业最终会以服务当作立身之本，通过服务带动产品的销售。 （2）另有专家指出，电子商务时代使直销成为可能，同样也为分销带来了新的机遇。因为互联网是分享的工具，是协作的工具。分销的价值核心就是分享与协作。因此网络直销不是分销的终结者，它只是与数字化技术一起对分销进行提升，使之提升到一种新的商务模式。
调整与渠道巨头的关系	（1）分销渠道的建立过程中，需要协调处理好各种关系，平衡渠道伙伴的利益。在某些领域，商业资本正逐渐获得优势，制造商与渠道巨头间的关系也在进行着调整。 （2）面对流通巨头的成长，作为供应商需要适应这种变化。适应的方法，就是要对流通各种业态的消长做出判断，并采取不同的策略，比较合理的方法是让工业资本与商业资本互相渗透。在家电市场，已进入以专业连锁为主导的时代，工业资本已进入其分销领域，与商业资本互相参股，互相渗透，从而使双方共同面向市场，结成利益共同体，寻找调动消费者积极性的最佳营销方式。 （3）建立分销渠道是企业的一种战略性目标，需要把产品销售、品牌形象、客户服务等所有影响到企业发展的因素都要考虑进去，分销渠道中的合作伙伴的利益和发展机会也都要考虑进去。实际上以企业为核心的分销渠道是一个战略联盟圈，这个战略联盟的利益越是趋向一致，产生的效益也就越大。

4.19 供应链顾客服务管理规范

供应链顾客服务管理规范，如表4-19所示。

表 4-19　供应链顾客服务管理规范

项目	规范内容
建立以客户为中心的供应链	客户为中心的供应链要求企业在开发和运用供应链管理时重视最终客户。所谓以客户为中心的供应链是指链上的所有企业齐心协力为市场提供共同产品和服务，这样的产品和服务是最终客户期望的，并愿意为之在产品的整个生命周期付款的。 也就是说，这个跨职能的多公司集团好比是一个扩大化的企业，它能充分利用共享资源来达到运作目的。
识别顾客的服务需求	没有任何两个顾客在服务需求方面是完全一致的。然而，顾客总是以群体出现的，彼此互相影响，最后形成某些共同的特性，所以就这个群体而言，顾客有着相似的服务需求。物流经理的任务之一，就是区分出什么因素使顾客群的服务需求有所不同。这可以通过市场调研来发现，但是在这方面很少有企业认真去做过。 （1）要认识到顾客对服务的感觉是知觉性的。知觉是主观的东西，虽然个体看到的是同样的客体，却会产生不同的认知。所以无论商业连锁企业内部的绩效衡量程序是多么严格，但重要的是看顾客对物流服务的感觉。因此，在物流系统设计时，必须从外部顾客的角度考察物流服务，只有门店、客户和消费者认为满意的物流服务才是有意义的物流服务。 （2）要建立完整的服务绩效衡量指标体系。商业连锁企业常使用一些绩效指标来衡量物流服务水平。但这些指标都是从内部来衡量供应链服务水平的，它们可能对财务控制等是很有用的，但是却反映不出对顾客的价值。因而，商业连锁企业不但要在内部，还要从外部建立一系列对顾客来说有意义的指标。
定义顾客服务目标	（1）顾客服务目标是以最低的供应链成本提供给顾客一定水平和质量的服务。在制定供应链战略时，要达到的目标就是以低成本持续提供“优质服务”。优质服务目标的定义可以通过“完美订货”来表述。完美订货就是完全满足顾客服务需求。·这样的定义一般是针对个别顾客的，其实它也可以用于顾客群，但是必须要识别顾客群所需要的关键服务是什么。只有当顾客对每一项服务要求的完成都满意时，才是“完美订货”。 （2）用在一定时间内完成所有顾客服务要求的百分比来衡量服务完成情况。一种经常使用的方法是 OTIF 法，它是准时（ON-TIME），订货完成（IN-FILL）、无错（ERROR-FREE）的缩写。 （3）为了计算出实际的服务绩效，需要监控订货过程中的每一项内容的完成情况，并以百分比形式表示出来，然后将所得百分比相乘就可以了解总的物流服务情况。例如，如果一年所有订货的完成情况是：准时率 90%，订货完成率 80%，无错率 70%，那么实际的订货完成绩效就是 90% × 80% × 70%= 50.4%。

续表

项目	规范内容
通过互联网络建立顾客服务渠道	（1）核心企业顾客通过互联网络可以非常方便地进行有关服务问题的联络，核心企业通过互联网络接受客户投诉，向客户提供技术服务，互发紧急通知和管理服务外包等。 （2）客户可以随时通过互联网络联系核心企业的服务部门，通知任何可能发生的服务问题。 （3）互联网络在客户服务中的总的作用是可以缩短对客户服务问题的响应时间。互联网络改善了核心企业和客户之间的双向通信流。 （4）如果对客户的服务问题的处理能马上得到客户满意的话，则客户很有可能会再次购买该企业所生产的产品。为此，需要在客户服务中恰当应用互联网络。
建立并实施顾客满意战略	（1）创造以“顾客满意”为中心的企业新的经营理念。 （2）促进以“顾客满意”为宗旨的质量管理的创新。 （3）抓好以“顾客满意”为准则的企业营销和服务管理的创新。 （4）重视以“顾客满意”为导向的企业信息管理的创新。 （5）实施以“顾客满意”为主线的企业组织结构的重组。

4.20 跨国供应链管理工作规范

跨国供应链管理工作规范，如表 4-20 所示。

表 4-20 跨国供应链管理工作规范

项目	规范内容
根据企业战略目标，制定企业信息化发展战略	（1）制定信息化发展规划。 （2）选择合适的信息化解决方案。 （3）寻找合适的电子商务切入点。
构建全球营销战略	（1）市场营销策略转变为以全球观为导向的整体营销。 （2）市场营销策略从竞争营销走向共生营销，并建立竞争对手之间的战略联盟体。 （3）市场营销战略从“全球扩张”转变为“全球学习”。 （4）全球市场营销策划以品牌为中心。

续表

项目	规范内容
构建基于 IOS 的跨国战略联盟	（1）现代管理中的供应链，其运行的效率极大地依赖于这种信息系统的实现。由于 IOS 是基于计算机与通信技术之上自动地处理各种业务信息的系统，它的建立意味着组织之间的合作与协调已远远超出了传统的定义。 （2）它表明，合作各方的关系并非像传统的垂直集成体系中的基于资产所有权的紧密祸合关系，而是基于信息集成之上的独立企业之间的合作。基于 IOS 之上的跨国供应链的产生，为实现分布在全球各地的多个组织之间的合作，从而为形成战略联盟提供了条件。
关注跨国供应链的风险与冲突	（1）无论跨国供应链是建立在 IOS 之上还是建立在传统技术之上，链中企业之间的合作与协调意味着链中成员企业之间存在一定程度的相互依赖性。跨国供应链中的相互依赖性属于顺序相互依赖性，即各个企业以串联的方式工作，其中某一企业的输出（产出）是另一个企业的输入（投入），即企业串联为一条链。例如，实际中由分布在世界各地的原材料供应商、组件制造商、装配商、分销商、零售商等组成的一条供应链，就体现了这样一种串联式的企业合作关系。 （2）企业之间的相互依赖（或祸合程度）决定了一个企业对另一个企业的运作可能产生的影响。祸合越紧密，因有意或无意所产生的影响程度就越大。在跨国供应链中，各个企业之间有直接的相互依赖性，某一方的退出或因事故产生的问题，可能引起整个供应链运作的中断，在极端情况下，整个链可能会失去其应有的功能。因此，关注跨国供应链的风险显得尤为重要。 （3）跨国供应链企业关系中的含糊性会导致企业之间发生冲突的风险。这种风险是由企业间关系结构定义或理解的模糊性引起的，因此，在跨国供应链中应规范定义企业间关系，以减少风险和冲突。
对跨国供应链中企业之间的相互依赖性进行协调	（1）对于跨国供应链来说每个伙伴企业的特定作用，需要根据每一个伙伴企业的竞争优势确定，并在伙伴企业中分派相应的任务。 （2）协调就是进行任务与资源的匹配，体现为企业之间的协议、企业之间任务和决策机制。相对于企业关系而言，跨国供应链中尤其需要定义企业所扮演的角色、义务、权力、责任、过程与信息流。 （3）为了对跨国供应链中企业之间的相互依赖性进行协调，通常用计划作为工具来实现，即链中的企业之间相互交流有关的计划信息，以便进行合作。这就需要适当的通信、信息共享机制及决策机制来保证。IOS 可以支持跨国供应链中各个伙伴企业之间的合作与协调。

续表

项目	规范内容
进行跨国人才培养	（1）在以知识经济为特征的新经济时代，企业与企业的竞争，供应链与供应链的竞争，乃至国家与国家的竞争，归根结底就是人才的竞争。 （2）谁拥有足够的理论知识和实践经验俱全的人才，谁就能创造市场，获取资本，谁就能在激烈的全球化市场竞争中赢得主动权，直至取胜。 （3）对于企业跨国经营的各项变动，应对所有可能因为变动而受影响的人员进行培训，帮助他们重新找到自己正确的位置，并明确自己的责任。 （4）企业应针对其每一个信息项目，事先尽可能广泛地召集相关部门负责人（他们应该在本专业内具有实力且对信息技术感兴趣，并与企业信息项目相关）进行协商，并使今后可能会受信息化影响的部门人员尽可能早地加入项目，以使企业信息化以更高的效率、更好的效果来进行。 （5）实际上，作为一般企业想要确立跨国式的供应链合作关系是十分困难的。为了实现超越国境的 SCM，必须建立企业的跨国信息管理，共享与交流作业计划和进度信息，在跨国合作上要提高跨国供应链的初始结构化程度。

4.21 供应链评价标准设定工作规范

供应链评价标准设定工作规范，如表 4–21 所示。

表 4–21 供应链评价标准设定工作规范

项目	规范内容
组成专家小组	（1）要根据企业的实际情况，由企业的决策层决定供应链评价的动作。 （2）决策者决定是对短期效益进行评价，还是对企业的长远影响进行评判。 （3）企业应由主要领导牵头成立评价小组，评价小组成员的专业方向应各有侧重，主要应有：市场战略规划人员，企业财务主管，管理决策人员，企业中层执行经理。另外考虑到企业对外关系以及影响环境的需要，可以适当地请一些政府官员或专家教授参与。

续表

项目	规范内容
确定需要评价的对象内容	（1）专家小组需要评价供应链给企业带来的效益，效益可以分为两个基本方面，即显性效益和隐性效益。显然，信息技术本身带来的高效就是显性效益，而先进管理模式和协同效应则属于隐性效益。 （2）显性效益一般产生在企业的事务处理活动或者一线的业务处理活动方面。最常见、最直接的效益表现在通过信息技术的应用，使得传统工作方式得到改变，因而可以直接带来生产、工作效率的提高，人工、费用、成本的减少等效果。 （3）不同企业的隐性效益差别很大，一般可以从以下几个方面进行评价： ①数据集成共享：是否实现业务经营数据的快速传递和共享，满足企业内外部对信息的及时了解和掌握。 ②管理模式：是否理顺和规范了业务流程，改进了不合理的业务环节和堵塞了管理漏洞，减少了人为的随意性。 ③决策支持：是否为企业经营决策提供了真实的基于量化指标的多维度数据。 ④资源分配：是否能够协调企业内部资源进行合理规划和分配。 ⑤业务管理：对业务过程实现事前防范、事中监控以及事后分析。
采用定性或定量的指标分析	（1）从评价的对象来看，企业供应链的评价不可能全部以定量的方法表示。例如，对信息化的评价只能是一种狭义的短期效益评价，只能作为企业决策者进行决策的参考。 （2）对于评价的指标，除了定量的分析外，还应有定性的评定。 （3）需要把一些很模糊，不便完全作定性评定的指标进行定量的考虑，使其介于定性和定量之间。 （4）定量评价的指标、集中的指标需要设置权重。

续表

项目	规范内容
编制评价报告并处理后续工作	（1）在专家小组对各项指标进行评定后，应及时编制评价报告，评价报告应包含的内容有：被评价的内容，评价依据与指标集，评价结果以及专家建议。为使评价报告的数据表示更为形象，应采用一些图表和表格进行结果展示。 （2）对于专家小组的评价报告，企业应给予关注，在许可的范围内，使更多的企业成员了解结果，并组织人员对评价结果以及建议进行处理，以期达到企业持续改进和优化的目的。供应链机制的培育需要供应链各方做出努力。评价就是这种努力的一项重要工作，因为只有通过长期的经常性评价才能搞清楚现阶段的状况、存在的问题，才能明确方向，提出可接受的改善方案，不断加以完善。 （3）复杂多变的商业环境中，企业的业务发展战略不可能是固定不变的，企业的价值评价标准也会发生变化。 （4）在企业进行供应链评价时，为了有利于历史比较，应保存其首次进行评价的指标集以及评价依据，并在将来评价时予以考虑。这样从对企业供应链的评价中更能看出企业的进步和需要改进的方向。

第5章 物流成本管控工作规范

5.1 物流成本计算对象核定工作规范

物流成本计算对象核定工作规范，如表5-1所示。

表5-1 物流成本计算对象核定工作规范

项目	规范内容
物流成本计算期间的确定	（1）物流活动是持续不断进行的，必须截取其中的一段时间作为汇集月流经营费用、计算物流成本的时间范围。这个时间范围就是物流成本计算期间。 （2）物流成本计算期间可以以年、季、月为周期；也可以是某项作业周期，应当视具体情况而定。
物流成本计算范围的确定	（1）物流成本计算范围是物流成本计算的具体内容，即应选取哪些成本费用项目来进行物流成本计算。 （2）根据物流成本分析控制的需要，从物流活动范围的角度看，供应物流费、企业内物流费、销售物流费、回收物流费和废弃物物流费中的哪些应纳入物流成本计算范围。 （3）从物流功能范围的角度看，在运输、搬运、存储、包装、流通加工等物流功能中，应选取哪些功能作为物流成本计算对象。
物流成本承担者的确定	（1）承担者是指发生并应合理承担各项费用的特定经营成果的体现形式。 （2）物流成本承担者根据实际情况，可以是某一客户，某一作业种类，物流责任中心乃至整个企业。

5.2 物流作业成本计算规范

物流作业成本计算规范，如表 5-2 所示。

表 5-2 物流作业成本计算规范

项目	规范内容
分析和确定物流资源	（1）物流资源是物流作业得以进行的基础，是成本消耗的源泉。 （2）物流作业成本计算首先要分析各项物流活动都耗费了哪些资源。 （3）物流资源有工资、设备、动力等。
分析和确定物流作业构成	（1）建立物流作业成本库物流活动由一系列基本作业构成，是一个个易于理解的操作坏节。 （2）可以采用业务职能分析法、作业流程法、价值链分析法等确定各项作业构成。 （3）在此基础上对各项物流作业进行筛选和整合，将同质物流作业合并，形成物流作业中心。
分析和确定物流成本动因	（1）物流资源动因反映了物流作业量与资源耗费间的因果关系，说明资源被各作业消耗的原因、方式和数量。 （2）物流资源动因是把资源分摊到作业中去的衡量标准。作业成本计算要观察、分析物流资源，为每项物流资源确定动因。例如仓库面积、体积是仓库折旧的资源动因。 （3）物流作业动因是最终成本对象耗费物流作业的原因和方式，反映成本对象使用物流作业的频度和强度。例如，商品检验活动的作业动因是商品检验的次数，它是分配、计算商品检验成本的依据。
分配计算物流成本至成本对象	（1）物流资源是物流成本耗费的基础。分配计算物流成本从分配计算物流资源开始。 （2）首先确定好物流资源后，根据资源动因，把物流资源分配至各物流作业中心，形成物流作业成本库。然后根据作业动因，将各作业成本库中的物流成本分摊至各成本计算对象。
计算各成本对象物流总成本	（1）将成本对象中分摊的各物流作业成本加总，即得成本对象负担的间接物流成本。再加直接物流成本，就是各成本对象的物流总成本，并可据以计算单位物流成本。 （2）物流作业成本法深入到作业，为对间接成本和辅助资源进行更为合理的分配和计算提供了更科学、更准确的物流成本数据。

续表

项目	规范内容
注意	（1）成本按其计入成本对象的方式分为直接成本和间接成本。直接成本是与成本对象直接相关的那一部分成本。 （2）所谓“与成本对象直接相关”是说该成本与某一特定的成本对象存在直接关系，它们之间存在明显的因果或受益关系。 （3）间接成本是与直接成本相对应的，指与成本对象相关联的成本中不能用一种经济合理方式追溯到成本对象的那一部分成本。 （4）一项成本可能是直接成本，也可能是间接成本，要根据成本对象的选择而定。

5.3 物流成本计划编制规范

物流成本计划编制规范，如表 5–3 所示。

表 5–3　物流成本计划编制规范

项目	规范内容
收集和整理相关资料	为制定科学合理的计划，需要收集和整理各方面的资料，包括物流活动的历史资料、未来预测的资料，以及行业内其他企业相同物流活动的资料等。
分析上期物流成本计划的执行结果	对上期物流成本计划执行情况进行全面分析，找出实际结果与计划成本存在差异的原因，弄清存在的问题，并对计划编制工作的科学合理性做出评价，为编制新计划提供借鉴。
确定物流成本费用的控制限额	（1）对上期物流成本计划完成情况进行分析后，结合未来成本降低的目标，确定可行的物流成本费用控制额度。 （2）将物流成本费用限额下达到各职能部门，各部门根据实际情况对其加以修正，逐层上报汇总，由计划制定者统一协调，最终确定供执行的限额。
编制物流成本计划	（1）在最高管理层的领导下，成本计划部门与各部门相互配合，以物流成本计划总目标为指导，考虑特殊要求，编制计划，并落实实现物流成本计划的具体措施。 （2）物流成本计划为实施物流成本控制，制定成本控制标准提供了重要依据，也是进行物流成本分析和考核的参照标准。

续表

项目	规范内容
注意	物流成本计划的编制非常重要，原因在于： （1）它反映了企业进行物流资源配置的一般性要求。 （2）它是确定物流成本控制标准的重要尺度。 （3）它是监测物流成本运作过程的工具。 （4）它突出了各部门成本工作的重点。

5.4 物流成本弹性预算编制规范

物流成本弹性预算编制规范，如表 5–4 所示。

表 5–4　物流成本弹性预算编制规范

项目	规范内容
确定各物流成本费用的成本依存度	（1）所谓成本依存度是指成本总额对业务量的依存关系。 （2）弹性预算的编制以成本依存度的划分为基础，因此必须先确定各物流成本项目的成本依存度，将它们划分为变动成本、固定成本和混合成本。 （3）变动成本是随业务量增长而正比例增长的成本，如运输中的燃油费，包装消耗的直接材料费。固定成本是不受业务量影响的成本，如物流设施和设备的折旧费。 （4）混合成本是随业务量增长而增长，但与业务量增长不成正比例的成本，如物流机械设备的修理费。
选取恰当的业务量计量对象	（1）编制弹性预算时要随业务量水平的变化，计算出不同的计划成本。因此，应选择代表性强的业务量作为计量对象，并要求所选取的计量对象与预算中的变动部分有直接联系。 （2）经常选取的业务量有直接人工工时、运输吨公里、作业工人工资、机械运转时数等。
确定各项物流成本与业务量之间的数量关系	（1）逐项研究、确定各项物流成本与业务量之间的数量关系。 （2）固定成本一般不随业务量变化而变化；对于变动成本，需确定单位业务量的变动成本，即增加一单位业务量而增加的成本。 （3）将混合成本分解为固定成本和变动成本，列出表达式。

续表

项目	规范内容
选用表达方式，计算预算物流成本	（1）列表式：先确定业务量变化范围，划分出若干个业务量水平。再分别计算各项物流成本项目的预算成本，汇总列入一个预算表格。确定业务量变动范围时应满足业务量实际变动需要，确定的方法有以下几种： ①把业务量范围确定在正常业务量的 70% ~ 110%。 ②把历史上的最低业务量和最高业务量分别作为业务量范围的下限和上限。 ③对企业预算期的业务量做出悲观预测和乐观预测，分别作为业务量的下限和上限。 （2）公式法：将所有物流成本项目分解为固定成本和变动成本，确定预算成本计算式 y=a+bx 中的系数。其中 a 为混合成本中的固定部分加固定成本的和，b 为混合成本中的单位业务量变动成本加变动成本的和，x 为业务量。利用这个公式可计算任一水平业务量的预算物流成本。

5.5 物流成本零基预算编制规范

物流成本零基预算编制规范，如表 5–5 所示。

表 5–5　物流成本零基预算编制规范

项目	规范内容
目标任务	根据计划期的目标和任务，各部门提出预算期内完成各自任务需要的各项成本费用开支的性质、目的及数额。
评价	对各项物流成本费用进行成本——效益分析，权衡利弊得失，评价成本费用的合理性。
落实	将各项物流成本费用按轻重缓急的先后顺序排序，考虑可动用的资金，先保证顺序在前的项目实施，依此类推，落实预算。
注意	零基预算能消除不合理的物流成本费用支出，减少浪费，有利于改善整个物流成本控制效果和提高预算管理的效率。

5.6 物流标准成本制定规范

物流标准成本制定规范，如表 5-6 所示。

表 5-6 物流标准成本制定规范

项目	规范内容
物流直接材料标准成本的制定	（1）物流直接材料标准成本由物流直接材料价格标准和物流直接材料用量标准确定。计算公式如下： 物流直接材料标准成本 = 价格标准 ÷ 用量标准 （2）直接材料标准成本常见于物流活动中的包装和流通加工，因为这些活动往往需要使用各种材料。直接材料价格标准应能反映目前市价、未来市场的走势，以及批量采购的优势。 （3）价格标准应包括发票价格、运费、检验费用和正常损耗等，所以需要在征询采购部门的意见后制定。 （4）用量标准应根据企业物流作业流程状况和管理要求等制定。
物流直接人工标准成本的制定	（1）物流直接人工标准成本由物流工资率标准和物流人工用量标准确定。计算公式如下： 物流直接人工标准成本 = 标准工资率 × 工时标准 （2）物流直接人工标准成本的制定基本上涉及物流活动的各环节，例如流通加工工人的工资标准和铲车司机的工资标准的制定。 （3）在制定标准成本时，如果是计件工资，标准工资率就是计件工资单价；如果是计时工资，标准工资率是单位工时工资，它可由标准工资总额除以标准总工时得到。 （4）对工时标准则需要根据现有物流运作技术条件，测算提供某项物流服务所需的时间，包括调整设备时向、直接服务操作时间、工间休息时间等。

续表

项目	规范内容
物流服务费用标准成本的制定	（1）变动物流服务费用标准成本。变动物流服务费用标准成本由变动物流服务数量标准和变动物流服务价格标准确定。数量标准可采用单位物流服务直接人工工时标准、机械设备工时标准或其他标准，但需与变动物流服务费用存在较好的线性关系。价格标准即每小时变动物流服务费用的标准分配率，根据变动物流服务费用预算除以数量标准总额得到。在采用单位物流服务直接人工工时标准时，变动物流服务费用标准成本用公式表示为： 变动物流服务费用标准成本＝单位物流服务直接人工标准工时 ÷ 每小时变动物流服务费用的标准分配率 变动物流服务费用标准成本的例子很多，例如装卸搬运活动中使用的润滑油和配件的标准成本。在各部分变动物流服务费用标准成本确定后，将它们加总就得到变动物流服务费用的单位标准成本。 （2）固定物流服务费用标准成本。固定物流服务费用标准成本由固定物流服务数量标准和固定物流服务价格标准确定。数量标准和价格标准的确定与变动物流服务费用相同。在采用单位物流服务直接人工工时标准时，固定物流服务费用标准成本用公式表示为： 固定物流服务费用标准成本＝某物流服务直接人工标准工时 ÷ 每小时固定物流服务费用的标准分配率
注意	将所得的物流直接材料、直接人工和服务费用的标准成本汇总，就可以确定有关物流服务的完整物流标准成本。

5.7 物流责任控制工作规范

物流责任控制工作规范，如表 5–7 所示。

表 5–7　物流责任控制工作规范

项目	规范内容
合理划分物流责任中心	根据企业管理体制和经营管理的需要，划分若干责任中心，对各自的物流成本负责，并明确各中心应承担的经济责任和拥有的经济权利。例如运输部门负责运输费用，仓储部门负责仓储费用。

续表

项目	规范内容
确定物流责任目标	（1）把物流成本目标分解到每一责任中心，确定其相应的责任目标。 （2）各责任中心只对各自的可控成本负责。 （3）确定物流责任目标既明确了责任中心的工作任务，也为其提供了业绩考核标准。
建立物流责任计算系统	为考核物流成本履行情况，需要建立一套完整的日常记录，计算和考核有关责任预算执行情况，借以评价和考核各有关责任中心的工作并及时反映存在的问题。
建立内部协调制度	各责任中心都有自己的部门利益，为此往往需要建立监督与协调机制来规范各责任中心的运作。例如，运输部门的经理就不会认同为了降低库存成本而增加运输成本的观点，因为库存成本并不在他的预算考核范围内，他的业绩是通过运输成本的降低来衡量的。
定期编制物流业绩报告	（1）责任报告是有关责任中心在一定期间内经营情况的集中反映，是责任中心预算执行结果的概括说明。 （2）定期编制物流业绩报告能使各责任中心发现存在的问题，以最大限度地降低物流费用水平。
考评物流工作业绩	（1）物流工作业绩的考评也是物流责任控制的重要一环。对只发生物流成本费用的责任中心，因其只对范围内的可控成本负责，它的考评指标是成本节约额和成本节约率。 （2）除了发生物流成本费用外，还向企业内部其他部门或外部顾客收取服务费用的物流责任中心，对它的考评指标是毛利和营业利润等。 （3）物流成本涉及范围广，内容多，物流责任控制既有利于将物流成本落实到实处，又有利于物流成本的计算、控制和考核。
内部协调制度	由于物流各项活动间存在“二律背反”关系，对各项物流活动的规划和控制要加以协调。 （1）不同部门间就物流服务互相收费或转移成本。各部门在结算时可以采用市场价格或以市场价格为基础的协调价格等。 （2）建立某种形式的物流成本节约的分享机制。物流成本互相冲突的各责任中心将各自节约的费用集中在一起，按预先确定的分配比例制作一个清单，对节约的物流成本重新分配。 （3）设立物流协调委员会。委员会的成员来自各个重要的物流责任中心的管理部门。委员会通过交流来协调管理，制定协调议案。

5.8 物流目标成本制定规范

物流目标成本制定规范，如表 5-8 所示。

表 5-8 物流目标成本制定规范

项目	规范内容
设置物流总目标成本	（1）最高管理层结合企业发展战略和企业的实际情况，制定计划期要实现的物流服务利润，确定物流成本总目标。 （2）这个总目标要分解到各级职能部门，直到最基层。
明确物流组织结构	对每个目标和子目标，根据物流组织结构要求，建立责任中心，明确其应完成的任务和应承担的责任与应享有的权利。
设置下级物流目标成本	（1）根据物流资金、人力等资源情况，上下级协商、合作，拟定考核下级的目标成本。 （2）在这个过程中，可能需要修订总目标成本。
研究物流目标成本可行性	（1）物流目标成本的制定不可能一次就成功，需要对初步设置的物流目标成本进行分析、判断。 （2）对不可行目标成本还要从最高层开始重新制定，直到可行为止。 （3）在反复循环的过程中，使物流目标成本得以完善。
分解物流目标成本	（1）将物流目标成本分解为材料费用目标、人工费用目标等。 （2）将物流目标成本分解到各级具体责任中心或责任人。 （3）将物流目标成本分解为年度目标成本、季度目标成本、月度目标成本等。物流目标成本的分解也需要循环，不断修订。 （4）物流目标成本控制是成本控制与目标管理的有机结合，能及时反映实际物流成本与物流目标成本的偏差，以便采取有效措施加以纠正。
注意	（1）按管理职能分解。例如，运输部门负责运输费用，仓储部门负责仓储费用等。 （2）按服务形成过程分解。按物流服务设计、物流材料采购、物流服务提供等过程分解成本，形成各项目标成本。 （3）按管理层次分解。将目标成本按公司、部门、个人进行分解，这是一种自上而下的过程。

5.9 物流目标成本测算规范

物流目标成本测算规范，如表 5-9 所示。

表 5-9 物流目标成本测算规范

项目	规范内容
物流总目标成本测算	（1）目标利润率法。目标利润率法是使用经营相同或相似业务的物流企业的平均报酬率来预计本企业利润。 计算公式如下： 目标利润 = 预计服务收入 × 同类企业平均服务利润率 或目标利润 = 本企业净资产 × 同类企业平均净资产利润率 或目标利润 = 本企业总资产 × 同类企业平均资产利润率 （2）上年利润基数法。本年利润是上年利润的延续，但随着竞争环境的改变和企业自身的进步，管理层会提出利润增长率的要求。计算公式为： 目标利润 = 上年利润 × 利润增长率 （3）这样测算出的目标成本只是初步的设想，在物流目标成本制定过程中，需要不断进行修正。
物流单项目标成本测算	（1）倒扣法 倒扣法用公式表示为： 物流单位服务目标成本 = 预计单价 − 单位服务目标利润 − 预计单位服务税金 − 预计单位服务期间费用 （2）比价测算法 比价测算法是将新服务或作业与原来相似服务或作业进行对比，对与原来一样的环节，按原成本指标测定，对新的不同环节，按新材料标准成本、作业工时标准等加以估算测定。
注意	（1）与物流总目标成本一样，物流单项目标成本的测算也需不断修正。 （2）目标成本测算是进行目标成本控制的基础，物流目标成本测算的准确与否，关系着物流目标成本控制的好坏。

5.10 物流作业成本管理规范

物流作业成本管理规范，如表 5–10 所示。

表 5–10　物流作业成本管理规范

项目	规范内容
确认物流作业的增值性	（1）增值作业能给客户带来利润，非增值作业不会带来利润，而且还是一种资源浪费。 （2）对物流作业的增值性应从两方面进行考察，一是对客户是否必要，二是对物流运营是否必要。 （3）若对客户是必不可少的作业，或对物流成功运营是必要的，则就是增值作业，否则为需消除的非增值作业。
物流作业流程重构	（1）在分析作业增值性后，重构物流作业流程，消除非增值作业。 （2）如果非增值作业一时不能完全消除，也要努力探究深层次原因，提高非增值作业的工作效率。 （3）重构后，使物流流程更加合理。
物流标杆瞄准	（1）在详细了解自己物流作业的基础上，与同行业中一流企业的物流作业或其他行业优秀企业的物流作业相比较，思考本企业怎么做才能和优秀企业一样好，进而对存在问题的作业进行改进。 （2）改进的方式有： ①减少物流作业时间和作业量，努力达到标准物流作业效率。 ②以标准企业为参照，根据本企业现有资源选择适合本企业的物流活动成本项目，并重新制定出各项成本标准。 ③重新分配未使用资源。可将富余资源重组、出租、出售等。
建立绩效评估系统	（1）确定目标。建立使客户满意和物流成功运营的目标。根据实际情况可以设立短、中、长期目标。 （2）将目标落实到个人。参与物流活动的每一个人都应该了解目标，并且知道自己的职责和权利。 （3）采用适当的计量方法。对每项物流作业采用适当的计量方法，正确反映各项作业的贡献，作为改进活动和奖励的依据。

5.11 仓储成本计算规范

仓储成本计算规范，如表 5-11 所示。

表 5-11　仓储成本计算规范

项目	规范内容
材料费计算	（1）仓储成本中的材料主要是仓储过程中使用的衬垫、苫盖材料等。 （2）材料费根据材料出入库记录中各种材料的领用数量乘以单价后的数额计入仓储成本。
人工费计算	（1）仓储成本中人工费包括仓库管理人员和仓库作业工人的工资、奖金和福利费等。 （2）人工费根据工资和福利费分配表中有关仓储人员的部分计入仓储成本。
物业管理费计算	物业管理费包括水、电、气等费用，可以从安装在仓库设施上的用量记录装置获得相关数据，也可以按其他比例推算，如仓库建筑设施的比例、仓库工作人员的比例等。
管理费计算	管理费无法从财务会计方面直接得到相关数据，可按仓库工作人员比例推算。
营业外费用计算	（1）仓储成本营业外费用包括折旧、利息等。 （2）折旧根据仓库中设施设备确定的折旧方法计算，利息根据购置相关资产的贷款利率计算。
对外支付保管费用核算	对外支付的保管费用应全额计入仓储成本。
注意	（1）计算仓储成本时，将各项成本分离出来，加总就可得到总仓储成本。 （2）如果采取一定的分配方法，还可计算出单位仓储成本。

5.12 缺货损失管控工作规范

缺货损失管控工作规范，如表 5-12 所示。

表 5-12　缺货损失管控工作规范

项目	规范内容
科学预测库存量	（1）库存量设置的科学与否与缺货成本有很大关系。 （2）当库存量设置过低，就会使缺货发生的频率增大，带来较多的缺货损失。 （3）进行库存预测的方法有很多，例如判断预测法、时间序列法、因果预测法等。 （4）公司应根据实际情况，选择合适的库存预测方法，并定期分析预测方法和预测结果，以总结经验改进预测工作，不断提高库存预测的科学性。
合理设置安全库存	（1）设置安全库存是减少缺货损失的有力手段。 （2）安全库存的设置与需求量、采购提前期的情况紧密联系，当需求量、采购提前期不同时，安全库存的计算方法也不相同。 （3）安全库存量的大小主要由顾客服务水平来决定。
制定应急措施	（1）当缺货情况出现时，处理及时、得当，将减少缺货带来的损失。因此，必须事先制定应对缺货的各种方案。例如，为某销售区的库存中心制定缺货应急措施，包括规定从哪个库存中心调运，缺货调运指令的发出者，调运所用的运输工具、运输路线等。这样当缺货发生时，就能有条不紊地进行处理。 （2）为减少缺货损失所进行的各项工作都要花费成本。这些成本要与缺货可能带来的损失相比较，不能超过缺货带来的损失。 （3）在下列情况下，为减少缺货要保持较高的安全库存： ①缺货成本较高或服务水平要求较高； ②需求量的波动较大； ③前置时间较长； ④前置时间的波动较大。

5.13 运用库存ABC法降低仓储成本操作规范

运用库存ABC法降低仓储成本操作规范，如表5-13所示。

表5-13 运用库存ABC法降低仓储成本操作规范

项目	规范内容
划分ABC三类物资	（1）收集有关物资的单价、需用量、库存量等数据。 （2）用单价乘以供应物资的数量计算出每种物资在一定期间（如一年）的供应金额。 （3）按供应金额的大小排序，供应金额最大的品种排在第一位，以此类推。然后计算各品种供应金额占总金额的百分比。 （4）按供应金额大小的品种序列计算供应额的累计百分比。把占供应总金额累计前70%左右的各种物资作为A类，占随后累计金额20%左右的各种物资划为B类，余下的为C类。 （5）考虑各种物资的单价和重要性等因素。对单价高或一旦短缺将威胁正常经营的重要物资也要严密监视，加强管理。
A类物资	（1）定期订购，定期盘点和查看。 （2）一次购买量不要多，经常进货，用完再买。 （3）控制、减少每次发料的数量。 （4）与用户密切联系，掌握生产或经营动态，掌握需求时间，避免过早进货积压资金。 （5）严密监视库存量变化，采取各种措施，防止缺货。
B类物资	（1）该类物资介于A类和C类物资之间，采用常规管理法。 （2）ABC库存管理法对占资金主要部分的A类物资进行重点控制管理，有利于库存积压资金的节约。 （3）对C类物资简单管理，有利于减轻库存管理人员的工作量。 （4）这种库存管理法在节约成本的同时保证了各种库存的供应，也保证了生产经营活动的正常进行。
C类物资	（1）该类物资品种多，占用资金少，可以增加安全库存、减少订购次数，借以节约订购费用。 （2）采用双仓法以简化管理手续。 （3）对积压物资，除有特殊作用需保留外，应清仓处理。

第6章 物流部工作制度制定模板

6.1 物流部库存管理制度

物流部库存管理制度

目的

第一条　规范库房的管理，合理利用仓储资源，保障公司生产制造与财产安全。

适用范围

第二条　公司内所有生产用物资、设备、工、夹、刀具存放库房的管理。

适用单位

第三条　所有库存。

职责

第四条　记账人员：认真、仔细登录每笔物资的出入单据，依据财务工作通知及时更新、调整各账目数据，做到账卡物数据一致；协助库管人员对库存物资进行收发和摆放、数量的整理；根据制度规定监督一切违纪行为。

第五条　库房管理人员（以下简称库管员）：认真、仔细地按作业流程收发每单据物资，做到单据数与实物数一致；根据生产工作所需，按部门主管的摆放规划随时对库存物资进行摆放调整；按规定监督进、出库房的人员；对涉及安全或摆放不合理的地方提出建议。

第六条　部门主管人员：详细、合理的对库房所存放物资进行摆放规划，随时调整；监督记账人员、库管员日常工作的开展；因工作所需协调、配合各部门工作的开展。

工作纪律

第七条　严守工作岗位，不擅离工作岗位、不窜岗、不做与工作无关的事情。

续表

第八条　服从领导工作安排，积极配合其他部门工作的开展。 第九条　未经部门主管和以上人员许可，不得私自将库房内物资带出库房或公司。 第十条　不得人为破坏、损坏库房内的物资、工具、设备、存放设施；不得人为制造物资存放、消防、用电安全隐患。 第十一条　每库房根据工作所需配备记账人员、库管员，工作时间内确因工作所需离开库房的，相应库房应安排人员留守。（遇车间加班的情况适用） 第十二条　下班前应对库房的防火、防盗、用电、运货通道设施作检查，及时排除隐患。 第十三条　除相关物资的计划、配套、库管、检验、装配工作领用人员及部长级以上人员可因工作所需出入库房外，其他人员未经部门主管人员授权一律不允许进入库房。 第十四条　为方便工作的开展，对以下情况作相应规定： 1. 涉及有经销商、用户、维修站人员等需要到厂购买成品、零配件的，由销售部安排人员负责接洽、办理购买手续和取货（由物流部安排成品、零部件的装卸），其购买人员一律安排于销售部内等候，不允许进入公司任何库房内。 2. 涉及有客商（二级经销商、用户、维修站人员除外）或国家行政部门人员需要参观库房的，必须有 1 ~ 2 名公司人员陪同。 3. 因货物的出、入库所涉及需要配套厂商人员进入库房的，质检部必须安排相应质检人员全程监督。 **物资存放管理** 第十五条　物资的存放应以存取方便、不破坏物资自身质量为原则。根据部门主管人员存放规划，各单一物资间应有有效的防护措施。 第十六条　保证物资摆放的整齐、美观，及时调整、消除一切影响整齐与美观的不正常因素。 第十七条　按每一库房、每一类物资建立标识牌，标识牌内容应包括公司名称、库别、类别、编号。 第十八条　库房物资的存放，以库房为基础，以储物架为单位，以储物架每一存放区域为单元建立物资储存卡；每种物资储存卡应有物资名称、规格，库、架、区编号、名称（如：01 库 01 架 01 区）及存放物资的数量信息。每种物资数量的增减与位置的改变应及时更改储存卡的信息。 第十九条　每种物资的存放，应建立最小标准包装，以便于存储、取用与数据的核查。 第二十条　需作防腐、防潮、防锈蚀措施的相关物资，由部门主管人员根据物资特性提出规划，库管员依据规划要求落实。（须其他部门协作的由部门主管人员协调） **工作作业流程** 第二十一条　物资的验收入库适用于《物资收货入库流程》和《机加车间毛坯及半成品零件收货入库流程》。 第二十二条　物资的领用、更换出库适用于《物资领用出库流程》和《物资出门管

续表

理规定》。

第二十三条　物资的退货：零配件退供应商适用于《退货流程》；经销商退货适用于《经销商退回物资处理流程》。

第二十四条　按季对库存需报损、报废物资进行清查、处理，适用于《废旧物资处理流程》。

物资账目管理

第二十五条　物资账目应保持账面清晰无涂改、数据准确、物资流向清楚。

第二十六条　账面信息应反映出物资的名称、规格、数量、所属类别、存放具体位置和出入库明细。

第二十七条　物资的实际库存数、储存卡当前结存数、账目当前结存数应三数一致，记账人员与库管员应以账目数据为基础不定期核查、核对，对三数不一致的情况及时查找原因，平衡数据（对账目数据不能作任何涂改），无法查找原因的及时上报主管人员解决。

第二十八条　账目的调整于每月 25 日盘点后对确须调整的账目，由财务部门人员列出清单，相应物资记账人员根据所列清单对相应物资账目进行调整并加盖调账印章。

第二十九条　记账人员以每周星期一和每月 25 日盘点以及每年年终盘点为一个周期统计、制作物资库存报表上报财务部、物资计划部门、总经理。

第三十条　记账人员应妥善保管相应物资的账目，除记帐人员、财务管理人员、物资计划人员、部长级以上人员可以使用账目；库管员、部长级人员、办公室职员可以通过记账人员了解单项物资账目数外．其他人员一律不得使用、查询账目。

安全管理

第三十一条　库房的安全包括物资的存放与搬运、堆码安全、消防安全、用电安全、防盗安全。

第三十二条　物资的存放、搬运、堆码由部门主管人员按物资自身的物理特性、化学特性和公司库房的现状确定其安全的存放、搬运、堆码方式，库房人员严格按即定方式执行，因违规操作发生的事故责任由操作人员自行承担。

第三十三条　各库房按统一规划设置防火、防盗、用电设施，不得堵塞、圈占防火、用电通道，未经主管人员许可不得将防火设施另作他用或搭接用电设备、破坏防盗设施。

第三十四条　库管员配合主管人员应随时对库房的安全隐患进行检查，发现问题及时调整，遇到自身不能处理的情况，及时上报主管人员解决。

第三十五条　做好安全事故发生时的应对措施，发生安全事故相关库房人员应及时上报并作好安全事故对人身造成伤害时的逃生准备。

第三十六条　物流部主管人员应作好定期对库房人员的安全知识培训和安全实作训练规划，并按规划协调相关部门、人员开展培训工作。

第三十七条　根据库存物资的取用情况，合理的设置取物通道。取物通道的设置应以快捷、畅通为原则，应随时保持取物通道的畅通与整洁。

续表

第三十八条　库房管理所涉及的奖、罚措施。 1. 按库房管理规划对物资收发安全、高效，一年以内无任何数据差错、安全事故、质量事故的，经部门主管上报，企管部核查后属实的，公司予以 × 元奖励。 2. 及时制止偷窃行为，防止公司财产遭受损失，经企管部查证属实者，根据价值的大小，公司予以 × 元的奖励。 3. 突遇火情时，及时采取措施，避免公司财产遭受损失者，经企管部查证后根据财产价值的大小，公司予 × 元奖励。 4. 日常工作中对违规行为进行检举，经企管部查证对违规者进行处罚后，以所处罚金的 50% 予检举者奖励。 5. 在库房管理工作中提出合理建议，经部门主管上报，企管部会同相关部门、人员评估查证后确能给公司带来经济效益的，公司予 × 元奖励。 6. 凡违反第九条、第十条所规定的，经企管部查证后，按所涉物资金额的双倍进行罚款，情节特别严重的辞退出公司并移交国家公安机关处理。 7. 对未按制度开展工作或工作不积极的相关工作人员，经企管部查证属实后第一次予以警告，第二次罚款 × 元，第三次辞退出；部门主管人员负连带责任，按每次罚款 × 元递增。 8. 对存在安全隐患不整改或知而不报的相关工作人员，经企管部查证后予以每次 × 元罚款，部门主管人员负连带责任。 9. 人为制造安全隐患的，经企管部查证属实后第一次罚款 × 元，第二次辞退出公司。 10. 以上处罚条例涉及与公司奖惩制度相冲突的，以公司奖惩制度所规定的为准。

6.2 物资入库验收管理制度

物资入库验收管理制度 **总则** 第一条　目的 为了确保所有入库物资的质量都符合企业的要求及生产经营需要，避免不合格的物资入库或投入使用，特制定本制度。 第二条　适用范围 本制度适用于所有进入本企业仓库的物资的验收。 第三条　相关定义 入库验收是对即将入库的物资进行质量、数量、包装、规格的查验，是保证入库物

续表

资质量的重要环节之一。

第四条　相关部门职责

1. 仓储部验收人员负责所有物资的数量、重量、规格的验收，并检查包装及外观情况。

2. 质量检验人员负责所有物资的质量检验工作。

入库验收的规划

第五条　入库验收的内容

1. 核对采购订单与供货商发货单是否相符。

2. 检查物资的包装是否牢固、包装标志标签是否符合要求。

3. 开包检查物资有无损坏。

4. 物资的分类是否恰当。

5. 对所购物资的数量、尺度进行检验。

6. 检验物资的气味、颜色、手感等。

第六条　入库验收的方式

1. 入库验收有全检和抽验两种方式，全检主要是指对数量的全检，大批量到货一般只进行抽验。

2. 若采用抽验的方式，则需要根据物资的特点、价值高低、物流环境等综合考虑，确定合理的抽验比例。

第七条　入库验收的方法

1. 视觉检验

在充足的光线下，观察货物的颜色、状态、结构等表面状况，检验其是否发生变形、破损、脱落、变色、结块等情况。

2. 听觉检验

通过摇动、搬运操作、听取声音、轻度敲击，以判断物资的质量。

3. 触觉检验

利用手感鉴定货物的光滑度、细度、黏度、柔软度等，以判定其质量。

4. 嗅觉、味觉检验

通过货物所发出的特有的气味、滋味，测定、判定其质量。

5. 测试仪器检验

利用各种专用测试仪器鉴定货物品质，如对含水量、密度、成分、黏度、光谱等的测试。

6. 运行检验

对货物进行运行操作，如车辆、电器等，检查其是否能够正常运行。

物料验收的程序

第八条　处理采购单

入库验收专员收到采购部转来的“采购单”后，即应按物资类别、来源和入库时间

续表

等分门别类归档存放。 第九条　物资标签 在物资待验入库前，入库验收专员应于外包装上贴好标签，并详细填写批量、品名、规格、数量及到达日期，且与已验收的物资分开堆放。 第十条　内购物资验收 1. 物资入库前，入库验收专员应对照“采购单”，对物资的名称、规格、料号、数量、送货单位和发票等一一清点核对，确认无误后，将到货日期及实收数量填入“验收单”。 2. 如发现实物与“采购单”上所列的内容不符，入库验收专员应立即通知采购人员及主管，原则上不予接收入库；如果采购部要求接收入库则应在单据上注明实际验收状况，并要求采购部在“验收单”会签。 第十一条　外购物资验收 1. 外购物资入库前，入库验收专员应会同质量管理部按照“装箱单”及“采购单”开柜（箱）核对物资名称、规格、数量，并将到货日期及实收数量填入“验收单”。 2. 开柜（箱）后，如发现所装载的材料与“装箱单”及“采购单”所记载的内容不符时，应通知办理进口手续的采购人员及时进行处理。 3. 若发觉所装载的物资有倾覆、破损、变质、受潮等异常现象时，应先初步计算损失。 （1）若损失超过元以上（含）者，入库验收专员应及时通知采购人员联络公证处前来公证或通知代理商前来处理，并尽可能维持原异常状态。 （2）如损失未超过 × 元，则依实际数量办理验收，并于“验收单”上注明损失数量及实际情况。 4. 经公证处公证或代理商确认后，入库验收专员开具“索赔处理单”，呈相关主管审核后，送财务部及采购部督促办理。 第十二条　入库验收结果的处理 1. 合格物资的处理 经验收合格的物资，入库验收专员应在外包装上贴“合格”标签，以示区别，入库管理员可根据标识办理合格品入库定位手续；入库验收专员于每日工作结束时，将本日所收物资的数量汇总填入“验收日报表”，以作为入账消单的依据。 2. 不合格物资的处理 不符合验收标准的物资，入库验收专员应在外包装上贴“不合格”标签，并于“物资验收报告表”上注明不良原因，报相关主管请示处理办法，然后转采购部相关人员处理，并转相关人员办理退货手续。 3. 交货数量超额的处理 经过验收，若发现交货数量超过“订购量”部分，原则上应予以退回。但对于以重量或长度计算的材料，其超交量在 3% 以下时，可在“验收单”备注栏内注明超交数量，经请示相关负责人同意后予以接收。

续表

4. 交货数量短缺的处理

经过验收，若发现交货数量未达“订购量”时，原则上应要求供应商予以补足，经请购部门负责人同意后，可采用财务方式解决。

第十三条　急用品入库处理

对于需急用的物资，若物资到达时仓储部仍未收到“请购单”，入库验收专员应先询问采购部相关人员，经确认无误后，方可进行入库验收和办理入库手续。

第十四条　退货处理

对于不合格的物资办理退货时，应开具“物资交运单”并附“物资验收报告表”呈主管签认，作为异常材料的出厂凭证。

验收时间的相关规定

第十五条　属外观等易识别性质检验的物资，验收应于收到物资后一天内完成。

第十六条　属化学或物理检验的材料，检验部门应于收到物资的样件后三天内完成。

第十七条　对于必须试用才能实施检验者，由检验主管于“物资验收报告表”中注明预期完成日期，一般不超过七天。

附则

第十八条　实施与修正

本制度呈总经理核准后，于颁布之日起实施。

6.3 不同货物验收管理制度

不同货物验收管理制度

总则

第一条　目的

为了保证货物的质量，统一进货验收办法，确保不进不合格的货物，特制定本制度。

第二条　适用范围

适用于公司自采、代客户购买及客户自采货物的验收。

第三条　相关部门职责

1. 仓储部是货物入库验收的主管部门。

2. 质量管理部质检员负责本公司货物的质量检验工作。

货物验收细则

第四条　货物在入库前必须进行相关验收，合格品才能办理入库手续。

续表

第五条　电器验收 1. 对大件货物，要百分之百进行检查，包括质量合格证明、外包装有无破损、是否受潮和变形、型号规格是否正确、标识是否完好，并填写“进货验证记录”。 2. 对小件货物，按《统计技术应用方法及抽样规定》进行抽样检查。 3. 如需本公司送货，送货人应在客户现场进行安装调试，工作一切正常后由客户在“送货单”上签字确认。 第六条　下列货物采用抽样验收的方法，抽样的规则应按照《统计技术应用方法及抽样规定》实施。 1. 包装食品类货物的验收 （1）对食品外观包装进行检查，检查其是否破损、变质、污染等。 （2）检查食品标签内容是否真实，包括名称、配料表、净含量、固形物含量、制造者、经销者的名称和地址、日期标志和储藏指南、质量等级、产品标准号及其他特殊标注内容等，还要核查保质期是否超过期限。 2. 服装类货物的验收 （1）外观检查，检查其有无破损、污染、褶皱等。 （2）货物标签内容是否正确，包括名称、厂名、厂址、执行标准编号、尺寸、成分、洗涤及熨烫标识等。 3. 日用品、箱包、皮革、鞋、玻璃器皿等的验收 （1）外观检查，检查其有无破损、污染、褶皱等。 （2）货品标签内容是否正确，包括名称、厂名、厂址、执行标准编号、尺寸、成分等。 第七条　化妆品验收 1. 外观检查，检查其有无破损、污染等。 2. 检查标签内容，包括产品名称、制造者名称和地址、内装物量、净含量或净容量、日期标注、生产日期、保质期、生产批号、生产许可证号、卫生许可证号、产品标准号等；对于进口化妆品，应标明进口化妆品卫生许可证批准文号；对于特殊用途的化妆品，还应标注特殊用途化妆品的卫生批准文号，必要时应注明安全警告和使用指南，以及满足保质期和安全性要求的贮存条件。 第八条　饮料、酒的验收 1. 外观检查。检查包装有无破损、污染，酒色有无浑浊悬浮物等。 2. 标识检查。包括酒名、配料表、酒精度、原汁量、净含量、制造者和经销者的名称和地址、批号、生产日期、保质期、产品标准号与质量等级、产品类型（或糖度）等。 第九条　钟表类货物的验收 1. 外观检查，检查有无破损、划痕，以及标识是否完好、清晰。 2. 按《统计技术应用方法及抽样规定》抽样，用校表仪进行验证。 3. 按《统计技术应用方法及抽样规定》抽样，对防水表进行防水试验。 第十条　其他货物的验收

续表

其他货物如小百货、文具等，均按照《统计技术应用方法及抽样规定》进行抽样验收。验收的内容包括外观检查和标识检查，应符合相应的品质要求。

第十一条　对于国家规定进行强制认证和按照生产许可证进行生产的货物，必须按照国家规定对有关证件进行检查、核对，包括认证证书、认证标志、生产许可证、卫生许可证、质量证明书、企业合法性证明文件等。

附则

第十二条　实施与修正

本细则呈总经理审批后，于颁布之日起实施。

第十三条　相关文件

《统计技术应用方法及抽样规定》。

第十四条　相关记录

“货物验收记录表”。

6.4 物料紧急放行控制制度

物料紧急放行控制制度

总则

第一条　目的

为了使紧急放行得到合理的利用，并进行控制，特制定本制度。

第二条　紧急放行的定义

所谓紧急放行，指因生产急需来不及验收而让来料入库并投入生产的做法。

第三条　紧急放行的条件

1. 对紧急放行的来料，要明确做出标识和记录，以便一旦发现其不符合规定的要求，能及时追回和更换。

2. 一般在下述情况下才能允许紧急放行：来料的不合格在技术上可以纠正，并且在经济上不会发生较大损失，也不会影响相关、连接、相配的零部件质量。

紧急放行的具体操作

第四条　应在物料验收程序中对紧急放行做出规定，明确紧急放行情况的审批人、责任人，规定可追溯性标识的方法，明确识别记录的内容，以及如何传递、由谁保存等。

第五条　紧急放行所使用的全部质量记录，应按规定认真填写，在保存期内不得丢失和擅自销毁。

第六条　当来料进厂后，应根据情况对需要紧急放行的物料，由责任部门（一般为

续表

采购部或生产部）的责任人填写“物料紧急放行申请表”，报经授权人审批。

第七条　对紧急放行的来料要做出可追溯性标识，同时做好识别记录，记录中应详细记载紧急放行来料的规格、数量、时间、地点、标识方法和供应商的名称及所提供的证据。

第八条　在紧急放行的同时，应留取规定数量的样品进行检验，且检验报告必须尽快完成。

第九条　应设置适当的紧急放行数量的停止点（停止点：相应文件规定的某点，未经指定组织或授权批准，不能越过该点继续实施紧急放行），对于流转到停止点上的紧急放行来料，在接到证明该批产品合格的检验报告后才能放行。

第十条　若发现紧急放行的来料经检验不合格，要立即根据可追溯性标识及识别记录，将不合格品追回。

附则

第十一条　本制度经总经理批准，自颁布之日起执行。

6.5 仓库规划制度

仓库规划制度

总则

第一条　目的

为了规范仓库规范化管理，使仓库使用最大化，特制定本制度。

第二条　适用范围

针对所有存放物料、产品的仓库。

第三条　权责

1. 入库主管对仓库使用情况进行总体规划，并对仓库规划进行合理安排。

2. 入库专员根据实际发生情况向入库主管报告仓库利用情况。

仓库规划管理

第四条　了解仓库区域的构成

仓库区域根据其用途不同，可分为储存区、辅助生产区、行政生活区。

第五条　储存区域规划要求

1. 符合作业流程

仓库存储区域的划分要根据仓库作业的程序，保证货物的装卸、验收、入库、储存、出库、盘点、搬运等相对便利，从而提高仓储作业的效率。

续表

2. 减少搬运距离

仓库存储区域的划分要尽可能减少储存物资及仓库规划人员的运动距离，以提高仓储劳动效率，节约仓储费用。

3. 减少无效工作

仓库存储区域的合理规划，要有利于仓库作业时间的有效利用，从而避免各种工作无效重复，避免各种时间上的延误，使各个作业环节能有机衔接，尽量减少人员、设备的窝工，防止物资堵塞。

4. 合理利用空间

仓库存储区域的合理布置要有利于充分利用仓库面积和建筑物的空间，杜绝仓库面积和建筑物空间上的浪费，以提高仓库的利用率和仓库的经济效益。

5. 安排配套设施

仓库存储区域的布置要有利于仓库的各种设施、储运机具效用的充分发挥，提高设备效率及劳动效率。

6. 注重仓库安全

仓库存储区域的合理布置要有利于包括仓储物资、仓储人员、仓储设施和仓储机具在内的整个仓库的安全。

第六条　各储存区域规划

在对仓库储货区进行规划时，首先应该考虑合理安排库房、货棚及货场的位置，然后再通过规划储货区的道路，将各种设施紧密地联系起来。

1. 确定储货区的布局

（1）确定库房的位置

库房位置的选择要按照其储存物品的吞吐量大小、搬运的复杂程度和安全性质进行。例如，一般无火灾危险性、吞吐量较大和出入库频繁的库房，要布置在库区中央靠近出入处的地方；吞吐量不大、出入不频繁的库房，布置在库区的两翼和后部；有火灾危险的库房，宜布置在库区的下风侧面。

（2）确定货棚的位置

货棚除了储存部分货物外，还可以作为卸货待检、出库待运的场所。因此，货棚的布置应紧靠库房。如果是站台库房，货棚与库房应连接起来，以便起到防雨的作用。

（3）确定货场的位置

货场布置应充分考虑铁路专用线的走向，专用线应尽量贯穿货场。同时，应尽量利用行车（用于装卸物资的大型起重设备）的跨度，实行跨线作业，以减少装卸作业环节。

2. 规划库区道路

规划合理的运输及搬运道路，可以减少货物装卸、搬运的时间，并防止出现物资堵塞的现象。要想规划好仓库的道路，规划时必须注意以下三个问题。

（1）道路要宽广

要尽可能地兼顾所有规格的货车，在不影响存储面积的情况下，规划出宽广的道路，从而便于库区内车辆的行驶。

续表

（2）安排好停车的位置 要考虑可能会出现因暂时无法卸货而必须暂时停靠在库区的情况，并为这些车辆划出一定的停靠地点，避免因为车辆的胡乱停靠而造成道路的堵塞。 （3）规划车辆的运行方向 为了使进入库区的车辆能够顺畅的行驶，减少发生堵塞的可能性，仓库规划人员应该在规划道路时确定一定的运行方向，以保障车辆在库区内顺利行驶。 第七条　仓库布局规划 1. 了解有效存储面积 仓库的面积可以分为建筑面积、使用面积和有效面积三种。 2. 有效面积规划 （1）仓库通道的规划与设计 仓库内的通道是除了货物存储面积外所占面积最大的部分，它的设计要求应保证货物能够有效地存取、搬运及装卸设备能够正常地运作，电梯、防火设施及服务区的设备能够便于使用。 （2）其他非存储面积规划 仓库中的其他非储存空间主要包括仓库内的卫生间、楼梯、办公室、清扫工具室、消防设施等，它们应该尽量设置在保管区域的角落或边缘，以免影响保管空间的整体性，从而相应增加储存货物的保管空间。 3. 仓库存储区域布置 规划出仓库的有效使用面积后，仓库规划人员还需根据仓库作业的需要，将仓库中可存储物品的区域划分为待检区、待处理区、合格物品储存区及不合格物品隔离区，以放置处于不同状态的物品。 仓库内除了需要设置上述基本区域外，还可以根据仓储业务的需要，在仓库内设置卸货作业区、流通加工区和出库备货区等。 第八条　仓位规划 1. 仓位的布置方法 仓库仓位的布置方法主要有横列式、纵列式与混合式三种。 （1）横列式，即货垛或货架与库房平行排列。 （2）纵列式，即货垛或货架与库房垂直排列。 （3）混合式，即横列式与纵列式混合在使用的库房布局。 2. 布置仓位时需要注意的问题 （1）根据物品的储备定额决定仓位 为了保证物品有足够的空间存储，仓库规划人员需要根据物品储备定额，规划其在仓库中的仓位。对于储备定额量较大的物品，应该规划出较大仓位对其进行存放；对于储备定额量较小的物品，可以适当地规划较少的存储仓位。 （2）根据物品的使用频率确定仓位 为了加快物品的流转速度，对于那些使用频率较高、周转速度较快的物品，应该将

续表

其仓位确定在距离仓库进出口较近处，便于装卸及搬运，而对于那些使用频率低的物品，可以将其仓位确定在仓库的中央。

（3）根据物品的保管要求划分仓位

为了方便物品的保存及养护，仓库规划人员可以根据物品的保管要求对物品的仓位进行划分，将需要相同的温湿度、保养方法以及灭火方法的物品进行分类保存。

（4）根据物品分类目录规划仓位

为了便于仓库中储存物品的管理，仓库规划人员可以根据物品的分类目录对其进行仓位的规划。例如，对建筑材料仓库的仓位进行规划时，可以按照存储物品的属性将其分为五金交电水暖类、化工（油漆）铝钢材类、板（木）材建材（包括瓷砖）类、手动工具和机具及配件类、日杂防护劳保用品类，并对其进行分类保存。

附则

第九条　本制度由仓储部、运输部联合制定，相关内容分别由相关负责人解释和修订。

第十条　本制度报总经理审批后，自颁布之日起执行。

6.6 接货管理制度

接货管理制度

总则

第一条　目的

为了规范完成接货工作，保证货物、产品按时入库，特制定本制度。

第二条　适用范围

本制度适用于公司采购、转移的所有货物、产品。

第三条　权责划分

1. 入库主管负责安排货物接收前的准备工作，并对接货手续与验收后的货物进行审核、确认。

2. 入库专员对运达货物的相关单据进行核对，并记录货物情况。

接货程序

第四条　接货前准备

入库主管在接到接货通知单后要制订接货作业计划，指明接货前要做的准备工作。

1. 熟悉了解运达货物，认真查阅货物资料，掌握货物的品种、规格、数量、包装状态、单件体积、运达确实时间、货物保管特殊要求等。

续表

2. 掌握库房情况，根据库房当时情况，结合要运达货物的特点、要求安排货物摆放位置，在货物运达前对库房进行及时整理。

3. 安排、组织人员做好货物运达、接收的衔接工作。

第五条　接货方式

根据公司对所需货物要求，选择合理的接货方式。

1. 铁路专用线路接货，其步骤如下表所示。

铁路专用线路接货步骤

步骤	工作	内容
1	接车卸货准备	确定卸车位置，准备卸车所需人力和机具。
2	卸车前检查	1. 核对车号是否与接货通知相符。 2. 检查车门、车窗有无异状，货封是否相符。 3. 检查货物名称、规格、数量是否与货物运单上的内容相符。
3	卸车作业	入库主管协助相关人员进行卸车作业。
4	卸车后清理	检查货物是否完全卸完。
5	填写到货台账	填写到货名称、规格、数量、到货日期等货物情况信息。
6	办理内部交接	将货物相关手续进行交接。

2. 到车站、码头接货，其步骤如下表所示。

到车站、码头接货步骤

步骤	工作	内容
1	安排接运工具	提前与承运单位进行联系，了解货物特性、单位重量、外型尺寸等情况后，联系安排接运工具。
2	前往承运单位	与相关人员一同到达承运单位。
3	出示领货凭证	1. 车站。出示预先收到的“领货凭证”或凭单位证明、带单位提货专用章的发票存查联进行提货。 2. 码头。到港口货运处凭盖有单位公章的“提货单”领取“货物运单”提货。
4	检查货物状况	检查货物名称、规格、数量以及收货单位是否与货物运单上的内容相符。
5	监督装卸货物	监督货物装卸过程，防止造成货物损坏、丢失情况的发生。
6	办理内部交接	按货物相关手续进行交接。

3. 到送货单位提货，其步骤如下表所示。

续表

到送货单位提货步骤		
步骤	工作	内容
1	接货准备	收到"提货通知"后，根据货物性质、规格、数量准备好提货所需的设备、工具和人员。
2	前往供货单位	与相关人员一同到达承运单位。
3	协助现场检查	协助相关单位人员进行验收、清点数量、检查外观质量等。
4	办理接货手续	验收合格后，与供货单位办理货物交接手续并填写"收货单"。
5	监督装卸、运回货物	监督货物装卸过程，防止货物损坏、丢失情况的发生。
6	协助质量复检	协助质量检验人员进行货物质量检验。
7	办理入库手续	对验收合格的货物，办理入库手续。

4. 库内接货

当存货单位或供货单位将货物直接运到仓库，入库专员与送货人员办理交接手续时，应当面验收并做好记录，避免出现差错。

第六条　接货差错处理

1. 确认差错原因

对于到承运单位接货，发现货物存在丢失、短少、变质、污染、损坏时，应首先核对承运单位提供的运输记录。以确定差错发生的原因。承运单位提供的运输记录一般包括货运记录和普通记录。

2. 签收货物

确认货物情况与运输记录的内容相符后，入库主管应在运输记录中的"收货人"栏内签名，并领取运输记录的货主联。

3. 申请赔偿

自领到货运记录的次日起 180 日内，收货单位可以向货物到达站提出赔偿。

（1）赔偿方式。赔偿情况如下表所示。

货物赔偿情况表

货物情况	损失获得赔偿
办理过保价运输的货物	全部损失：赔偿金额为保价金额 部分损失：赔偿金额 = 货物损失部分 ÷ 全部货物 × 保价金额
未办理保价运输的货物	赔偿金额≤国家管理部门规定的赔偿金额
办理保险运输的货物	凭承运单位出具的货运记录按保险合同进行赔偿

（2）赔偿手续。

A. 货物运单原件。

B. 货运记录原件。

C. 赔偿要求书。

续表

D. 与该事故有关的其他证明文件。

（3）赔偿要求书。填写赔偿要求书要注意以下三点。

A. 填写内容准确，清楚。如发生涂改，需在涂改处加盖索赔人印章。

B. 索赔单位名称或姓名与公章或姓名章的内容必须与货物运单记载的收货人或托运人相符。委托他人时应有委托书或委托证明。

C. 结算的银行名称与账号必须填写完整，领款地点与通信地址一致，并注明邮政编码。

附则

第七条　本制度经核准后颁布执行。

6.7 物料入库管理制度

物料入库管理制度

总则

第一条　目的

为规范物料入库的操作，确保入库物料的质量，特制定本制度。

第二条　适用范围

凡进入本公司仓库的物料，均依本制度执行。

入库的程序

第三条　协助入库物料的验收工作，按《物料验收管理制度》执行。

第四条　安排入库物料的货位

1. 本着安全、方便、节约的原则，使货位合理化。

2. 注意物料自身的自然属性，货位安排需要适应储存物料的特性，否则就会影响物料的质量，发生霉腐、锈蚀、熔化、干裂、挥发等变化。

3. 注意方便出入库业务，要尽可能缩短接收、入库作业时间。以最少的仓容，储存最大限量的物料，提高仓容使用效能。

第五条　监督入库物料的搬运工作

1. 监督搬运人将每批入库单开制的数量和相同的物料集中起来，分批送到预先安排的货位，要做到进一批、清一批，严格防止物料互串和数量溢缺。

2. 一般来说，分类工作应努力争取送货单位的配合，在装车启运前，应做到数量准确、批次清楚。

续表

3. 对于批次多和批量小的入库物料，分类工作一般可由入库专员在单货核对、清点件数过程中同时进行，也可将分类工作结合在搬运时一起进行。

4. 搬运过程中，要尽量做到“一次连续搬运到位”，力求避免入库物料在搬运途中的停顿和重复劳动。

5. 对有些批量大、包装整齐，送货单位又具备机械操作条件的入库物料，要争取送货单位的配合，利用托盘实行定额装载，从而提高计数准确率，缩短卸车时间，加速物料入库。

第六条　选择入库物料的堆码方式

入库物料主要有四种堆码方式，其优缺点如下表所示。

物料的堆码方式

堆码方式	简介	优点	适用范围
散堆方式	即将无包装的散货在库场上堆成货堆的存放方式，是目前物料库场堆存的一种趋势	简便，便于采用现代化的大型机械设备，节省包装费用，提高仓容的利用率，降低运费	特别适用于大宗散货，如煤炭、矿石、散粮和散化肥等
垛堆方式	1. 指对包装物料或长、大件物料进行堆码。 2. 操作方式包括直叠式、压缝式、通风式、缩脚式、交叠式、牵制式以及栽桩式等	合理的堆码方式可以增加堆高，提高仓容利用率，有利于保护物料质量	
货架方式	即采用通用或者专用的货架进行物料堆码的方式	通过货架能够提高仓库的利用率，减少物料存取时的差错	适合于存放小件物料或不宜堆高的物料
成组堆码方式	1. 即采用成组工具使物料的堆存单元扩大 2. 常用的成组工具有货板、托盘和网络等	成组堆码一般每垛 3 ~ 4 层，这种方式可以提高仓库利用率，实现物料的安全搬运和堆存，提高劳动效率，加快物料流转的速度	

第七条　物料正式堆垛时，必须具备以下五个条件。

1. 物料的数量、质量已经彻底查清。

2. 物料包装完好，标志清楚。

3. 外表的玷污、尘土等都已经被清除，不影响物料的质量。

4. 受潮、锈蚀、已经发生某些质量变化或质量不合格的部分，以及已经加工恢复或者已经剔出的另行处理，与合格品不能混合堆放。

5. 为便于机械化操作，金属材料等应该打捆，机电产品和仪器仪表等可集中装箱。

续表

第八条　了解堆垛场地的要求 1. 库内堆垛 库内堆垛时，垛应该在墙基线和柱基线以外，垛底需要垫高。 2. 货棚内堆垛 货棚需要防止雨雪渗透，货棚内的两侧或者四周必须有排水沟或管道，货棚内的地坪应该高于货棚外的地面，最好铺垫沙石并夯实。堆垛时要垫垛，一般应该垫高 30 ~ 40 厘米。 3. 露天堆垛 堆垛场地应该坚实、平坦、干燥、无积水以及杂草，场地必须高于四周地面，垛底还应该垫高 40 厘米，四周必须排水畅通。 第九条　物料堆垛时，应遵守如下基本要求 1. 合理 垛形必须适合物料的性能特点，不同品种、型号、规格、牌号、等级、批次、产地、单价的物料，均应该分开堆垛，以便合理保管，并要合理地确定堆垛之间的距离和走道宽度，便于装卸、搬运和检查。 垛与垛之间的距离一般为 0.5 ~ 0.8 米，主要通道约为 2.5 ~ 4 米。 2. 牢固 货垛必须不偏不斜、不歪不倒、不压坏底层的物料和地坪，与屋顶、梁柱、墙壁保持一定距离，确保堆垛牢固安全。 3. 定量 每行每层的数量力求成整数，过秤的物料不成整数时，每层应该明显分隔，标明重量，便于清点发货。 4. 整齐 垛形有一定的规格，各个垛排列整齐有序，包装标志一律朝外。 5. 节约 堆垛时，应考虑节省货位，提高仓库的利用率，还应考虑节省人力的要求，提高搬运人员的工作效率。 第十条　堆垛前的准备工作 1. 计算物料的占地面积 按进货的数量、体积、重量和形状，计算货垛的占地面积、垛高，并计划好垛形。对于箱装、规格整齐划一的商品，占地面积可参考以下公式计算。 占地面积 =（总件数 ÷ 可堆层数）× 该件物料的底面积（m^2） 或占地面积 = 总重量 ÷（层数 × 单位面积重量）（m^2） 其中： 可堆层数 =（地坪）单位面积最大负荷量 ÷ 单位面积重量 单位面积重量 = 每件物料毛重 ÷ 该件物料的底面积 在计算占地面积和确定垛高时，必须注意上层物料的重量不超过物料商品或其容器

续表

可负担的压力。

整个货垛的压力不能超过地坪的容许载荷量。

2. 做好机械、人力、材料的准备

垛底应该打扫干净，并放上必备的垫墩、垫木等垫垛材料，如果需要密封货垛，还需要准备密封货垛的材料等。

3. 检查条形码自动识别技术的数据采集系统是否完好。

办理物料入库手续

第十一条　利用数据采集系统进行到货入库清点工作，检查物料的状态。收货扫描时，如系统不接受，应及时请技术部门查明原因，确认此批物料是否收进。

第十二条　建立物料明细卡

1. 物料明细卡能够直接反映该垛物料的品名、型号、规格、数量、单位及进出动态和积存数。

2. 物料明细卡应按“入库通知单”所列的内容逐项填写。物料入库堆码完毕后，应立即建立卡片，一垛一卡。

3. 物料明细卡通常有两种处理方式。

（1）实施专人负责的管理责任制，即由入库主管集中保存管理。但是，如果有进出业务而该入库主管缺勤时，就难以及时进行。

（2）将填制的卡直接挂在物料的垛位上。挂放位置要明显、牢固。此方法便于随时与实物核对，有利于物料进出业务的及时进行，可以提高保管人员的工作效率。

第十三条　入库物料登账

1. 物料入库后，仓库应建立实物保管明细账，登记物料进库、出库、结存的详细情况。

2. 实物保管明细账按物料的品名、型号、规格、单价、货主等分别建立账户。此账本采用活页式，按物料的种类和编号顺序排列。在账页上要注明货位号和档案号，以便查对。

3. 实物保管明细账必须严格按照物料的出入库凭证及时登记，填写清楚、准确。记账发生错误时，要划红线进行更正。账页记完后，应将结存数结转新账页，旧账页应保存备查。

4. 用来登账的凭证要妥善保管，装订成册，不得遗失。

5. 实物保管人员要经常核对，保证账、卡、物相符。

第十四条　建立仓库工作档案

1. 仓库建档工作，即将物资入库作业全过程的有关资料证件进行整理、核对，建立成资料档案。

2. 目的。建档工作有利于物料管理和客户联系，还可为将来发生争议时提供凭据，同时也有助于总结和积累仓储管理的经验，为物资的保管、出库业务创造良好的条件。

3. 仓库工作档案的资料范围

续表

（1）物料到达仓库前的各种凭证、运输资料。 （2）物料入库验收时的各种凭证、资料。 （3）物料保管期间的各种业务技术资料。 （4）物料出库和托运时的各种业务凭证、资料。 4. 建档工作的具体要求 （1）一物一档。建立物料档案应该是一物（一票）一档。 （2）统一编号。物料档案应进行统一编号，并在档案上注明货位号。同时，在实物保管明细账上注明档案号，以便查阅。 （3）妥善保管。物料档案应存放在专用的柜子里，由专人负责保管。 第十五条　签单 物料验收入库后，应及时按照“仓库商品验收记录”的要求签回单据，以便向供货方或货主表明收到商品的情况。另外，如果出现短少等情况，也可作为货主向供货方交涉的依据，所以签单必须准确无误。 **入库注意事项** 第十六条　物料入库时，必须票货同行，根据合法凭证收货，及时清点数量。入库专员要审核对方交给的随货同行单据，票货逐一核对检查，将商品按指定地点入库验收。 第十七条　物料入库时，必须按规定办理收货。入库专员验收单货相符，要在随货同行单据上签字，加盖“商品入库货已收讫”专用章。 第十八条　验收过程中，若发现单货不符、差错损失或质量问题，入库专员应当立即与有关部门联系，并在随货同行联上加以注明，做好记录。 第十九条　同种物料不同包装或使用代用品包装，应问明情况，在入库单上注明后，才能办理入库手续。 第二十条　送货上门车辆，无装卸工人的经双方协商同意，仓库可有偿代为卸车，按储运劳务收费办法执行。 第二十一条　物料验收后，需入库主管签字、复核员盖章。入账后，注明存放区号、库号，票据传到相关部门。 第二十二条　临时入库的物料，要填写临时入库票，由入库专员、入库主管签字、盖章。 第二十三条　入库主管接正式入库单后，应根据单上所注的商品名称、件数仔细点验，加盖“货已收讫”章。同时，保管员签字、复核员盖章，将回执退回委托单位。 第二十四条　在下列情况下，仓库可以拒收不合法入库发运凭证。 1. 字迹模糊、有涂改等。 2. 错送，即发运单上所列收货仓库非本仓库。 3. 单货不符。 4. 物料严重残损。 5. 质量包装不符合规定。

续表

6. 违反国家生产标准的商品。

附则

第二十五条　本制度经核准后颁布执行。

6.8 仓库管理制度

仓库管理制度

目的

第一条　为了保障仓库货品保管安全、提高仓库工作效率和物流对接规范，制定仓库管理制度，确保本公司的物资储运安全。

范围

第二条　针对物流部仓库和理货区。

管理内容

第三条　严格遵守公司和部门各项规章制度。

1. 严格按照公司规定的作息时间上下班，做到不迟到、不早退、不旷工、不罢工、不代人打卡；上班时间内在各自岗位上尽职尽责，不串岗、不做与工作无关的事情。

2. 非物控室和仓管室员工不得进入仓库，因工作需要的其他人员经请示上级同意后，在仓管员的陪同下方可进入仓库，任何进入仓库的人员必须遵守仓库管理制度。

3. 非物流部员工不得进入理货区，因工作需要的其他人员经请示上级同意后，在理货员的陪同下方可进入理货区；物流部配送人员在进入理货区后，及时完成各配送线路的包装箱交接清点和单据签收工作，任何进入理货区的人员必须遵守仓库管理制度。

4. 所有人员不得携带能够容装手机或配件的包装物品（如手提包、纸袋等）进入仓库和理货区，因工作需要携带，在出仓库时必须接受仓管员或理货员的检查。

5. 任何人员不得在仓库和理货区内吸烟。

6. 仓管员、理货员不得将水杯、饭盒、零食等东西带入到仓库或理货区，更不得在仓库或理货区内吃东西。

7. 服从上级的工作安排，并按时保质保量完成上级交代的任务。

第四条　严格执行仓库的货物保管制度。

1. 仓管员严格按照“ISO9000”和“6S”的标准要求，规范仓库货物管理。

2. 仓管员、理货员必须全面掌握仓库所有货物的贮存环境、堆层、搬运等注意事项，以及货品配置（包括礼品等）、性能和一些故障及排除方法。

续表

3. 理货员对所有入库货物的质量进行严格检查和控制。

4. 贮存在仓库的货物，按照货物的品牌、型号、规格、颜色等分区归类整齐摆放，在货架上作相应的标识，并制作仓库货物摆放平面图张贴在仓库入口处。

5. 同类型的货物，不同批次入库要分开摆放，发放货物时，要按照先进先出的顺序原则出库。

6. 严格遵照货物对仓库的贮存环境要求（如：温、湿度等）进行贮存保管，定时对货物进行清洁和整理。

7. 保证仓库环境卫生、过道畅通，并做好防火、防潮、防盗等安全防范的工作，并学会使用灭火器等工具，每天下班前必须检查各种电器电源等安全情况。

8. 仓管员按照财务要求及时地记录好所有货物进出仓的账目情况，每天做好盘点对数工作，保证账目和实物一致。

9. 仓管员、理货员不得挪用、转送仓库内的任何物品，其他人员需要到仓库借用货物，必须经本部门负责人批准并在借条上签字。

10. 仓库、理货区、包装箱及其他贵重物品的专柜锁匙由各组长保管，不得转借、转交他人保管和使用，更不得随意配制。

第五条　严格执行货物进出仓库规程。

1. 严格执行仓库的货物进出仓的运作流程，确保仓库区域的货物的贮存安全。

2. 理货员在收发时请参照《理货规程》。

3. 仓管员在接到理货员入库通知时，按照入库单与理货员做好货物清点交接工作，并在入库单上签字确认。

4. 仓管员在接到理货员出库通知时，按照调拨单与理货员做好货物清点交接工作，并要求理货在调拨单上签字确认。

5. 仓管员、理货员必须按照进出仓流程做好各项交接工作。

6.9 物资储存保管制度

物资储存保管制度

总则

第一条　为规范仓库物资储存管理，特制定本制度。

第二条　本制度由仓储部负责制定、解释，报总经理批准后执行。

第三条　本制度自颁布之日起执行。

续表

储存保管规定 第四条　物资的储存保管，原则上应以物资的属性、特点和用途规划设置仓库，并根据仓库的条件考虑划区分工，合理有效使用仓库面积。 第五条　建立码放位置图、标记、物资卡，并置于明显位置。物资卡上应载明物资名称、编号、规格、型号、产地或厂商、有效期限、储备定额等。 第六条　仓库管理员应以利于先进先出的作业原则分别决定储存方式及位置。 第七条　凡吞吐量大的落地堆放，周转量小的用货架存放。落地堆放以分类和规格的次序排列编号，上架的以分类号定位编号。物资堆放的原则如下。 1. 本着“安全可靠、作业方便、通风良好”的原则，合理安排垛位和规定地距、墙距、垛距、顶距。 2. 对于物资品种、规格、型号等，要结合仓库条件分门别类进行堆放（在可能的情况下推行五五堆放），要做到过目见数，作业和盘点方便，货号明显，成行成列。 第八条　应考虑物资忌光、忌热、防潮等因素妥善存放，仓库内部应严禁烟火，并定期实施安全检查。 第九条　经常进行盘点，做到日清月结，按规定时间编制库存日报表和库存月报表。 第十条　仓库管理员进行物资的出货、储存、保管、检验及账务报表的登录等工作，每日根据出入库凭单及时登记核算，月终结账和实盘完毕后与财会部对账。 第十一条　仓库管理员对于所经管的库存商品应予以严格稽核清点，各仓库应随时受单位主管和财务稽核人员的抽查。 第十二条　每月必须对库存物资进行一次实物盘点，并填报库存盘点表。 1. 发现盈余、短少、残损或变质，必须查明原因，分清责任，写出书面报告，提出处理建议，呈报上级和有关部门，未经批准不得擅自调账。 2. 积极配合财会部做好全面盘点和抽点工作，定期与财会部对账，保证账表、账账、账物相符。 第十三条　每年年终的总盘存时必须实地查点产品的规格、数量是否与账面的记载相符。 1. 盘点后应由盘点人员填写盘存报告表，如有数量短少、品质不符或损毁情况，详细注明后由仓库管理员签名负责。 2. 盘点后如果出现盘盈或盘亏时，应由仓储部主管呈董事长核准调整，若为保管责任而短少时，则由仓库经管人员负责赔偿。 **仓储储存保管注意事项** 第十四条　仓库环境卫生要每日清扫并做好保持工作，每次作业完毕要及时清理现场，保证库容整洁。 第十五条　做好各种防患工作，确保物资的安全保管。预防内容包括防火、防盗、防潮、防锈、防腐、防霉、防鼠、防虫、防尘、防爆、防漏电。 第十六条　切实做好安全保卫工作，严禁无关人员进入库区。建立和健全出入库登记

续表

制度，对因工作需要出入库人员、车辆按规定进行盘查和登记，签收“出门证”或填写“出入门证”。夜间定时巡逻，提高警惕。 第十七条　切实做好防火安全工作，库区内严禁吸烟、携带易燃易爆物资和明火作业。对库区的电灯、电线、电闸、消防器具、设施要经常检查，发现故障及时维修排除，不得擅自挪动或挪用消防器具。 第十八条　库存物资如有呆废或损毁但非仓库管理员能自行处理的，仓库管理员应立即填写“产品送修单”送交服务单位修护。 第十九条　直接保管产品的仓库管理员变动时，应由其所属的部门主管查对库存商品的移交清册后，再由交接双方会同监交人员进行盘点。 第二十条　除仓库管理员外，其他人员未经允许不得擅自进入。

6.10 仓库温湿度管理制度

仓库温湿度管理制度

总则

第一条　为规范仓库温湿度管理，特制定本制度。

第二条　本制度由仓储部负责制定、解释，报总经理批准后执行。

第三条　本制度自颁布之日起执行。

了解常见物资的安全温度和湿度

第四条　仓库管理员要了解常见物资的安全湿度和温度，下表是部分常见物资的安全温度和湿度。

部分商品的安全温度和湿度

商品名称	安全温度／℃	安全相对湿度／%
麻织品	25	55 ~ 65
丝织品	20	55 ~ 65
毛织品	20	55 ~ 65
皮革制品	5 ~ 15	60 ~ 75
橡胶制品	25 以下	80 以下
金属制品	35 以下	75 以下
竹木制品	30 以下	60 ~ 75
塑料制品	－5 ~ 25	80 以下
玻璃制品	80 以下	80 以下

续表

商品名称	安全温度 / ℃	安全相对湿度 / %
人造革	−10 ~ 20	75 以下
纸制品	35 以下	75 以下

掌握仓库内外温湿度的变化规律

第五条　从气温变化的规律分析，一般在夏季降低库房内温度的适宜时间是夜间 10 点至次日早晨 6 点，而降低湿度的适宜时间是上午 6 点至下午 4 点。当然，这需要考虑到货物的特性、库房条件、气候等因素的影响。

测定空气温湿度通常使用干湿球温度表

第六条　在仓库外设置干湿表，为避免阳光、雨水、灰尘的侵袭，应将干湿表放在百叶箱内。百叶箱中温度表的球部离地面高度为 2 米，百叶箱内保持清洁，不放杂物，以免妨碍空气流通。

第七条　在库内设置的干湿表，应安置在空气流通、不受阳光照射的地方，不要挂在墙上，高度 1.5 米左右。

第八条　仓库管理员每日必须定时对库内的温湿度进行观测记录，一般在 8 ~ 10 点，14 ~ 16 点各观测一次，并将结果填写在“仓库温湿度记录表”中。

第九条　仓库管理员对记录资料要妥善保存，定期分析，以便掌握货物保管的主动权。

控制和调节仓库温湿度

第十条　采用密封、通风与吸潮相结合的办法，是控制和调节库内温湿度行之有效的办法。

第十一条　密封，就是把货物尽可能严密地封闭起来，减少外界不良气候条件的影响，以达到防潮、防热、防干裂、防冻和防溶化的目的，保证物资安全储存。此方法常与通风、吸潮结合运用。

1. 密封的方法

（1）整库存密封。适用于数量大、整出整进或进出不频繁的仓库。

（2）按垛密封。适用于露天存放的易生锈物资。

（3）货架密封。适用于出入频繁、怕潮、易锈和易霉的小件物资。

（4）按件密封。适用于皮革制品、金属制品、乐器和仪器仪表等物资。

2. 密封保管应注意的事项

（1）密封前要检查货物质量、温度和含水量是否正常，如发现生霉、生虫、发热等现象就不能进行密封。发现货物含水量超过安全范围或包装材料过潮，也不宜密封。

（2）密封的时间要根据货物的性能和气候情况来决定。怕潮、怕溶化、怕霉的货物，应选择在相对湿度较低的时节进行密封。

（3）密封材料，常用的有塑料薄膜、防潮纸、油毡纸、芦席等。密封材料必须干燥清洁，无异味。

续表

第十二条 通风，是利用库内外空气温度不同而形成的气压差，使库内外空气形成对流，来达到调节库内温湿度的目的。

1. 通风的种类

按通风目的不同，可分为利用通风降温（或增温）和利用通风散潮两种。

2. 通风的方法

（1）自然通风。开启库房门窗和通风口，让库房内外空气自然交换。

（2）机械通风。利用通风机械，如排气扇等产生的推压力或吸引力，使库内外空气形成压力差，从而强迫库内外空气发生流动和置换。

第十三条 吸潮，是利用物理或化学的方法，将库内潮湿的空气中的部分水汽除去，以降低空气湿度。

1. 在梅雨季节或阴雨天，当库内湿度过高，不适宜商品保管，而库外湿度也过大，不宜进行通风散潮时，可以在密封库内用吸潮的办法降低库内湿度。仓库中通常使用的吸潮剂有氯化钙、硅胶等。

2. 仓库普遍使用的是机械吸潮方法。吸湿机把库内的湿空气通过抽风机吸入吸湿机冷却器内，使它凝结为水而排出。吸湿机一般适宜于储存棉布、针棉织品、贵重百货、医药、仪器、电工器材和烟糖类的仓库吸湿。

6.11 物资防腐防霉管理制度

物资防腐防霉管理制度

总则

第一条 为规范仓库物资的防腐防霉管理，特制定本制度。

第二条 本制度由仓储部负责制定、解释，报总经理批准后执行。

第三条 本制度自颁布之日起执行。

影响霉腐微生物生存的外界条件

第四条 水分和空气湿度。

1. 当空气相对湿度达到 75%以上时，多数商品的含水量才可能引起霉腐微生物的生长繁殖。因而通常把 75%这个相对湿度叫做商品霉腐临界湿度。

2. 在储存环境的空气相对湿度低于 75%时，多数商品不易发生霉腐。

3. 水果、蔬菜等本身含水较多的食品，对湿度要求比一般商品高，储存适宜湿度为 85% ~ 90%，但温度不宜过高。

第五条 温度。

续表

1. 根据微生物对温度的适应能力，可将其分为低温性微生物、中温性微生物和高温性微生物。每一类型的微生物对温度的要求又分为最低生长温度、最适生长温度和最高生长温度。超过这个范围其生长会滞缓或停止。具体要求如下表所示。

3 种类型微生物温度

类型	低温性微生物	中温性微生物	高温性微生物
最低生长温度	0℃	5℃	30℃
最适生长温度	5℃～10℃	25℃～37℃	50℃～60℃
最高生长温度	20℃～30℃	45℃～50℃	70℃～80℃

2. 在霉腐微生物中，大多是中温性微生物，最适生长温度为 25℃～37℃，在 10℃以下不易生长，在 45℃以上停止生长。

第六条　光线。多数霉腐微生物在日光直射下，经过 1～4 小时即能大部分死亡。所以，商品大都是在阴暗的地方才容易霉腐。

第七条　溶液浓度。多数微生物不能在浓度很高的溶液中生长。因为浓度很高的溶液能使菌细胞脱水，造成质壁分离，使其失去活动能力甚至死亡。但也有少数微生物对浓度高的溶液有抵抗能力。

第八条　空气成分。多数霉腐微生物特别是霉菌，需要在有氧条件下才能正常生长，在无氧条件下不形成孢子。二氧化碳浓度的增加不利于微生物生长，如果改变商品储存环境的空气成分，如使二氧化碳逐渐增加，使氧气逐渐减少，那么微生物的生命活动就要受到限制，甚至导致死亡。

常见易霉腐商品

第九条　常见易霉腐商品如下表所示。

常见易霉腐商品

分类	商品
食品	糖果、饼干、糕点、饮料、罐头、酱醋、肉类、鱼类和鲜蛋等
日用品	化妆品
药品	以淀粉为载体的片剂、粉剂、丸剂；以糖液为主的各种糖浆；以蜂蜜为主的蜜丸；以动物胶为主的膏药；以葡萄糖等溶液为主的针剂等
皮革及其制品	皮鞋、皮包、皮箱和皮衣等
纺织品	棉、毛、麻、丝等天然纤维及其制品
工艺品	竹制品、木制品、草制品、麻制品、绢花、面塑、绒绣等

预防商品腐霉

第十条　加强入库验收。易霉商品入库，应先检查其包装是否潮湿，含水量是否超过安全范围。

第十一条　控制自然条件。加强仓库温湿度管理，根据不同性能的商品，正确地运用密封、吸潮及通风相结合的方法，管好库内温湿度，特别是在梅雨季节，要将相对湿度控制在不适宜于霉菌生长的范围内。

续表

第十二条　选择合理的储存场所。易霉商品应尽量安排在空气流通、光线较强、比较干燥的库房，并应避免与含水量大的商品一起储存。

第十三条　合理堆码，下垫隔潮。商品堆垛不应靠墙靠柱。

第十四条　商品进行密封。

第十五条　做好日常的清洁卫生。仓库里的积尘能够吸潮，容易使菌类寄生繁殖。

第十六条　化学药剂防霉。对已经发生霉腐但可以挽救的商品，应立即采取措施，以免霉腐继续发展，造成严重损失。根据商品性质可选用晾晒、加热消毒、烘烤、熏蒸等办法。

第十七条　预防商品腐霉的方法

1. 温控法

（1）常用的提高温度防霉腐方法是利用日光暴晒。在某些地方，夏季日光直晒温度可达 50℃以上，大多数霉菌均可被杀灭。

（2）日光中含有的大量紫外线能直接杀灭霉菌。可在库房内安装紫外线灯定期照射，进行环境消毒防霉。如纸烟库、中药材库、农副产品库等。

2. 湿控法

（1）水是微生物生存的必要条件，空气的干湿程度直接影响微生物体内水分含量。通过控制空气的湿度，可直接影响微生物体内水分含量，使其不断失去体内水分，从而达到抑制其生长的目的。

（2）对一些易发生霉腐的物资可以通过通风、摊晾、日晒或烘烤等使水分蒸发，从而达到防霉腐的目的。

3. 化学方法

即把抑制微生物生长的化学药物放在货物或包装内进行防腐的方法。常用的防腐剂性能和使用方法如下表所示。

仓库常用防腐剂性能和使用方法

名称	性能	使用方法	适用范围
水杨	酰苯胺毒性较低，具有较高的稳定性	将浓度为 0.2% ~ 0.6% 的溶液喷洒或涂刷在商品上	用于针纺织品、鞋帽、皮革、纸张等商品
多菌灵	化学性质较稳定，毒性很低，对商品无毒副作用	以 0.025%浓度的乳液浸泡水果。或以 0.1% ~ 0.3%浓度的乳液刷涂在其他商品上	用于针纺织品、纱线、皮革制品、鞋帽以及水果、蔬菜等
多聚甲醛	在空气中能慢慢释放出甲醛气体，从而杀灭霉腐微生物	直接放置在仓库中，每立方米空间用量在 17 ~ 24 克，放置人员应戴口罩和护目镜	用于单胶工作服、雨衣、布鞋及皮革和毛皮制品等

续表

名称	性能	使用方法	适用范围
托布津	对人畜毒性很小，无积累性毒副作用	以浓度为0.05%的水溶液浸泡水果、蔬菜等	用于水果、蔬菜等商品
二氧乙烯水杨酰胺	白色粉末。无臭、无味、无刺激性，不易溶于水	浓度为0.3%～0.4%的胶悬液	对皮革防霉有显著效果
百菌清	白色结晶体，无臭、无味，微溶于水，能溶于丙酮等有机溶液	浓度为0.2%～0.3%的溶液	常用于皮革制品防霉

4. 除氧剂除氧法

（1）大多数易于霉变的商品所生成的各种霉菌、细菌，都需要呼吸空气中的氧才能生长繁殖。通过把易霉腐物资放在严格密封的包装内，再放入化学除氧剂，使包装内氧浓度达到0.1%以下，就可以达到防止物资发生霉腐的目的。

（2）化学除氧剂种类很多，以铁粉为主要成分的效果最好。该法主要适用于各种食品、中药材、电子元件、光学零件、精密仪器等的防霉腐。使用时应注意考虑密封包装材料必须有良好的阻氧性、一定的机械强度和良好的热塑性及热合性。

5. 低温冷藏防霉腐

（1）利用低温来降低霉腐微生物体内酶的活性，从而抑制其繁殖生长，该方法一般效果良好。鲜肉、鲜鱼、鲜蛋、水果和蔬菜等，多采用低温冷藏的方法进行长期保管。但应注意不同仓储物资对低温的要求不同。如鲜蛋最好在－1℃的条件下保存，果蔬的温度要求在0℃～10℃，鱼、肉等在零下16℃～28℃时可以较长期储存。

（2）低温冷藏是利用液态氨、天然冰或人造冰以及冰盐混合物等制冷剂降低温度，或通过将商品放置在专门的冷藏库的方式，保持储存中所需要的低温。

6. 气相防霉腐法

（1）气相防霉腐是通过控制环境中空气各成分的含量并结合适度的低温，让储存物品处于半休眠状态，以达到保鲜防腐的目的。

（2）增加环境中的二氧化碳（CO_2）或氮气（N_2），使储藏环境的氧含量由21%降至3%，二氧化碳含量由0.03%增加到2%以上。可减低储存物品的呼吸作用，减少其中营养物质的消耗，阻止储存物品生成乙烯，延缓其衰老和变质。

（3）该方法适用于粮食、农副土特产品、中药材、副食品、果品、蔬菜以及竹木制品、皮革制品、棉、毛、丝、麻织品等。

7. 物理方法

（1）紫外线。日光中含有大量的紫外线，有杀灭霉菌的作用。对一些不怕日晒的粮食、农副产品、中药材、棉麻制品等进行暴晒，既能杀灭其表面的霉菌，又可以通过日光照射将其所含的过多水分蒸发以抑制霉菌生长。当然，也可以在库房内安装紫外线灯定期照射进行环境消毒。

续表

（2）微波。利用微波引起货物分子的震动和旋转，使分子间因摩擦而产生热，使霉腐微生物体内温度上升而被杀灭。该方法适于粮食、食品、皮革制品、竹木制品、棉织品等的储存防霉。 （3）辐射。利用放射性同位素释放的各种射线来照射易腐商品。这种方法适用于医疗器材、日用品、食品、皮革制品、纸烟、烟叶和中药材的防霉，效果十分显著。 8. 加强仓储环境管理 （1）加强仓储环境管理，控制霉微生物生长繁殖的条件及减少霉微生物对商品的破坏，是防治商品霉腐的关键工作。 （2）在易霉腐商品入库验收时，要首先检验其包装是否潮湿，商品的含水量是否超过安全标准。入库放置时，应根据商品的不同性能，正确地运用密封、吸潮及通风相结合的方法，控制好仓库内的温湿度。 易霉腐商品在保管期间应特别注意勤加检查和加强保护。 **霉腐商品救治** 第十八条　如果霉腐商品发现得早，采取适当的方法是可以进行挽救的。霉腐商品的救治应该经过去湿、灭菌及刷霉三个过程。 第十九条　去湿。商品发霉一般都是从受潮开始的，控制商品中的水分，可以有效地防止商品进一步霉变。常见的去湿的方法有暴晒、摊晾及烘烤三种。 1. 暴晒。暴晒既能散去商品的水分，又能杀灭商品上的霉菌，适合于经日晒不影响质量的商品，如干果、干菜以及鞋帽、皮毛制品等。在暴晒中要适当掌握时间，注意经常翻动，不要晒得过分，以防晒坏商品。 2. 摊晾。对于不宜暴晒而含水量过高的商品，如卷烟、茶叶、色布及含有油脂较多的商品等，则应将其放置在阴凉通风的场所，通过摊晾法来降低商品的含水量。 3. 烘烤。通过高温烘烤使物资干燥，从而使霉菌因缺水而死亡。烘烤除霉适合于卷烟、茶叶及某些干果等通过暴晒会影响质量的商品，或经过暴晒无法除灭内部微生物的商品。 （1）烘烤一般在烤箱或者烤房内进行，烘烤时，仓库管理人员要掌握好烘烤时间及温度。烘烤商品时，要先测量商品的含水量，计算恢复正常含水量所需要的烘烤时间。 （2）为了不损伤商品，烘烤时温度最好不超过 45℃。对于含有易挥发有效成分的商品，如卷烟等，烘烤必须在密闭的烘箱或烘房内进行。对于不适于炉火烘烤的商品，如针纺织品等，应采用红外线烘箱或烘房烘烤。 第二十条　灭菌。去除商品上的霉腐还可以从灭菌入手，杀灭了商品上的致霉微生物，就能够防止商品的进一步霉腐。常用灭菌的方法主要有药剂熏蒸灭菌、紫外线灭菌及加热灭菌三种。 1. 药剂熏蒸灭菌 （1）药剂熏蒸灭菌法是指在密封的条件下，利用易挥发并能产生毒杀气体的化学药剂来杀灭微生物。

续表

常用的熏蒸剂主要有溴甲烷等。

（2）药剂熏蒸灭菌法可以保持商品在短时间内不霉或抑制其蔓延，适用于商品发热霉变的初期。

2. 紫外线灭菌

（1）紫外线灭菌法是通过在库内或货垛周围装置紫外线灯，对商品进行定期照射，利用紫外线的杀菌作用，除去引起商品霉变的微生物的方法。

（2）紫外线只能消灭被灯光照射部分的微生物，因此，用紫外线灭菌法对商品进行灭菌时，必须根据商品霉变的程度和部位，采取不同的方式进行照射。紫外线灯的照射时间也不要过长，一般以每次 20 ~ 50 分钟为宜。

3. 加热灭菌

（1）适宜的温度也是微生物生长的必要条件，因此可以通过加热的方法抑制微生物的生长繁殖，以使其死亡。加热灭菌法分为干热灭菌法及湿热灭菌法两种。

（2）干热灭菌法适用于怕潮而不怕高温的商品，如干果、干菜等。对商品进行干热灭菌时，应将商品放置于电热干燥箱中，将温度控制在 140℃ ~ 170℃，加热 1 ~ 2 小时，就能够达到灭菌效果。

（3）湿热灭菌法适用于那些不怕高温高湿，而不宜干热的商品。对商品进行湿热灭菌时，可以使用高压蒸汽灭菌锅、蒸笼等设备对商品进行灭菌。温度应该掌握在 120℃，时间为 30 分钟。

（4）此外，对于不怕水浸的商品如竹制品等，也可以置于沸水中灭菌。经过湿热灭菌的商品，必须经过晾晒干燥后，才能包装堆垛。

第二十一条　刷霉。凡发生霉变的商品，经过上述方法处理后，商品自身水分已降低，霉菌也已被杀死，可以用毛刷将商品上的霉迹刷除，从而使商品恢复本色。

6.12 仓库害虫防治管理制度

仓库害虫防治管理制度

总则

第一条　为规范仓库物资的防腐防霉管理，特制定本制度。

第二条　本制度由仓储部负责制定、解释，报总经理批准后执行。

第三条　本制度自颁布之日起执行。

掌握仓库内害虫的来源、特性、种类与危害方式

第四条　常见害虫感染途径如下表所示。

续表

常见害虫感染途径及预防方法		
感染途径	途径说明	预防方法
货物内潜伏	货物在入库前已有害虫潜伏其中，如农产品一般均含有害虫或虫卵，在加工的过程中，如果没有进行彻底的杀虫处理，成品中就会出现害虫	做好货物入库前的检疫工作，确保入库货物不携带害虫及虫卵
包装内隐藏	仓库包装物内藏有害虫，入库货物放入包装后，害虫即可以危害货物	对可重复利用的包装物进行定期消毒，杀死其中隐藏的害虫
运输工具感染	运输工具如果装运过带有害虫的货物，害虫就可能潜伏在运输工具中，进而感染其他商品	注意运输工具的消毒，运输时严格区分已感染货物与未感染货物
仓库内隐藏	害虫还有可能潜藏在仓库建筑的缝隙以及仓库内的各种备用器具中，或者在仓库周围生长，并最终进入仓库	做好库房内、外环境的清洁工作，对库房内用具进行定期消毒，防止害虫滋生
邻垛之间相互感染	当某一货垛感染了害虫后，害虫有可能爬到邻近的货垛	对已经感染了害虫的货垛及时隔离，并对其相邻货垛进行严密监控

第五条　仓库内害虫大多来源于农作物，由于长期生活在仓库中，其生活习性逐渐改变，能适应仓库的环境而继续繁殖，其具有以下四个方面的特性。

1. 适应性强

（1）仓库害虫一般能耐热、耐寒、耐干、耐饥，并具有一定的抗药性。适宜仓库害虫生长繁殖的温度范围一般为 18℃ ~ 35℃，仓库害虫在 5 ~ 8 月间生长繁殖最为旺盛，一般能耐 38℃ ~ 45℃的高温。在 10℃以下，大多数仓库害虫停止发育，0℃左右处于休眠状态，但不易冻死。大多数仓库害虫能生活于含水量很少的物资中。

（2）大部分仓库害虫能耐长时期的饥饿，如黑皮蠹能耐饥 5 年，花斑皮蠹的休眠幼虫能耐饥 8 年。体长 7 ~ 8 毫米的幼虫可缩小到 2.5 毫米，一旦复食很快就会长大。

2. 食性广杂

仓库害虫的口器发达，便于咬食质地坚硬的食物，大多数仓库害虫具有多食或杂食性。

3. 繁殖力强

由于仓库环境气候变化小，天敌少，食物丰富，活动范围有限，雌雄相遇机会多等原因，仓库害虫繁殖力极强。

4. 活动隐蔽

大多数仓库害虫体形很小，体色较深，隐藏于阴暗角落或在商品中蛀成“隧道”危害商品，难以发现，寒冬季节又常在板墙缝隙中潜伏过冬。

续表

第六条　仓库害虫的种类很多，世界上已定名的有 500 多种。在我国发现有近 200 种。在仓储部门已发现危害商品的就有 60 多种，严重危害商品的达 30 多种。主要仓库害虫有黑皮蠹、竹长蠹、烟草甲、锯谷盗、袋衣蛾。

第七条　常见易虫蛀的货物及其被危害方式如下表所示。

易虫蛀商品及其被危害方式

商品类型	主要害虫	危害方式
毛、丝织品与毛皮制品	皮蠹、袋衣蛾、织网衣蛾、毛毡衣蛾以及毛衣鱼等	咬断纤维或将织品蛀成细小的孔洞
竹藤制品	竹长蠹、角胸长蠹、褐粉蠹和烟草甲	将商品蛀成细小的孔洞
纸张及纸制品	毛衣鱼、白蚁	将纸张及纸制品蛀成小孔、碎片
卷烟、烟叶	烟草甲、烟草粉螟	啃食烟叶、烟丝，把卷纸蛀出小孔
干果	锯谷盗、花斑皮蠹、米象、咖啡豆象等	将商品蛀出孔洞，并在商品上产卵

仓库害虫的防治方法

第八条　杜绝仓库害虫来源。要杜绝仓库害虫的来源和传播，必须做好以下三项工作。

1. 货物原材料的杀虫、防虫处理。

2. 入库货物的虫害检查和处理。

3. 仓库的环境卫生及备品用具的卫生消毒。

第九条　药物防治。使用各种化学杀虫剂，通过胃毒、触杀或熏蒸等作用杀灭害虫，是当前防治仓库害虫的主要措施。常用的防虫、杀虫药剂有以下三种。

1. 驱避剂。常用驱避剂药物有精萘、对位二氯化苯、樟脑精（合成樟脑）等。

2. 杀虫剂。杀虫剂主要通过触杀、胃毒作用杀灭害虫。触杀剂和胃毒剂很多，常用于仓库及环境消毒的有敌敌畏、敌百虫等。

3. 熏蒸剂。常用的有氯化苯、溴甲烷、磷化铝、环氧乙烷和硫磺等。由于此类物资均属有毒品，使用时必须严格落实安全措施。

第十条　其他防治方法。仓库害虫的防治方法，除了药物防治外，还有高、低温杀虫，缺氧防治，辐射防治以及各种合成激素杀虫等。

6.13 物资防锈管理制度

物资防锈管理制度

总则

第一条　为规范仓库物资的防锈管理，特制定本制度。

第二条　本制度由仓储部负责制定、解释，报总经理批准后执行。

第三条　本制度自颁布之日起执行。

金属生锈的原因、种类及影响因素

第四条　金属制品锈蚀的原因

1. 金属材料本身的原因。金属材料在组织、成分、物理状态等方面存在着各种各样的不均匀性和因热、冷加工而产生的不均匀性，从而引起电极电位不均导致锈蚀。

2. 大气中的因素。金属制品锈蚀与外界因素有直接关系。如受温度、湿度、氧、有害气体、商品包装、灰尘等的影响。

第五条　金属锈蚀的分类。

1. 化学腐蚀。金属与腐蚀介质直接作用而发生的腐蚀现象称为化学腐蚀。

2. 电化学腐蚀。金属与周围的电解质溶液相接触时，由于电化学作用而引起的腐蚀称为电化学腐蚀。

第六条　金属锈蚀的环境因素

1. 空气的相对湿度。金属在储存中，相对湿度越大，金属锈蚀的速度越快。

2. 温度。温度越高，金属锈蚀的速度也越快。但温度对金属锈蚀的影响没有湿度的影响大。

3. 氧气。氧气对金属在大气中的锈蚀起着主要的作用。

4. 空气中的有害气体与杂质。如空气中的二氧化硫、硫化氢，工业废气中的氯化氢、氯气，大气中的灰尘微粒如炭粒、沙粒等，对金属的锈蚀起着显著的加速作用。

金属防锈措施

第七条　控制存储环境。控制金属商品的存储环境，杜绝促使金属锈蚀的环境因素是防止金属锈蚀最经济有效的办法。

1. 选择保管场地。在选择保管场所时，应该考虑以下三个问题。

（1）根据金属商品的性质确定具体存放方式。大中型金属材料，如圆钢、方钢、六角钢等可以放置在露天场地；镀锌铁板、马口铁、金属制品和小型钢丝绳可以存入货棚；而价值较高的贵重金属和小型精密配件、五金制品则应该存放在库房中。

续表

（2）存放金属商品的库房、货棚及货场，应远离产生有害气体和粉尘的厂房建筑。货场要用碎石或炉灰等垫平，增强地表层的透水性，以保持存储区的干燥。 （3）金属商品要与酸、碱、盐等分开存放。 2. 进行入库检查。在商品入库时，要进行严格检查，并对金属商品表面进行清理，清除水迹、油污、泥灰等脏物。对于已经有锈迹的，要立即除锈。 3. 合理堆码及苫垫。采用合理的堆垛及苫垫方法，也可以有效地减少金属锈蚀的概率。 （1）堆放金属商品时要垫高垛底，并保证垛底的通风及干燥，从而使商品免受地面湿气的影响。 （2）对不同的金属材料应采用不同的存放方法，不同种类的金属材料存放于同一地点时，必须有一定的间隔距离，以防止因接触而发生腐蚀。 （3）对于放置在露天货场的金属商品，最好进行苫盖，以使其与雨水、潮湿空气隔离。 4. 控制仓库的湿度。相对湿度在60%以下，就可以防止金属制品表面凝结水分、生成电解液层而遭受电化学腐蚀。但由于相对湿度60%以下较难达到，一般库房可以将其控制在65%～70%以下。 第八条　隔离金属商品。与控制存储环境这种方法相比，将金属商品与环境隔离开的防锈方法，是一种短期的、高成本的方法。它适用于数量少、保管要求较高的金属商品的防锈。 1. 涂油防锈法。涂油防锈法是指在金属表面涂刷一层油脂，使金属表面与空气和水隔绝，以达到防锈的目的。按照防锈油在金属表面存在的状态，防锈油可以分为硬膜防锈油和软膜防锈油两种。 （1）硬膜防锈油。硬膜防锈油在使用前呈稠液状，涂在金属商品表面后会很快干涸，形成一层硬壳，即使经受轻微的磨打也不会损伤。它的防锈性能较软膜防锈油要好，但油膜不易去除，因而主要被使用于待加工材料或露天存放的大型钢铁器材的防锈。 （2）软膜防锈油。软膜防锈油刷涂在金属表面后，会形成一层油膜，从而将金属与空气隔绝。它使用方法简单，但由于油膜容易被破坏，因而多用于库房内长期封存的金属商品的防锈。 2. 气相防锈法，是利用挥发性缓蚀剂，在常温下挥发出的缓蚀气体，阻隔腐蚀介质的腐蚀作用，从而达到防锈的目的。由于其成本较高，因此一般使用于成品或较为贵重材料的保养。 （1）气相缓蚀剂的使用方法主要有三种。 粉末法。是将气相缓蚀剂粉末，直接均匀地散布在金属制品表面，然后密封包装；或将粉末盛于具有透气性的纸带、布袋，并放入产品的包装内；或将粉末制成片剂、丸剂，密封放入金属商品包装，以起到防锈作用。 气相防锈纸法是一种较为普遍的防锈方法。这种方法是将气相缓蚀剂溶解于蒸馏水或有机溶剂中，然后浸涂在纸上，晾干后即成为“气相防锈纸”。使用时，可用其直

续表

接包装商品，并在外层用塑料袋或蜡纸密封。

溶液法。使用溶液法时，要先将气相缓蚀剂溶解于水或有机溶剂，然后将其浸涂或喷涂于金属制品表面，形成一层缓蚀剂薄膜，然后用蜡纸或塑料袋进行包装。

（2）常用气相缓蚀剂包括：对钢有防锈效果的无机化合物，如氨水、碳酸铵、磷酸氢二铵等；有机物，如尿素、六次甲基四胺、苯甲酸铵等；对铸铁有防锈效果的有机物，如邻硝基酚二环己胺、邻硝基酸四乙烯五胺等。

3. 可剥性塑料包装。

（1）可剥性塑料是一种防锈包装材料，将它涂覆于金属表面上成膜后，其并不直接黏附于金属表面，而是被一层析出的油膜与金属隔开，启封时能用手轻易剥除。

（2）可剥性塑料保护层透明、柔韧性好、防锈期长，能经受恶劣的气候条件，并能抵御一般轻度的摩擦与撞击。但由于费用较贵，因而主要用于精加工及贵重商品的防锈。

除锈

第九条　手工除锈，是指用简单的除锈工具，通过手工擦、刷、磨等操作，将金属商品上的锈斑、锈痕除去的一种方法。常见的手工除锈方法如下表所示。

常见手工除锈方法

除锈工具	操作方法	除锈范围
钢丝刷	先用钢丝刷或铜丝刷打锈，再用废布将商品擦拭干净	各种铜管、水暖器材、铁板等
砂布	用砂布直接擦拭，再蘸取去污粉、煤油擦拭，最后再用干抹布擦拭一次	各种小五金工具、配件及一般精密仪器，如钢珠、轴承、天平等
木屑	把清洁干燥的木屑撒在板材上，然后用旧布盖住进行擦拭，最后将木屑扫净，并用干抹布再擦拭一次	钢板上的轻、中度锈蚀

第十条　机械除锈，是通过专用机械设备进行除锈的一种方法，它具有效率高、人力省、开支小等特点。用机械除锈，一般有抛光法、钢丝轮除锈法和喷射法三种。

1. 抛光法。用软质的棉布、帆布等制成抛光轮，利用电机带动，在高速旋转下，将锈除去。

2. 钢丝轮除锈。用金属制成的轮刷，在电动机的带动下，高速旋转去锈。

3. 喷射法。将砂粒等强力喷射到金属表面，借其冲击与摩擦的作用将锈去除。

第十一条　化学除锈，是利用能够溶解锈蚀物的化学品，除去金属制品表面上锈迹的方法。它具有操作方便、设备简单、效率高、效果好等优点，特别适用于形状复杂的商品。由于化学除锈所使用的化学溶液都有较强的腐蚀性，因此在操作时一般应遵照如下图所示的步骤来进行。

1. 除油

续表

（1）在使用化学溶液除锈前，应先将金属商品表面的油污清除干净，以免影响除锈的效果。除油的方法主要有碱溶液除油法、有机溶剂除油法和金属清洗剂除油法三种。碱溶液，主要是加入了乳化剂的碱溶液，它对于清洗矿物油脂有良好的效果。有机溶剂一般是指汽油、煤油等，它能溶解各种油脂，而又不损伤金属，除汽油、煤油外，对精度高的细小零件、粘接零件，可分别选用酒精、丙酮、乙醚等有机溶剂。金属清洗剂是一种新型的合成洗涤剂，由于其表面活性物质降低界面张力而产生湿润、渗透、乳化、分散等多种作用，使其具有很强的去污能力。

2. 除锈。在去除了油迹以后，就要除净金属表面上的锈蚀及杂质。常用的除锈液主要由除锈无机酸（如磷酸、硫酸、盐酸、硝酸等）、钝化剂（如铬酸酐）或缓蚀剂（如乌洛托品）等配制而成。其中无机酸起着溶解锈迹的作用，钝化剂起着钝化保护金属商品的作用，缓蚀剂起着保护金属不受强酸腐蚀的作用。

3. 中和化学除锈步骤。

（1）商品在经过酸洗以后，其表面总会残留酸液，如果不及时将这些酸液清除干净，就可能引起金属商品在储存期间发生严重锈蚀。

（2）通常对金属商品酸洗除锈后，要先用流动清水冲洗，然后放入3%～5%碳酸钠稀溶液中进行中和，最后再用清水冲洗干净。

4. 干燥。擦去商品表面的水分，待其自然干燥。

6.14 仓储设备管理制度

仓储设备管理制度

总则

第一条　管理和使用好机器设备和工具，使机器设备和工具经常处于完好状态，延长其使用寿命，是仓储管理工作的一项重要内容。

第二条　仓储设备管理工作的内容主要是指设备的维护保养、检查修理，以及日常的登记、保管工作。

第三条　为了保证有效地实现设备管理目标，必须坚持以预防为主，维护保养与计划检修并重的原则，正确使用，精心保养，做好包括使用、保养、检查、修理等工作。

设备技术状况

第四条　设备技术经济指标

1. 设备完好率，是表示设备技术状态的完好程度，是检查企业设备管理和维修工作水平的重要指标。

续表

2. 设备故障率，是指因设备发生故障而停机的时间占设备运转时间的百分比。

3. 维修费用效率，是指单位维修费用所能生产的产品产量。

4. 单位产品（或万元产值）维修费用。

5. 平均单台设备年维修费用。

第五条　对所有设备按技术、维护、管理状况分为两类：一类是完好设备，另一类是非完好设备。

第六条　仓储部的设备必须完成上级下达的技术状况指标，即考核设备的综合完好率。

第七条　设备管理部要分别制定年、季、月度设备综合完好率指标，并层层分解落实到岗。

设备运行动态管理

第八条　设备运行动态管理，是指为了使各级维护与管理人员能准确掌握其运行状况，并相应制定措施。

第九条　建立健全系统的设备巡检措施。仓储部对每台设备，依据其结构和运行方式，制定巡检点、内容、正常运行的参数标准，并针对设备的具体运行特点，对设备的每一个巡检点，确定明确的检查周期，一般可分为时、班、日、周、旬、月检查点。

第十条　巡检保证体系。设备操作人员负责对使用设备的日常使用前的巡检点检查，机务员负责对设备的平时的巡检任务。

第十一条　信息传递与反馈

1. 设备操作人员巡检时，如发现设备不能继续运转需紧急处理的问题，应立即通知机务员，由机务员负责处理。

2. 机务员进行的设备点检，要做好记录。

第十二条　动态资料的应用

1. 机务员针对巡检中发现的设备缺陷、隐患，应提出安排检修的项目，纳入检修计划。

2. 巡检中发现的设备缺陷，如情况紧急，为了不影响仓储活动，应及时处理，如不能及时处理，应由机务员确定解决方案统一处理。

3. 重要设备的重大缺陷，需由仓储部经理等主要领导组织研究，确定解决方案和处理方案。

使用设备管理

第十三条　设备使用前操作人员应在人事部门的安排下，由机务员负责培训。

第十四条　使用人员只有会操作，清楚日常保养知识和安全操作知识，熟悉设备性能的程度，具有操作上岗证，才能上岗操作。

第十五条　操作人员在操作过程中，如发现设备有异常现象，应立即通知机务员检修。

续表

第十六条　操作人员要严格按操作规程工作，认真遵守交接班制度，准确填写规定的各项运行记录。

第十七条　未经领导批准，不准拆卸或配用其他人员的机器零件和工具。

第十八条　对不遵守操作规程或玩忽职守，使仓储设备受到损失者，应酌情给予经济处罚。

6.15 仓库消防管理制度

仓库消防管理制度

总则

第一条　为规范仓库物资的消防安全管理，特制定本制度。

第二条　本制度由仓储部负责制定、解释，报总经理批准后执行。

第三条　本制度自颁布之日起执行。

仓库消防管理规定

第四条　新建、扩建和改建的仓库建筑设计，要符合国家建筑设计防火规范的有关规定，并经公安消防监督机构审核。仓库竣工时，应当会同公安消防监督部门进行验收，如果验收不合格，则不得交付使用。

第五条　仓库应当确定一名领导为防火责任人，全面负责仓库的消防安全管理工作。对义务消防组织，应定期进行业务培训，开展自防自救工作。

第六条　仓库应当按照国家有关消防技术规范，设置、配备消防设施和器材。消防器材应设置在明显和便于取用的地点，周围不准堆放物资。仓库应明确专人管理，保证完好有效，严禁圈占、埋压和挪用。对消防栓、灭火器等消防设施，应当经常进行检查，保证完整好用。消防车道和仓库的安全出口、疏散楼梯等消防通道，严禁堆放物资。

第七条　仓库的电气装置必须符合国家现行的有关电气设计和施工安装验收标准规范的规定。库房内不准设置移动式照明灯具，不准用电炉等取暖设备。仓库的电器设备必须由持上岗证的电工进行安装、检查和维修保养。电工应当严格遵守各项电器操作规定。

第八条　仓库应当设置醒目的防火标志。进入甲、乙类物资库区的人员，必须登记，并交出携带的火种。库房内严禁使用明火，库房外动用明火作业时，必须办理动火证，并采取严格的安全措施。库区以及周围 50 ~ 100 米内，严禁燃放烟花爆竹。

第九条　制定电源、火源、易燃易爆物资的安全管理和值班等制度，落实逐级防火责任制和岗位防火责任制。

续表

第十条　进入库区的所有机动车辆，必须做好防火工作。汽车、拖拉机不准进入甲、乙、丙类物资库房。各种机动车辆装卸物资后，不准在库区、库房、货场内停放和修理。装卸作业结束后，应当对库房、库区进行检查，确认安全后，方可离开。 第十一条　物资入库前应当有人负责检查，确定无火种等隐患后，方可入库。甲、乙类物资的包装容器应当牢固、密封，发现破损、残缺、变形和物资变质、分解等情况时，应当进行安全处理，严防跑、冒、滴、漏等情况。使用过的油棉纱、油手套等沾油纤维物资以及可燃包装物，应当存放在安全地点，定期处理。 第十二条　露天存放物资应当分类、分堆、分组和分垛，并留出必要的防火间距。甲、乙类桶装液体。不宜露天存放，必须露天存放时，在炎热季节必须采取降温措施。甲、乙类物资和一般物资以及容易相互发生化学反应或者灭火方法不同的物资，必须分间、分库储存，并在醒目处标明储存物资的名称、性质和灭火方法。 第十三条　仓库内严禁吸烟，严禁使用明火，不得随意乱接电源线，不得使用电炉子等禁止使用的其他电器设备。 第十四条　仓库内不准存放易燃杂物，货物存放距照明灯不得小于 0.5 米。 第十五条　仓库管理员要了解本库物资的物理、化学性能，对易碎、易潮、易溶化的物资要特别维护，经常保持库内正常的温度、湿度，合理库存。 第十六条　仓库管理员要经常清洁库内地面、货架、物资上的尘土，保持库内干净整齐。 第十七条　仓库管理员、搬运人员应严格执行仓库设备的使用操作规程。 第十八条　仓库内所配备的消防设施，不得乱动或挪作他用，消防设施周围不许堆放任何物资，并经常检查，使之保持有效状态。 第十九条　仓库管理员应熟记火灾报警信号，按规定程序报警，熟知灭火器材的属性，并能正确熟练地使用各种灭火器材。 **消防器材的配置** 第二十条　配置消防设施与器材 1. 仓库应当按照国家有关消防技术规范，设置、配备消防设施和器材。消防设施包括水塔、水泵、水池、消防供水管道、消防栓、消防车和消防泵等；消防器材主要是各种类型灭火器、沙箱、大小水桶、斧、钧、锹等。这些设施与器材应当由专人管理，负责检查、维修、保养、更换和添置，保证完好有效，严禁圈占、埋压和挪用。 2. 消防器材应当设置在明显和便于取用的地点，周围不准堆放物品和杂物。库区的消防车道和仓库的安全出口、疏散楼梯等消防通道，严禁堆放物品。 **仓库的防火措施** 第二十一条　仓库管理员消防技能培训 1. 仓库管理员应当熟悉储存物品的分类、性质、保管业务知识和防火安全制度，掌握消防器材的操作使用和维护保养方法，做好本岗位的防火工作。 2. 对仓库新职工应当进行仓储业务和消防知识的培训，经考试合格，方可上岗作业。

续表

第二十二条 基本的灭火方法

1. 冷却法。冷却法就是把燃烧物的温度降低到其燃烧点以下，使之不能燃烧、如水、酸碱灭火器、二氧化碳灭火器等均有一定的冷却作用。

2. 窒息法。窒息法就是使燃烧物与氧气隔绝，使火窒息。如黄沙、湿棉被、四氯化碳灭火器、泡沫灭火器等，都是用窒息方法灭火的。

3. 拆移法。拆移法又叫隔离法，即搬开、拆除可燃烧的部件，使火不能蔓延。

4. 遮断法。遮断法就是将浸湿的麻袋、旧棉被等遮盖在火场附近的其他易燃物和未燃物上，以防止火势蔓延。

5. 分散法。分散法就是将集中的物资迅速分散，孤立火源，一般用于露天仓库，库内也可以采用。

第二十三条 化工危险品火灾的扑救

1. 化工危险品仓库的消防工作有其特殊要求。爆炸品引起的火灾主要用水扑救，氧化剂起火大多数可用雾状水扑救，也可以分别用二氧化碳灭火器、泡沫灭火器和沙土扑救。

2. 易燃液体，用泡沫灭火器最有效，也可用干粉灭火器、沙土、二氧化碳灭火器扑救。由于绝大多数易燃液体都比水轻，且不溶于水，故不能用水扑救。

3. 易燃固体，一般可用水、沙土和泡沫灭火器、二氧化碳灭火器等扑救。

4. 毒害性商品失火，一般可用大量水扑救，液体有毒的宜用雾状水或沙土、二氧化碳灭火器。但氰化物着火，不能使用酸碱灭火器和泡沫灭火器，因酸与氰化物作用能产生极毒的氰化氢气体，危害性极大。

5. 腐蚀性商品中，碱类和酸类的水溶液着火可用雾状水扑救，但遇水分解的多卤化合物、氯磺酸、发烟硫酸等，不能用水扑救，只能用二氧化碳灭火器施救，有的也可用干沙土灭火。遇水燃烧的商品，只能使用干沙土和二氧化碳灭火器灭火。

6. 自燃性商品的起火，可用大量水或其他灭火器材。

7. 压缩气体起火，可用沙土、二氧化碳灭火器、泡沫灭火器扑灭。

8. 放射性物品着火，可用大量水或其他灭火剂扑灭。

6.16 仓库安全管理制度

仓库安全管理制度

总则

第一条 为规范仓库物资的消防安全管理，特制定本制度。

续表

第二条　本制度由仓储部负责制定、解释，报总经理批准后执行。

第三条　本制度自颁布之日起执行。

仓库安全保障措施

第四条　仓库中必须安装防盗监视、自动报警设备，做好安全管理的各项工作。

仓库安全保卫工作是仓库安全管理的重要方面，它要求采取一切措施，提高警惕，防止事故的发生，保证仓库及储存商品的安全。通常情况下，仓库应设置专门的安全人员，全面负责仓库的保卫工作。

第五条　设立安全保卫机构

1. 仓库的保卫工作是仓库安全管理的一个重要组成部分，它关系到整个仓库人员、财产及物资的安全。为了有效地实施仓库的保卫工作，仓库必须设立专门的保卫部门，全面负责仓库的保卫工作。

2. 仓库保卫组织的形式应当根据仓库规模的大小、生产的特点、所储存商品的重要程度而确定。小型仓库可以不必单独设立保卫机构，只要配备专职或兼职的安全管理员即可。

3. 仓库安全保卫组织的工作应该在本企业主管部门的领导下进行，业务上受公安机关和上级保卫部门的双重领导。

第六条　明确工作职责。安全保卫工作的主要内容是严防破坏盗窃事故，预防灾害性事故的发生，维护仓库内部的治安秩序，保证仓库及库存商品的安全。具体来说，仓库保卫工作的主要任务是做好警卫及保卫工作。

1. 做好警卫工作。仓库安全管理员要负责仓库日常的警戒，做好仓库的守卫工作。

（1）守卫仓库大门，掌握出入库人员的情况，并对出入库人员进行登记。

（2）阻止非仓库人员进入仓库，严禁火种、易燃、易爆等危险品被带进仓库。

（3）核对出库凭证，检查出库商品与出库凭证是否相符，并做好相应记录。

（4）日夜轮流守卫仓库，防范非法分子的破坏活动，确保仓库的安全。

2. 做好保卫工作。仓库安全管理员还要做好仓库的防灾工作，预防并处理各类突发事件。

（1）对仓库中的设施、人员及存储商品的安全负责任，消除各种不安全的隐患，确保仓库的安全。

（2）负责在本仓库开展安全生产教育，提高仓库作业人员的安全意识。

（3）全面落实防台风、防汛、防暑降温、防寒防冻等工作，以保障仓库及存储物资的安全。

（4）配合消防部门进行消防训练和消防安全竞赛。

（5）积极完成上级领导和公安机关交办的各项治安保卫工作。

（6）定期对仓库的安全工作进行总结，提出改进意见。

第七条　仓库安全管理员应遵守岗位职责，坚守岗位，做到文明上岗。

1. 遵守岗位规范。安全管理员要严格遵守岗位规范，做好自己的本职工作。

续表

（1）遵守作息时间。仓库安全管理员必须严格遵守仓库保卫制度，坚守岗位，工作时间不得随意离开仓库。有事外出时，必须事先请假。 为保证安全管理员的休息，仓库可设立专供安全管理员休息的保卫室，并采用三班轮休的方式。 （2）遵守检查制度。仓库安全管理员应熟悉仓库的工作人员、证件和出库手续，并严格按照制度进行各项检查。 对外来人员、车辆进行登记，对商品出库凭证及出库商品进行详细核对。 对仓库安全进行定期检查，并详细地记录检查情况。 （3）保护仓库安全。仓库安全管理员还要熟悉仓库附近的社会情况和地形情况，当发现不法分子行窃、破坏时，应坚决打击。并及时抓捕。 2. 做到文明上岗。安全管理员除了要履行自己的主要职责外，还要严格遵守安全管理员的文明岗位规范。 （1）安全管理员当班必须着装整齐、统一标识、仪容整洁、坚守岗位。 （2）安全管理员当班必须热情服务、举止文明、礼貌待人、语言规范。 （3）安全管理员要实行文明站岗执勤，及时指挥车辆、人员的进出，保持仓库通道畅通，停车摆放整齐。 （4）安全管理员必须保持保卫室的干净、清洁，当班人员的生活用品（茶杯、面盆、毛巾等）应放置整齐，周围环境应整洁有序。 （5）保卫室不得兼作其他场所，不放置无关物资，无关人员不得进入保卫室内闲谈聊天。 **仓库安全管理规定** 第八条　严格执行物流中心安全保卫的各项规章制度。仓库安全工作要贯彻预防为主的方针，做好防火、防盗、防汛、防工伤事故工作。 第九条　本着谁主管谁负责、宣传教育在前的原则，坚持部门责任制。建立健全各级安全组织，做到制度上墙、责任到人，逐级把关，不留死角。 第十条　按规定库区配备各种消防器材和工具，不得私自挪用。 第十一条　非仓库管理相关人员未经允许一律不得进入库房，对不听劝阻者，记下工牌号码，上报有关部门，按过失处理。 第十二条　各种生活用危险品，以及车辆、油料、易燃品严禁进入库区。 第十三条　仓库区域内严禁烟火和明火作业，确因工作需要动用明火的，应按安全保卫的有关规定执行。 第十四条　做好来宾登记工作，严禁夜间留宿无关人员。特殊情况须报公司保卫部备案。 第十五条　仓库管理员下班前要关闭水、暖、电源的开关，锁好门窗，消除一切不安全隐患，上班后如发现库房内有被盗迹象，要保护好现场，并尽快通知相关部门处理。

6.17 仓库管理员工作制度

仓库管理员工作制度

总则

第一条　为规范仓库管理员的管理，加强仓库的管理工作，特制定本制度。

第二条　本制度由公司总部物流部负责制定、解释，报总经理批准后施行。

第三条　本制度自颁布之日起施行。

仓库管理员工作规范

第四条　做好保密工作。

第五条　仓库管理员调动工作时，要办理交接手续，由上级监交，只有当交接手续办妥之后，才能离开工作岗位。移交中的未了事宜及有关凭单，要列出清单三份，写明情况，双方与上级签字，各保留一份。

第六条　监督做好文明安全装卸、搬运工作，保证物资完整无损。

第七条　做好仓库的安全、防火和卫生工作，确保仓库和物资安全完整，库容整洁。

第八条　做好仓库所使用的工具、设备设施的维护与管理工作。

第九条　做到四“检查”

1. 上班必须检查仓库门锁有无异常，物资有无丢失。
2. 下班检查是否已锁门、拉闸、断电及是否存在其他安全隐患。
3. 经常检查库内温度、湿度，保持通风。
4. 检查易燃、易爆物资或其他特殊物资是否单独存储、妥善保管。

第十条　严格遵守仓库工作纪律

1. 严禁在仓库内吸烟、动用明火。
2. 严禁酒后值班。
3. 严禁无关人员进入仓库。
4. 严禁未经财务总监同意涂改账目、抽换账页。
5. 严禁在仓库内堆放杂物。
6. 严禁在仓库内存放私人物资。
7. 严禁私领、私分仓库物资。
8. 严禁在仓库内谈笑、打闹。
9. 严禁随意动用仓库的消防器材。
10. 严禁在仓库内私拉乱接电源、电线。

续表

第十一条　未按本规定执行而造成物资短缺等，仓库管理员要承担由此造成的经济损失，其上级负领导责任，并视情节按公司相关规定进行处罚。

6.18 物料盘点管理制度

物料盘点管理制度

总则

第一条　目的

为加强公司内部管理，及时掌握企业存货、财务及财产的准确数量，保证公司各项资产的安全、完整，同时也使盘点工作规范化，特制定本制度。

第二条　原则

1. 真实。盘点所有的数据资料必须是真实的，不允许作弊或弄虚作假，以掩盖漏洞和失误。

2. 准确。盘点的过程要求准确无误，无论是资料的输入、陈列的核查，还是盘点的数目，都必须准确。

3. 完整。所有盘点过程的流程，包括区域的规划、盘点的原始资料、盘点数据等，都必须完整，不要遗漏区域和商品。

4. 清楚。盘点过程属于流水作业，不同的人员负责不同的工作，所以所有资料必须清楚，人员的书写必须清楚，货物的整理必须清楚。

5. 团队精神。盘点是公司全体人员都参加的核查货物的过程，为缩短盘点时间，公司各个部门必须有良好的协调配合意识，保证盘点工作的顺利进行。

第三条　职责划分

1. 总盘人。由总经理或仓储部经理担任，负责盘点工作的统一领导和督查盘点工作的有效进行及盘点异常事项的处理。

2. 主盘人。由仓储部经理或主管担任，负责盘点工作的推动及实施。

3. 盘点人。由仓储部门人员担任，负责盘点工作。

4. 会点人。由财务部门指派专人担任，负责盘点记录工作。

5. 协点人。由经营部门的人员担任，负责盘点材料物品的搬运及整理工作。

6. 监点人。由总经理室派人担任，亦可根据实际情况由总盘人授权专人担任，监督盘点工作。

7. 协调人。为配合盘点工作的有效进行，各有关部门应指派专人负责盘点工作，盘点工作结束后，其职责自然消失。

续表

盘点范围

第四条　存货。指原材料、辅助材料、燃料、低值易耗品、包装物、在制品、半成品、产成品的清查核点。

第五条　财务。指现金、银行存款、票据、有价证券等的盘点。

第六条　财产。指固定资产、保管资产、保管品等的盘点。

盘点方式

第七条　盘点的方式一般有如下表所示的四种。

盘点方式一览表

盘点方式	相关说明
定期盘点	主要是指在月末、年中、年底这些固定日期进行的盘点，它能够对库存的货物进行全面的盘点，盘点准确性高，但盘点时必须停止仓库作业。根据所采用的盘点工具的不同，可以分为盘点单盘点法、盘点签盘点法、货架签盘点法等
临时盘点	可以根据公司的需要随时进行
全面盘点	对柜组全部商品进行逐一盘点
部分盘点	对有关商品的库存进行盘点

第八条　年中、年终盘点。

1. 年中、年终盘点原则上应采取全面盘点方式，如因特殊原因无法全面盘点时，应呈报总经理核准后，改用其他方式进行。

2. 盘点期间原则上暂停收发物料，对于各生产单位在盘点期间的领料，经相关领导批准后，可以做特殊处理。

3. 盘点应按顺序进行，采取科学的计量方法，每项物资的数量，应予以确认后再进行下一项盘点，盘点后不得更改。

4. 盘点物品时，盘点人应依据盘点实际数量做详细记录。盘点人应按事先确定的方法进行盘点。协点人应大力配合盘点工作。监点人要做好监督工作。

5. 盘点结果必须经各有关人员签名确认，一经确认则不得更改。

6. 盘点完毕，盘点人应将“盘点统计表”汇总编制“盘存表”（一式两联），第一联自存，第二联送财务部门，供核算盘点盈亏金额。

第九条　月末盘点

对月末的存货，由分管部门及财务部门实施盘点。

第十条　临时盘点

1. 临时盘点由总经理视实际需要，随时指派人员抽点。

2. 临时盘点原则上不应事先通知经营部门，组织工作可适当简化。

3. 盘点的技术要求同年中、年终盘点。

4. 抽查盘点工作结束后，应出具抽查盘点报告，同时对盘点中注意事项的内容和库存管理中存在的问题及隐患进行说明。

续表

5. 盘点小组的报告经分部财务部审阅后，再根据盘点报告反映问题的重要程度，分别采取上报总部领导审批、自行组织调整或账务处理。

盘点实施

第十一条　盘点时应将相应的记录填写在盘点单据上。

第十二条　盘点票面的更改涂写，需用红笔在更改处签名。

第十三条　初盘完成后，应将初盘数量记录于“盘点表”上，并将“盘点表”转交给复盘人员。

第十四条　复盘时由初盘人员带复盘人员到盘点地点，复盘人员不应受到初盘的影响。

第十五条　复盘与初盘有差异者，应与初盘人员一起寻找差异原因，确认后记录于“盘点表”上。

第十六条　抽盘时可根据“盘点表”随机抽盘或随地抽盘。

盘点要求

第十七条　盘点工作必须统一领导，事先制订计划，做好组织工作。

第十八条　负责盘点的有关人员在进行盘点前要明确自己的职责及工作任务，事先做好准备。

第十九条　盘点工作要连续进行，原则上负责盘点的各有关人员不准请假，若有事需离开，应事先请假，获准后方可离开，各有关人员不得擅自离开岗位。

第二十条　所有盘点事项都以静态盘点为原则。

第二十一条　盘点应精确计量，避免用主观的目测方式，每种商品的数量，应于确定后再继续进行下一项，盘点后不得随意更改。

第二十二条　盘点报表若有修改处，须经盘点有关人员签字确认，否则应追究其责任。

第二十三条　盘点数据必须真实、可靠，方法必须科学、完整，程序必须规范。

第二十四条　盘点开始至工作终了期间，各组盘点人员均受盘点负责人指挥监督。

第二十五条　盘点过程中发现问题或遇到困难，需及时汇报。

第二十六条　盘点时，会点人均应依据盘点人实际盘点数，详实记录于“盘点统计表”上，确认无误后于该表上互相签名确认，对于差异较大的商品必须进行复盘。盘点完毕，盘点人应将“盘点统计表”进行系统录入。

第二十七条　盘点结束后由各组负责人向主盘人报告，经核准后才能离开岗位。

第二十八条　盘点报告必须及时完成。

第二十九条　在盘点各项工作结束后，相关部门需打印“盘点盈亏报告表”（一式三联），并填写数额差异原因的说明及对策后，呈报总经理签核，第一联送财务，第二联呈报总经理室，第三联相关部门自存作为库存调整的依据。

盘点奖惩

第三十条　在盘点过程中，盘点人员应忠于职守，切实履行盘点程序，对表现优秀

续表

者予以奖励。

第三十一条　在盘点过程中，如有玩忽职守、隐瞒事实、不遵从盘点程序的，将予以惩罚。

盘点结束后的工作

第三十二条　资料整理。将盘点表全部收回，并加以汇总。

第三十三条　计算盘点结果。报表中应计算出盘盈、盘亏数量。

第三十四条　根据盘点结果找出问题点，并提出改善对策。

第三十五条　做好盘点的账务处理工作。

第三十六条　仓储主管根据批准处理的盘点报表进行调账，使账物一致。

附则

第三十七条　本制度制定后，呈总经理批准后实施。

第三十八条　本制度自颁布之日起执行。

6.19 盘点操作管理制度

盘点操作管理制度

目的

第一条　为了更好地控制物资库存，合理调整采购并加强公司员工的责任及工作态度，根据计划需要对公司内全部物资进行盘点，特制定本制度。

盘点前的准备

第二条　盘点编组

盘点工作开始前，根据盘点类别、盘点范围等确定盘点人员，并编制盘点人员编组表，报相关领导核定后予以实施。

第三条　人员培训

1. 为保证盘点工作的顺利进行，在盘点工作开始前期，要对相关人员进行盘点知识的培训。

2. 培训主要从盘点物资的相关知识、盘点方法与技术两方面进行，具体内容见下表。

续表

盘点培训的内容

培训项目	培训内容
盘点物资的相关知识	1. 盘点现场的基本情况 2. 盘点商品的基本知识
盘点表的使用	1. 盘点的使用 2. 盘点表的领取与收回 3. 盘点表的记录与书写规范 4. 签字确认 5. 其他
盘点操作	1. 盘点过程中的注意事项 2. 盘点的范围 3. 盘点点数的原则 4. 初盘、复盘、抽盘的相关规定 5. 其他

第四条　库存物资的整理

1. 存货的堆置，应力求整齐、集中、分类摆放。

2. 现金、有价证券等财物类物品应按类别整理并列出清单。

第五条　仓库整理

1. 验收完毕的物资，应及时整理归仓。

2. 仓库保持清洁、整齐，以便于计数与盘点。

第六条　盘点工具的准备

若使用盘点机盘点，需检查盘点机是否可正常运行，如采用人员填写方式，则需准备盘点表、红色和蓝色圆珠笔、盘点单等盘点工具。

第七条　其他相关事项

1. 协调供应商送货时间，盘点期间暂停进仓，对盘点期间收到的物资而未办妥入账手续的，应另行分别存放并予以标示。

2. 协调生产运作，盘点期间暂不办理领料、退仓等作业，若各生产单位在盘点期间确需领料，经相关领导批准后，可以做特殊处理。

盘点实施

第八条　确定盘点方式（月度盘点、年中盘点、年终盘点、临时盘点）。

第九条　确定盘点范围。

第十条　盘点实施时间：××××年××月××日××时~××××年××月××日××时。

第十一条　盘点部门：××部。

第十二条　盘点操作事项

1. 初盘

续表

仓管人员负责在月（季、年）末完成初盘。由初盘人员填写盘点单中的物料编号、物品名称、初盘数量，并在初盘人栏内签名。盘点单应贴于该物料醒目的地方。

2. 复盘

（1）复盘时，复点者要先检查盘点配置图与实际现场是否一致，以及是否有遗漏的区域。

（2）复盘可于初盘进行一段时间后开始进行，复盘者需手持初盘者已填好的盘点表，依序检查，再将复盘的数字记入复点栏内，计算出差异，填入差异栏，并在“复盘人”栏中签字。

3. 抽盘

（1）抽盘者同复盘者一样，也要先检查盘点配置图与实际现场是否一致，以及是否有遗漏的区域。

（2）抽盘者抽点商品时，可选择盘点区域的死角、不易清点的商品、单价商品和数量多的商品，以及盘点表上金额较大的商品。

（3）抽盘者要对初盘与复盘差异较大的数额进行确认。

（4）抽盘人员应根据抽盘结果反映出的盘点及物资管理的相关问题，对盘点及物资的日常管理工作提出建议。

账载错误管理

第十三条　经盘点后，发现账载错误，如漏记、记错、算错、未结账或账记不清，应对有关人员按财务规章进行处理。

第十四条　账载数字如有涂改未签章，难以查核或虚构现象可直接反映给财务主管报总经理议处。

第十五条　记录人员、各经营部门的保管人员及其他财产保管人员有下列情况应予以赔偿。

1. 对所保管的财产有盗卖、掉换、化公为私等徇私舞弊者。

2. 对所保管的财产未经报批擅自移动、出借或损坏不报者。

3. 发生以下情况，若及时汇报并采取措施避免损失进一步扩大者，可不予处罚。

（1）保管人员尽职尽责，但因不可抗力，如地震、火灾、抢劫等遭受损失者。

（2）容易腐蚀、变质，因管理人员无法控制而发生的损失。

（3）其他不属于保管人员的原因造成的其他损失。

盘点结束的后续工作

第十六条　盘点结果分析

盘点所得的资料应与账目相核对，若发现账物不一致，则应积极查明账物差异的原因。

第十七条　盘点工作评估

盘点工作结束后，公司应对本次盘点工作进行评估和总结，找出库存管理的不足之处，总结经验，同时也为下一次的盘点工作提供更好的经验。

续表

附则

第十八条　本制度制定后，呈总经理批准后实施。

第十九条　本制度自颁布之日起执行。

6.20 用料预算管理制度

用料预算管理制度

目的和原则

第一条　目的。进行生产成本的事前控制，为实施采购提供信息参考。

第二条　原则。

1. 符合生产实际。

2. 保证物料及时供应。

3. 预算科学、可执行性强。

预算管理机构

第三条　生产部根据生产计划和订单接收情况预测未来 15 天内生产物料的消耗计划。

第四条　仓储部根据仓储的储位和仓库管理的实际，结合生产部的物料消耗计划制定物料仓储预算，并经公司副总经理审核通过后执行。

第五条　采购部对生产用料预算提供价格信息和采购量的支持。

预算实施

第六条　公司用料分为常备用料和非常备用料。

第七条　常备用料由相关部门根据用料周期和公司以往用料的实际情况，按半年计算用料预算。

第八条　非常备用料由用料使用单位或部门根据采购部提供的价格信息，结合用料实际制定用料预算。

存量管理

第九条　仓储部根据材料预算用量、交货所需时间、需用资金、仓储容量、变质特性和危险程度等因素，选用适当管理方法以表格形式列示各项材料的管理点，经仓储部经理核准后，作为存量管理的基准，并以此实施存量管理。

第十条　这种方法适用于常备物料、预备材料和非常备材料的存量管理。

续表

用料差异处理

第十一条　仓储部每月8日前对实际用料和预算用料情况进行对比，并根据对比结果采取措施。

1. 对于差异在合理的基准范围内的，则应继续关注实际用料情况，并进行详细记录。

2. 对于差异超出合理的基准范围的，由相关职能部门分析原因，提出改进建议，修正预算。

附则

第十二条　详细实施细则由仓储部会同相关职能部门制定。

6.21 仓库库存量管理制度

仓库库存量管理制度

总则

第一条　为了降低库存成本，保证物资的及时供应，建立完善的库存管理体系，特制定本制度。

第二条　公司仓储部负责本制度的起草、执行和修改，公司生产部、采购部及相关部门协助执行本制度，公司副总经理和总经理负责对本制度提出指导意见并进行审核审批。

库存量基准建立

第三条　预测各类库存物资的月用量。

1. 用量稳定的材料

仓库管理员根据前两年月平均物资用量，结合今年公司的经营目标和利润实现的具体要求，预测常用物资的月用量。

2. 用量不稳定的材料

生产部相关人员根据生产要求，行政部人员根据行政管理的要求，参考销售部提供的销售量和采购部提供的相关价格信息，结合上一用量周期内的材料使用量，在每月最后十日内预测用量不稳定材料的下月使用量。

第四条　确定请购点

1. 请购点＝物资在一定时期内的需求量＋安全存量。

2. 一定时期内的需求量＝采购作业期限 × 预估月用量。

3. 安全存量＝一定时期内的需求量 ×20%（根据物资种类可进行更改）＋装船延误日数用量。

续表

4. 参考用量。欧美国家一般为15天用量，日本与东南亚地区一般为7天用量。

第五条　采购作业期限

由采购人员依采购作业的各阶段所需天数设定其作业流程及作业天数，经主管核准送相关部门作为请购需求日及采购数量的参考。

第六条　设定请购量

1. 考虑要素

包括采购作业期限长短、最小包装量、最小交通量及库存容量。

2. 设定数量

（1）外购材料：欧美地区每次请购三个月用量，亚洲地区为两个月用量。

（2）内购材料：每次请购25天用量。

库存量基准审核和执行

第七条　存量基准建立

仓库管理员将以上库存量基准分别填入“存量基准设定表”，呈仓储部经理及主管副总经理核准，并送物料管理单位建档。

第八条　请购作业

各物资使用部门在填写请购单时，由仓库管理员利用库存控制系统查询在途量、库存量及安全存量，并填写请购单。

用料差异管理

第九条　用料差异管理基准

1. 第1阶段（每月前10日）实际用量超出该旬设定量×%以上者（由公司自订）。

2. 第2阶段（每月前20日）实际用量超出该旬设定量×%以上者（由公司自订）。

3. 第3阶段（每个自然月）实际用量超出全月设定量×%以上者（由公司自订）。

4. 在设定用料差异管理基准时，一般情况下，第一阶段的设定量要高于第二阶段，第二阶段的基准要高于第三阶段。

第十条　月用量修订

1. 用料差异分析及处理

物资使用部门的相关人员在每月5日前针对上月用料的差异情况，查明差异原因并拟订处理措施，研究是否修正月用量。

2. 用料差异处理

对于应修订月用量的情况，应当报主管副总经理进行审核，并经总经理批准后送仓储部以便修改存量基准。

第十一条　库存修正

库存控制人员得到核准修订月用量的用料差异的批准后，应立即查询库存管理表，查询该物资的在途量与进度，并及时修改物资月用量。

库存量资料管理

第十二条　仓储部库存控制人员负责相关资料的汇总和收集，根据公司文件管理制

续表

度将相关资料送行政部进行归档管理。 第十三条　公司行政部负责将相关资料进行归档管理。

6.22 物资消耗定额管理制度

物资消耗定额管理制度
总则
第一条　消耗定额管理是针对生产中所需的物资等设立的，是实现单位产出而合理消耗物料、设备的数量标准，以及围绕这些数量标准而进行的一系列活动。可以用单耗的统计平均值来表示。
第二条　实行物资消耗定额管理是公司降低和控制生产成本，提高投入产出比的重要经济技术指标，是对产品进行成本核算和经济核算，制订采购计划和仓储计划的前提，是有计划地合理利用和节约原材料的有效手段。
第三条　制定物资消耗定额的主要方法 1. 实际测试法。 2. 经验估算法。 3. 统计分析法。 4. 工艺计算法。
第四条　公司物资消耗定额的确定方法应在保证产品质量的前提下，根据公司生产的具体条件，结合产品结构和工艺要求，以理论计算和技术实际测定为主，以经验估计和统计分析为辅来制定最经济、最合理的消耗定额。
第五条　本制度适用于生产或办公物资消耗定额以及储备定额的制定。
消耗定额的确定
第六条　仓储部负责储备定额的制定，生产部负责物料和设备消耗定额的制定，行政部负责办公用品等消耗定额的确定。其他涉及消耗定额的制定事项由相关职能部门根据部门职责制定。
第七条　消耗定额的确定 1. 对于消耗量稳定的物资的定额，由相关部门人员根据本部门上年和上月的消耗情况，结合公司年生产目标和管理目标，经过理论计算而确定。 2. 对于消耗量不稳定的物资的定额，由相关部门人员根据相似物资、行业综合水平以及理论要求进行科学计算，并进行实际测试，从而确定最终的消耗定额。 3. 消耗定额的确定以节约和保证供给为基础，以不造成浪费、略有剩余为原则。

续表

消耗定额的审查和批准 第八条　各个部门在制定自己的消耗定额后，先由各部门经理进行审核，主要考察消耗定额的合理性和可执行性。 第九条　公司副总经理根据公司的总体发展战略、年度经营目标以及成本控制的要求对各个部门的消耗定额进行审核，财务部、采购部等相关部门根据需要给予配合。 第十条　公司总经理对消耗定额进行最终审批，审批后报相关部门备案，并作为考核的重要依据之一。 第十一条　对于未通过审核、审批的消耗定额由相关部门进行修改和完善，并重新报批。 **消耗定额的核算和修改** 第十二条　各相关部门在每月底对当月使用的各类物资进行核算，并将核算结果同消耗定额进行比较，为管理的改进提供参考信息。 第十三条　公司每半年对消耗定额和消耗的实际情况进行汇总，并根据结果决定是否对消耗定额进行调整。 第十四条　修改消耗定额的条件 1. 新生产线的投入使用。 2. 新的仓储管理和行政管理系统技术的改进。 3. 公司参与市场竞争、降低成本需要。 4. 公司管理模式的转变。 第十五条　特殊情况下，公司可根据相关部门的修改消耗定额的申请，在组织财务部、采购部等相关部门进行综合分析的基础上，经主管副总经理审核同意，修改消耗定额。 **限额供料** 第十六条　限额供料是针对生产所需的物料而设定的，目的在于降低库存成本，有效控制投入产出。 第十七条　根据生产周期和对物料的消耗速度，确定具体的额度，主要由生产部和仓储部经过协商确定，并由公司副总经理进行审批。

6.23 库存商品账务处理制度

库存商品账务处理制度

入库账务处理

第一条　对于新购货物，采购部在货物到达仓库前三日内将相关订购单、提货单和验收单等单据交仓储部，仓储部根据单据对商品进行验收和入账。

第二条　仓库管理员将入库商品根据类别将其型号、规格和数量等信息详细进行登记。

第三条　仓储部在所购物料入库当日，根据实际进货规格和数量填制“商品（供应品）进库单”，并根据公司财务管理制度将相关单据及时转送财务部入账。

分公司进货账务处理

第四条　公司下属分公司进货凭借“商品（供应品）订货单”向仓储部订货。

第五条　仓储部对各分公司的订货，应于接到订货单的当日答复并组织出货，出货时应填制“商品（供应品）调拨单”，除第四联自存外，第一、二、三联应连同商品寄送进货单位签收。

第六条　各分公司在收到仓储部发出的商品时，应及时根据“货品交运明细表”及“商品（供应品）调拨单”上的进货内容办理验收进货，而后在“库存商品明细表”或“存货日记簿”上入账；“商品（供应品）调拨单”应于验收无误签收后，将其第二联寄还仓储部，第三联连同“货品交运明细表”第二联及时送交财务部，第一联自行留存。

第七条　仓库管理员就所保管的商品按型号或规格分别填写“型号明细表”或“存货日记簿”。

出货账务处理

第八条　库存任何商品的出货，由领货人出示经单位主管签准的“商品领货单”，销售部人员还应另填写“商品领货卡”等作为出货的凭单。

第九条　“商品领货单”一式两联，第一联由领货人交财务人员存查，第二联由仓储部存查。“商品领货卡”由仓储部于每月月底当天将销售部各月内所领出的商品（尚未还仓部分）逐一按人员分别登入，而后发文至各单位，并由各公司财务人员统一代为保管。

第十条　库存商品出货后，仓库管理员应于当日凭“商品领货单”上的记载登入型号登记簿中有关的记载栏内，作为该商品去向的追踪，商品领货记录卡则应于出货时，由仓库管理员签注后，立即交还原出货人。

续表

第十一条　领货人必须在出货当日开立发票交货，若不能当天开立发票交货则应于出货当日下班前将领出的商品归还仓储部。如因将商品送往客户处试用以致无法还仓时，应于出货的当日下班前，将已经客户正式盖章签收或单位主管签发的“商品试用签收单”交仓库管理员保管。

第十二条　领出商品如系已商妥欲交货的，领货人应于出货后根据商品领货记录卡上的型号、号码等有关资料，另填写“交货通知请示单”。请示核准后，交公司财务会计开立发票。

第十三条　财务会计在开立发票时应先核对“交货通知请示单”内有关客户名称、货物型号、号码等的记载是否与“商品领用记录卡”上所载相符，同时还应根据卡上所载内容将其详细记载到发票摘要栏内，不得误登或漏登。

还仓账务处理

第十四条　领出的商品如系供客户试用、表演或更换等而还仓的，原领货人应将商品及商品领用记录卡一起交到仓储部，仓库管理员负责验收后，在商品领用记录卡上签收，并将原领货人的“商品领货单”加注商品还仓日期后作废。还仓的商品若经发现有毁损或附件短缺情形时，则仓库管理员应依据实际验收情形，另行填制“商品（附件）毁损赔偿明细单”，交由领货人签认后，第一联由领货人留存，第二联送财务部扣款，第三联由仓库管理员留存。

旧货回收账务处理

第十五条　销售部销售商品应客户要求必须收回旧货时，应依《权责划分办法》的规定，在事先请示核准后，才能办理旧货回收手续。旧货回收应填制“商品进库单”，同时在备注栏内注明“旧货估回”等字样，并依《权责划分办法》的规定呈请签准后，向仓储部办理商品进仓。

第十六条　仓库管理员在收到回收的商品时，应依照“商品进库单”上所栽内容，办理签收入账，第二联交由原持货人送交公司财务会计附于当日销货报告后，并由财务部稽核，第三联由仓储部留存。

销货退回账务处理

第十七条　销售部在销售商品时遇有销货退回情形发生时，应立即填制“商品（供应品）进库单”，同时在备注栏内注明“销货退回”字样，并依《权责划分办法》的规定呈请签准后，向仓储部办理货物进仓。

第十八条　仓库管理员在收到销货退回的商品时，应立即详细检查，如无毁损或附件短少情形，应立即在“商品（供应品）进库单”上予以签收，同时登入商品登记簿内，并将“商品（供应品）进库单”的第一联转送财务部入账，第二联交由原持货人向公司财务办理销货退回手续，然后附于当日的销货报告后一并送交财务部稽核，第三联由仓储部留存。如商品经仓库管理员检查发现有毁损或附件短少情形时，应立即依实际验收情形另行填制“商品（附件）毁损赔偿明细单”，经由原持商品人签认后，第一联由原持商品人留存，第二联送财务部扣款，第三联由仓库管理员留存。

续表

供应品出货账务处理 第十九条　供应品经出货后，如系耗用，则领货人应填写“附件（供应品）耗用单”，并依《权责划分办法》规定呈报核准后，交仓储部凭以销账。 第二十条　公司财务人员在编制销货报告时，不得有漏填型号的事情发生。凡未经出货，财务人员不得擅自虚开发票。如因实际需要，应由该笔交易的经办人事先书面呈副总经理核准后，方能先行开立发票，而该书面报告应随同销货报告转送仓储部保管。未附送书面报告者，一律不予核计实绩。 第二十一条　仓库管理员根据每日销货报告分别销账，不得误销或漏销。 第二十二条　库存商品如因不可避免的因素，导致有所毁损时，仓库管理员应填写《商品送修单》表明缺件或故障情形，连同商品一起送服务单位修护。 第二十三条　“商品送修单”一式四联，第一联由送修单位仓库管理员存查，第二、三联由送修单位连同商品送仓储部转送服务部签收后，第二联由仓储部留存，第三联由服务部留存，第四联由服务部填写预定修妥日期后，寄还送修单位交仓库管理员收存。 第二十四条　服务部修妥送修的商品后，应将原留存的“商品送修单”第三联及商品一并转交仓储部，并由仓库管理员签收后留存，如该商品系分公司送修的商品，则仓库管理员应于两日内寄还送修单位。 第二十五条　分公司送修的待料商品，除非向仓储部办理调拨手续转由仓储部进货，否则一律视为存货账上的库存商品。 第二十六条　仓库管理员应于每日自行清点所经管的商品，并于月底填制“商品存货月报表”和“供应品存货月报表”送交仓储部及财务部核对，仓储部核对无误后，在次月5日前向上级主管呈报上月全公司的“商品存货月报表”及“供应品存货月报表”。 **附则** 第二十七条　本制度经公司总经理审批通过后，自颁布之日起执行。

6.24 呆废料管理制度

呆废料管理制度 **目的** 第一条　有效推动本公司滞存材料及成品的处理，以达物尽其用，货畅其流，减少资金积压及物料管理困扰。 **范围** 第二条　本公司所有呆滞废料。

续表

定义

第三条　滞料：凡品质（型号、规格、材质、效能）不合标准，存储过久已无使用机会，或有使用机会，但用料极少存量多且有变质疑虑，或因陈腐、劣化、革新等现状已不适用需专案处理的材料。其形成原因如下：

1. 销售预测值高造成储料过剩（BTN 材料）。

2. 订单取消剩余的材料（BTO 材料）。

3. 工程变更所剩余的材料。

4. 品质（型号、规格、材质、效能）不合标准。

5. 仓储管理不善致使材料陈腐、劣化、变质。

6. 用料预算大于实际领用。

7. 请购不当。

8. 试验材料。

9. 代客加工余料。

第四条　滞成品：凡因品质不合标准、储存不当变质或制妥后遭客户取消、超量制造等因素影响，导致储存期间超过 6 个月的成品，需专项处理。滞存原因分类如下：

1. 计划生产（BTN）：

A. 正常产品库存超过 6 个月未销售或未销售完。

B. 正常品库存虽未超过 6 个月但已发生变质。

C. 与正常品同规格因品质或其他特殊因素未能出库。

D. 每批生产发生的次级品储存期间超过 3 个月。

2. 订单生产：

A. 订单遭客户取消超过 3 个月未能转售或转售未完。

B. 超制。

C. 生产所发生的次级品。

3. 其他：

A. 试制品缴库超过 3 个月未出库。

B. 销货退回被列为次级品。

第五条　物料控制部门设定呆滞料处理小组，专门预防及跟踪处理呆滞料事件。

工作职责与作业程序

第六条　滞料处理工作职责：

1. 物料控制部门：

A.6 个月无异动滞料明细表的填制。

B. 滞料库存月报表的编制。

2. 滞成品处理部门：

A. 请购案件查看有无滞料可资利用。

续表

B. 追查滞料 6 个月无异动的原因，拟定处理方式及处理期限。

C. 留用部分的督促。

第七条　滞料处理的作业程序

1. 货仓部于每月 5 日前，依类别将 6 个月无异动的物料填制报表。

2. 滞料处理部门接到报表后，追查滞存原因及拟定处理方式及处理期限。

3. 货仓部接到滞料处理报告表后，应在料账卡上注明处理方式。

4. 若滞料处理方式属于出售、交换，即由采购部门负责办理。

5. 工程部门接到滞料处理表后，应立即积极依拟定的处理期限进行处理：

A. 在开发设计新产品时应优先考虑呆料的利用。

B. 对于存量过多的呆料得由开发部研究使用此呆料于现有机种的可能性或为现行使用零件的代用品。

C. 对于已淘汰机种所造成的器材料必须维护必要数量的修复零件。

6. 逾期仍未处理完毕的，应注明原因并重新拟定处理方式，经物料控制部门批准后继续处理。

7. 为防止呆料的发生，物控主管核定申购单时应特别注意请领数量，对于即将淘汰的产品也应特别注意。

8. 拟报废方式处理的，应由物料控制部门开具物料报废单，经核准权限的人员批准后进行报废处理。

9. 淘汰旧产品时应有完善计划，以尽量避免呆料的发生。

6.25 物料发放管理制度

物料发放管理制度

总则

第一条　目的

为规范公司的物料发放工作，保证物料及时、准确地发放，特制定本制度。

第二条　适用范围

本标准适用于本公司所有物料的发放。

第三条　职责

1. 仓储部出库管理人员具体负责物料的发放工作。

2.QA 现场监控员负责对物料发放过程进行监控。

续表

细则 第四条　发放物料前的准备 1. 出库管理人员接到使用部门开立的“领料表”或“提货单”后，先核对单据中的各栏目是否填写清楚、完整，以及“领料表”是否经使用部门的主管确认（生产用原、辅、包装材料需经 QA 现场监控员确认）。 2. 审核需发物料的品名、规格、批号、检验报告书等是否与“领料表”中的项目相符。 第五条　发放原则 1. 未经检验合格的物料不得发放。 2. 已过有效期的物料不得发放。 3. 物料发放按“先进先出”的原则进行发放。 4. 同批物料中贴有“取样验证”的最后发放。 5. 上批退料先发（优先于复验合格的物料）。 6. 复验合格的物料先发放。 7. 接近有效期限的物料先发放。 8. 手续不全的领料项目不得发放。 第六条　物料发放程序 1. 仓库出库管理人员核对出库凭证、“领料单”等。 2. 仓库出库管理人员按“领料单”上指定的品种、数量备货，备货时应注意检查外包装是否整洁完好，文字内容是否正确、清晰，是否贴有产品合格证，以及是否在有效期内等。 3. 仓库出库管理人员复核查对物料的数量、型号等是否准确。 4. 仓库出库管理人员检查无误，交领料员复核后，两人均在“领料单”上签字认可。 5. 仓库出库管理人员及时填写“物料发货记录”。 6. 仓库出库管理人员发货完毕，清洁发料现场，并进行在库物料的清点。 7. 仓库出库管理人员如实填写“物料分类账”和货位卡，及时结账销卡。 第七条　定额发放 1. 生产部会同仓储部，根据总经理审批的生产计划和消耗定额，按物料的名称、品种和批别，确定发料定额。 2. 发料定额确定后通知领料部门、车间、仓储部、仓库、财务部等相关部门。 3. 领料单位通过定额发料单领取限额发放的物料。 **附则** 第八条　物料发放有关事项参照《物料出库管理制度》执行。 第九条　本规定经总经理审批通过后颁布执行。

6.26 物料领用管理制度

物料领用管理制度

总则

第一条　目的

为规范本企业物料领用工作，避免因领用不当造成不必要的损失，特制定本制度。

第二条　适用范围

适用于本企业所有的物料领用。

第三条　相关部门责任

1. 各物料使用部门设置专人负责物料的领用。

2. 物料管理部负责领料申请的审批。

3. 仓储部和仓库根据“物料领用单”负责物料的发放工作。

细则

第四条　凡属本公司自办工程或代办工程的物料领用，一律使用企业规定使用的物料领用表，分别填写进口物料、国产物料两种。

第五条　物料领用表填写注意事项

1. 清楚地填写领用部门、工程名称、成本中心、工程编号、施工单位等各栏目内容。

2. 领料表必须经过成本中心授权人签名批准。

3. 领料表必须加盖工程部工程物料专用章。

4. 领料表必须经过物料管理部计划组的计划审核，并加盖计划审核章。

第六条　各部门、各分公司领用正常的维护材料时，只需填写货仓取货申请单。

第七条　取货申请单的填写要认真、规范，字迹清晰。

第八条　填写工程材料领用表或货仓取货申请单时，进口材料与国产材料应分别填写。

第九条　领取数量栏必须用规定字体填写要领取的数量。如果需要修改数量，则必须经过授权人签名确认，否则物料管理部有权不审核发料。

第十条　坚持工程材料、维护材料专项专用的原则。

第十一条　各分公司承接的代办工程，通过工程部门审批后，物料管理部才能予以办理审核领料手续。

第十二条　代办工程需自购材料的，要由工程部开具工程材料预算表，并经物料管理部领导审批后才可实施采购。

第十三条　各部门、分公司需要的劳动保护用品，经本部门成本中心授权人签名，

续表

再由人事部主管劳动保护用品的有关人员审批签名后，才能给予办理审核领料手续。

第十四条　各部门、各分公司要严格按企业拟订的年度物料计划领料。对无计划和超计划领料，物料管理部门有权不予审核发料。

注意事项

第十五条　各种物料的转让和外售，必须经过物料管理部门的批准。

第十六条　外部赠送的物品，由总经理办公室报总经理审批通过后才能领取。

第十七条　严禁材料的多领多占，以免影响工程材料的正常使用。

第十八条　各部门领用材料时，要严格按照领料表规定的内容和填写标准填写，不准在领料表上作任何更改。如填写错误，必须重新填写，对不符合规定的领料表，仓库有权拒发。

第十九条　对于应急材料，仓储部和采购部不能及时供应的，经总经理同意，部门可自购。

第二十条　各独立核算的分公司，如果库存不足，下属分公司可以向采购部提出采购申请，也可自行采购。

附则

第二十一条　本制度由物料管理部、仓储部、工程部等部门联合制订，经总经理审批通过后按制度要求执行。

6.27 物资出库管理制度

物资出库管理制度

总则

第一条　目的

为了规范本公司的物资出库工作，保证各类物资快速、准确地出库，及时投入使用或进入市场，特制定本制度。

第二条　适用范围

凡本公司仓储物资的出库工作，均按本制度的相关规定执行。

出库前的准备工作

第三条　物资经多次装卸、堆码、翻仓和拆检，会使部分包装受损，不符合运输的要求。因此，仓库仓管员必须视情况事先进行整理、加固或改换包装。

第四条　零星物资的组配、分装

续表

1. 根据物资的特性及实际使用要求，有些物资需要拆零后出库。因此仓管员要事先做好准备，备足零散物资，避免因临时拆零而延误发货时间。

2. 对于需要拼箱的物资，仓管员应做好挑选、分类、整理和配套准备工作。

第五条　包装材料、工具、用品的准备

对于需要装箱、拼箱或改装的物资，仓管员应根据物资的性质和运输的要求，准备各种包装材料、相应的衬垫物，以及包装标志所需的用具、标签、颜料和钉箱、打包等工具。

第六条　待运物资的仓容及装卸机具的安排调配

物资出库前，应留出必要的理货场地，并准备必要的装卸搬运设备，以方便运输人员的提货发运或装箱送箱，加快发送速度。

第七条　出库作业的合理组织

由于出库作业是一项涉及人员多、处理时间紧、琐碎复杂、工作量大的工作，仓储部应事先对出库作业合理地加以组织，安排、协调好作业人员和机械，保证各个环节的紧密衔接。

第八条　出库凭证的准备

1. 物资的出库，一律凭盖有财务专用章和有关部门签章的“领料表”（一式四联，一联存领用部门，一联交财务部，一联交仓库作为出库依据，一联交统计）。

2. 仓库出库管理人员在发货时，应根据“领料表”填写物资的“出库单”。

物资出库作业程序

第九条　核对出库凭证

1. 物资出库，必须有正式的出库凭证。此类凭证均应有使用部门主管人员、仓储部经理的签章。

2. 出库凭证应包括的内容如下：

（1）经物资领用部门主管签名的“物资领用单”。

（2）经仓储部经理签章的“出库单”。

（3）物资检验合格报告书、合格证等。

3. 出库管理人员接到“物资领用单”后，要认真核对物资的编号、规格、品名、数量有无差错和涂改，有关部门的签章是否齐全。

4. 审核无误后，出库管理人员按照“出库单”所列的物资品名、规格、数量与仓库账目再进行全面核对。

第十条　备货

出库凭证经复核无误后，出库管理人员按其所列的项目内容和凭证上的批注，与编号货位进行核对，核实后核销“物资明细卡”上的存量，按规定的批次备货。

1. 销卡：在物资出库时，应先销卡后付货。

2. 理单：根据物资的货位，按“物资领用单”的编号顺序排列，以便迅速找对货位，及时出库。

续表

3. 核对：按照货位找到相应的物资后，出库管理人员要“以表对卡，以卡对货”，进行单、卡、货的核对。

4. 点数：出库管理人员要仔细点清物资出库的数量，以防止出现差错。

5. 签单：应付物资付讫后，出库管理人员应逐笔在出库凭证上签名。

第十一条　理货

1. 核对。

出库管理人员、领料员根据物资场地的大小、运输车辆到库的班次，对到场物资按照车辆配载。

领料部门编配分堆，然后对场地分堆的物资进行单货核对，核对工作必须逐车、逐批地进行，以确保单货数量、去向等完全相符。

2. 置唛。

为方便收货方的收转，理货员必须在应发物资的外包装上注明收货方的简称。置唛应在物资外包装的两侧，字迹应清楚，不错不漏；复用旧包装的置唛，必须消除原有标志；如粘贴标签，必须粘贴牢固，便于领料员的收转。

第十二条　复核查对

1. 出库复核人员按照出库凭证，对出库物资的品名、规格、数量进行再次核对，以保证物资出库的准确性。

2. 复核查对的具体内容：

（1）怕震怕潮的物资，衬垫是否稳妥，密封是否严密。

（2）每件包装是否有装箱单，装箱单上所列各项目是否和实物、凭证等相符。

（3）领料部门、箱号、危险品或防震防潮等标志是否正确、明显。

（4）是否便于装卸搬运作业，能否保证物资在运输装卸中不致破损。

3. 复核查对的结果处理。如经反复核对确实不符时，应立即进行调换，并将错备物品上所印刷的标记除掉，退回原库房。退回后，再次复核结余物品的数量或重量，是否与保管账目、物资保管卡片的结余数目相符，若发现不符，应立即查明原因，及时更正。

第十三条　交接清点

1. 出库物资复核无误后，再将物资交给领料人清点，办清交接手续。

2. 车辆到库装载待运物资时，出库管理人员、领料员要亲自在现场监督装载全过程。实际装车件数必须共同点交清楚。

第十四条　经点交清楚的物资发运后，该物资出库工作即告结束，出库管理人员应做好清理工作，及时核销物资明细卡，调整货位上的吊牌，以保持物资的账、卡、物一致，及时准确地反映物资进出、存取的动态。

特别注意事项

第十五条　物资出库，必须按出库凭证、物资领用单办理，不得白条出库。

第十六条　物资出库时，必须经复核员复核，根据“出库单”仔细检验库别、签章、

续表

品名、产地、规格、数量是否清楚，发现问题及时与有关部门联系，妥善解决。

第十七条　验单合格后，应先销账再出库。

第十八条　物资出库时，必须有编号，以单对账、以账对卡、以卡对物。

第十九条　物资出库时，出库管理人员要仔细清点出库数量，做到“人不离垛、件件过目、动碰复核、监搬监运”，对搬运不符合要求的动作，要及时纠正，防止物资损坏。

第二十条　物资出库时，要严把货票审核关、动碰制度关、加盖货已付讫章关。

第二十一条　在下列情况下，出库管理人员可以拒付物资。

1. 白条出库，任何人开的白条都不能视作物资出库凭证。

2. 物资出库凭证字迹不清，单货型号不符或涂改。

3. 领料人与物资出库凭证所列部门不符。

4. 物资领用单盖章不全。

附则

第二十二条　本制度自核准颁布之日起执行。

6.28 成品发货管理制度

成品发货管理制度

总则

第一条　目的

为了规范公司成品的发货工作，防止货物多发、错发、漏发等，特制定本制度。

第二条　适用范围

本制度适用于公司成品的发货作业。

发货总体规定

第三条　仓储部接到“订货通知单”时，经办人员应依产成品规格及“订货通知单”编号顺序列档，内容不明确应即时向销售部的业务人员确认。

第四条　因客户业务需要，收货人属于非订购客户或收货地点非其营业所在地的，依下列规定办理。

1. 经销商的订货、交货地点非其营业所在地的，其“订货通知单”应经销售主管核签后方可办理交运。

2. 收货人非订购客户的，应有订购客户出具的“收货通知单”方可办理交运。

续表

3. 仓储部接到“订货通知单”方可发货，但有指定交运日期的，应依其指定日期交运。

4. 订制品（计划品）在客户需要日期前入库或“订货通知单”注明“不得提前交运”的，仓库管理员若因库位问题需提前交运时，应先联络销售部的业务人员告知客户，经客户同意，且收到业务人员的出货通知后方可提前交运。

5. 若是紧急出货，应由销售主管通知仓储主管予以先行交运，再补办出货通知手续。

6. 未经办理入库检验手续的成品不得交运，若需紧急交运时，须于交运的同时办理入库检验手续。

7. 定制品交运前，仓储部若接到销售部的暂缓出货通知，应立即暂缓交运，等收到业务部门的出货通知后再办理交运。在特别紧急的情况下，可由销售主管先以电话通知仓储主管，但事后仍应及时补办相关手续。

8. “成品交运单”填好后，应于“订货通知单”上填写交运日期、“成品交运单”编号及交运数量等，以便相关作业人员了解交运情况。

交运期限规定

第五条　凡遇下列情况之一者，仓储部应于1天前办妥“成品交运单”，并于 1 天内交运。

1. 计划产品接到客户的“订货通知单”时的交货日期。

2. 内销、合作外销定制品，依客户需要的日期。

第六条　直接外销定制品入库后，需配合结关日期交运。

承运车辆调派与控制

第七条　仓储部应指定人员负责承运车辆与发货人员的调派。

第八条　仓储部应于每日 16：00 以前准备好第二天应交运的“成品交运单”，并通知承运公司调派车辆。

第九条　如果承运车辆可能于营业时间外抵达客户指定的交货地址，则成品交运前仓储部仓库管理员应将预定抵达时间通知销售部的业务人员，由其转告客户准备收货。

复核货物

第十条　货物备好后和装运前，仓库管理员应仔细做好出库货物的复核工作。

第十一条　出库复核是指以“订货通知单”、“成品交运单”为依据，对货物出库作业过程的各个工序进行反复核对。

第十二条　出库复核的内容

仓库管理员对货物进行复核时，主要应关注配备的货物是否与“订货通知单”、“成品交运单”等出库单据相符，确保货物质量满足客户需要。具体复核内容如下表所示。

续表

出库复核内容一览表		
复核项目	操作说明	具体检查项目
复核出库单据	主要审查货物出库凭证有无伪造编造，是否合乎规定手续，以及各项目填写是否齐全等。	凭证有无涂改、过期凭证中各栏项目填写是否正确、完整等。 凭证中的字迹是否清楚。 印鉴及签字是否正确、真实、齐全。 出库货物应附的技术证件和各种凭证是否齐全。
复核实物	根据货物出库凭证上所列项目对配备待发货物进行核对。	核对货物的品种、规格、牌号、单位、数量是否与凭证相符。 核对货物的包装是否完好，外观质量是否合格复核账、货结存情况。 核对配货时取货的货垛及货架。 上货物的结存数进行核对检查货物的数量、规格等与出库凭证上标明的账面结存数是否相符。 核对货物的货位、货卡有无问题，以便做到账、货、卡相符。

第十三条　做好复核记录。复核后，仓库管理员应该根据实际情况做好复核记录，如实、详细地填写“出库复核记录表”。

内销及直接外销的成品交运

第十四条　成品交运时，仓储部应依“订货通知单”开立“成品交运单”（一式六联），销售部开立发票，客户联发票经核对无误后寄交客户，存根联与未用的发票于下月2日前送至财务部。

第十五条　“订货通知单”上注明有预收款的，在开立“成品交运单”时，应在“预收款”栏内注明预收款金额及发票号码；分批交运的，其收款以最后一批交货为原则，但“订货通知单”内有特殊规定者例外。

第十六条　“成品交运单”的流转规定

1. 承运车辆入厂装载成品后，发货人及承运人应于“成品交运单”上签章，第一、二联经送销售部业务人员核对后，第一联由销售部保存，第二联交财务部核对入账，第三、四、五联交承运商。

2. 货物送达时，“成品交运单”经客户签收后，第三联由客户留存，第四、五联交承运商送回本公司仓储部，其中第四联送回销售部，第五联由承运商留存并依此申请运费，第六联由仓储部自存。

客户自运

第十七条　客户要求自运时，仓储部应事先联络销售部，与相关人员进行确认。

第十八条　成品装载后，承运人于“成品交运单”上签认，依本公司相关规定办理。

续表

直接外销的成品交运

第十九条　仓储部应于结关前将成品运抵指定码头，以减少额外费用。

第二十条　成品交运时，仓储部应依“外销订货通知单”开立“成品交运单”（一式六联）。

第二十一条　外销发票正联送销售部收存，存根联与未用的发票则于下月 2 日前送至财务部。

成品交运单的更正

第二十二条　“成品交运单”因填单错误而需要更正时，依第二十三、二十四条的规定办理。

第二十三条　内销“成品交运单”的更正

1. 尚未交运。开单人员应于原单错误处更正，并加盖更正章。如果难以更正，则将原单各联加盖“本单作废”字样，重开“成品交运单”办理交运。作废的“成品交运单”第一联留仓储部，其余各联依序装订成册送财务部核对存档。开错的发票则加盖“作废”章存于原发票本。

2. 已交运。开单人员应立即开立“交运更正单”（内销），第一、二、三联送销售部核对后，第一联由销售部存，第二联送财务部，第三联依实际需要转送承运商，第四联寄送客户，第五、六联留仓储部。

3. 如发票已送客户，因错误而需重开者，应将新开发票连同“交运更正单”第四联送销售部转交客户，并督促销售部向客户取回原发票。

第二十四条　外销“成品交运单”的更正

1. 尚未交运。参照第二十三条第 1. 款的规定办理。

2. 已交运。经办人员应立即至交运的码头办理“装箱单”等报关文件的更正，并立即开立“交运更正单”（外销）。

3.“交运更正单”（外销）不得作为出厂凭证。

成品交运单签收回联的审核及责任追究

第二十五条　“成品交运单”的审核

仓储部收到“成品交运单”签收回联有下列情况者，应即附有关单据送销售部转交客户补签。

1. 未盖“收货章”。

2.“收货章”模糊不清难以辨认，或公司名称非全称。

3. 其他章（如公文专用章）充当“收货章”。

第二十六条　责任追究

仓储部于每月 10 日前，对上月已签收的“成品交运单”但尚未收回回联的，应立即追究责任，并依合同规定罚扣运费，同时应于月度前收集齐全，依序装订成册送财务部核对存查。

续表

运费审核 第二十七条　仓储部于每月收到承运公司送回的“成品交运单”签收回联、“运费明细表”及发票存根时，应于5个工作日内审核完毕，并及时送财务部整理付款。 第二十八条　仓储部审核运费时，应检查开单出厂及客户签收的日期，若有逾期送达或违反承运合同规定的情形，均依承运合同的规定罚扣运费。 第二十九条　若“成品交运单”签收回联存在异常时，除依规定办理外，其运费也应暂缓支付。 **附则** 第三十条　本制度由仓储部负责制定，经总经理审批后实施。

6.29 仓储车辆管理制度

仓储车辆管理制度 **总则** 第一条　目的 为了规范公司仓储车辆管理，降低车辆管理费用，减少不必要的消耗，提高运输配送工作效率，特制定本制度。 第二条　管理范围 运输配送过程中使用的所有机动车辆。 第三条　管理的任务 1. 按规定办理车辆的各种车务手续。 2. 负责审批车辆的强制保养与定期检修。 3. 办理车辆的各种年检手续。 4. 编制车辆的改装、改造、更新、报废和购置计划。 5. 车辆的技术监督与检查工作。 **车辆日常管理** 第四条　公司所有运输车辆的证照及其稽核等事务统一由仓储部负责管理，配属各运输队的车辆由运输配送主管指派专人调派，并负责维修、检验、清洁等工作。 第五条　用车须事先向运输配送主管申请调派。运输主管依重要性顺序派车，不按规定办理申请者，不得派车。 第六条　每车应设置车辆行驶记录表，并在使用前核对车辆里程表与记录表上前一次

续表

用车的记载是否相符，使用后应记载行驶里程、时间、地点、用途等。运输部每月抽查一次，发现记载不实、不全或未记载者，应呈报主管提出批评，对不听劝阻屡犯者应给予处分。

第七条　每车设置车辆使用记录表，由财务会计于每次加油及维修保养时记录，以了解车辆受控状况。每月初连同行驶记录表一并转仓储部稽核。

驾驶员管理

第八条　所有驾驶员必须认真遵守交通法规，遵守公司各项规章制度，确保交通安全。

第九条　驾驶员应爱护车辆，平时注意车辆的保养，保证机件、外观良好，使用后应将车辆清洗干净。

第十条　驾驶员应服从车辆调度人员的工作安排，树立服务意识，提高服务质量，满足生产、工作的需求。

第十一条　驾驶员必须树立成本意识，从各个环节努力降低车辆运输成本。

第十二条　驾驶员必须以企业利益和信誉为重，规范自身言行，为公司树立良好形象。

第十三条　驾驶员于驾驶车辆前应对车辆进行基本检查，包括水箱、油量、机油、刹车油、电瓶、轮胎、外观等。如发现故障、配件失窃或损坏等现象，应立即报告，否则最后使用人要对由此引发的后果负责。

第十四条　驾驶员应将车辆停放于指定位置、停车场或适当的位置。

车辆保养与维修检查

第十五条　车辆保养应本着预防为主的原则，有计划地进行，按照车辆保养的规章制度，严格进行保养。

1. 初驶保养

新车或大修车行驶 1500 公里后，按规定项目进行。

2. 例行保养

每日出车前、行驶中、收车后按规定项目检查保养。

3. 定程保养

（1）一级保养。车辆每行驶 2000 公里，按规定项目强制进行。

（2）二级保养。车辆每行驶 2.5 万公里，按规定项目强制进行。

（3）三级保养。车辆每行驶 4.5 万公里，按规定项目强制进行。

4. 换季保养

为保证季节变化后，车辆能可靠有效地工作，每年入冬入夏，应实施换季保养，并按规定强制进行。

5. 停驶保养

凡停驶封存车应定期进行清洁、除锈、防腐，检查发动机，并排除故障。尽量减少磨损，保持技术状况良好，以便随时启用。

续表

第十六条　车辆的计划修理

1. 车辆小修

即排除车辆在使用中的临时性故障，更换损坏的零部件、组合件、仪表以及局部损伤作业应迅速修复，使车辆投入运转，要求修理时间均为3天。

2. 总成修理

主要是基础和主要部件破裂磨损变形，需要全部分解，进行彻底修理，恢复其技术性能，应按车辆检验结果，填写车辆鉴定，排定修理计划，按修理工艺严格进行修复。

3. 车辆大修

按照规定行驶里程12 ~ 15万公里后，经运输部鉴定符合大修条件，按汽车大修进厂手续程序办理。

4. 车辆的各级保养与修理竣工接车后，应由送修部门填写车辆档案，交运输部存档。

5. 车辆的各级保养与修理计划，应按车辆检查结果和临时故障情况，由车辆主管负责制定和调整年、季、月、日保修计划。

6. 车辆进厂修理

（1）车辆进厂修理的原则为本单位无力修理的大修、中修项目。

（2）进厂修理必须事先填报进厂修理申请单。经有关技术人员进行检验、鉴定，确认为修理项目后，由运输部批准方可送修。

（3）车辆进厂大修，应严格执行大修计划，需经仓储部经理、运输配送主管，财务部审批后方可执行。

（4）进厂修理记录，要按规定归档，以便保修期内出现问题时与厂家联系和日常的维护保养。

第十七条　车辆技术检验

1. 技术检验工作由车辆技术安全专员负责。

2. 检验人员必须坚持原则，严格把握工艺技术标准。

3. 对运输车辆每月进行一次技术检验与鉴定，排出质量级别，每月进行部分车辆抽查。抽查率不得低于20%，检查结果记入车辆档案，并对检验出来的问题及时安排检修。

4. 车辆送厂大修完毕，经验收符合标准后，方可接车，并取回修理记录归档。

5. 车辆在本单位修理，采取承修人自检与专职检验相结合的方法，并填写修理记录。

6. 必须按规定进行车辆年度技术检验，合格后将验车单归档。

7. 燃气油料、汽车零件及辅料的入库，应由仓库保管员负责。

第十八条　安全检查

1. 安全检查由车辆技术安全专员负责。

2. 车辆每日出车前和收车后，驾驶员应对车辆进行全面的安全检查。

3. 每月由车辆技术安全专员负责组织对全部车辆的安全检查。检查项目包括制动、转向、灯光及车上所有设备，并记录在案。

4. 对不安全隐患，要及时采取措施予以消除，确保车辆的安全运转。

续表

车辆技术经济定额管理

第十九条　经济定额规定

1. 行车燃料消耗定额，是指车辆百公里所消耗燃料的定额，按各车型规定油耗定额。

2. 轮胎行驶里程定额，是指新轮胎从使用到报废的总行驶里程定额。轮胎行驶里程定额为国家年检合格标准。

3. 大修间隔里程定额为 12 ～ 15 万公里。

4. 保养小修费用定额，按行驶公里，每公里按 0.05 元核算。

第二十条　经济定额指标设置

1. 车辆完好率 90%，完好率 = 完好车数 ÷ 实有车数。

2. 车辆利用率 95%，利用率 = 出勤车数 ÷ 实有车数。

3. 行驶里程利用率 60%，里程利用率 = 载运公里 ÷ 总行驶公里。

车辆调度管理

第二十一条　车辆调度安排，要坚持保证重点，兼顾一般的原则，要及时了解物料到货情况，对业务部门组织的重大展销活动，做到心中有数。

第二十二条　积极合理调度车辆，保证仓储部的重点物料、大宗货物的上下站，港口、机场、集散快件的到达发运。合理调配用车，不得推诿延误派车，不准甩派。否则，因此而造成的后果，由运输调度专员负责。

第二十三条　运输调度专员要切实掌握货流信息规律及动态，了解运输任务完成情况。定期到客户中间征求意见，不断改善运输管理，提高服务质量。

第二十四条　派车要认真、仔细核对票据，向运输人员交代清楚。运输调度专员要准确计量、计程、合理收费。

第二十五条　货运任务下达后，对车辆及人员安排要做到心中有数。

1. 熟悉车站、机场、仓库的情况。

2. 了解各条运输路线的情况。

3. 了解车辆设备情况。

4. 掌握物料性质、规格尺寸情况，科学安排运输作业。

第二十六条　为增加经济效益，减少损耗和空驶，提高里程和车辆利用率，要选择最佳路线和合理的运输方式。

第二十七条　运输调度专员应对每天的运输任务完成情况进行逐笔验单，并记录汇总。日清月结，转物流中心统计员。

第二十八条　运输调度专员对每月完成的货运量、派车记录应按时填报表格，记录备案。

第二十九条　运输调度专员应与车队其他工作人员合作一致，密切配合，准确无误填报车辆运输公里情况，以便车队长和车辆技术安全专员及时对车辆进行维修、保养作业，确保车辆完好，能正常投入运营。

续表

车辆安全管理

第三十条　贯彻“以防为主”的原则，建立健全安全管理体制及各种安全管理档案。

第三十一条　及时传达上级管理部门的文件和会议精神，结合车队的实际情况贯彻落实。

第三十二条　定期对驾驶员进行交通安全的宣传教育及各种规章制度的考核。

第三十三条　定期对运输工作进行总结，抓好典型，奖优罚劣。

第三十四条　定期进行车辆检查，使车辆经常保持良好的技术状态。长途运输，必须严格检验车辆，按规定执行长途运输任务。

第三十五条　严格执行装卸操作规程，确保人员、车辆及货物的安全。

第三十六条　在运输过程中要随时检查载运的货物，发现异常及时采取措施。做到防雨、防火、防盗、防颠、防撞，保证货物完好无损地到达目的地。

第三十七条　严格执行运输纪律，在长途运输中，不得非法运输其他货物。

第三十八条　处理事故本着“三不放过”的原则。

1. 事故责任不清不放过。

2. 事故分析不清不放过。

3. 责任人和群众没有受到教育不放过。

第三十九条　载物运输要按规定时速行驶，禁止运送国家规定的禁运品。

第四十条　运输长、大、笨、重、超高、超宽货物需提前办理各种证件。需夜间运行要及时向主管汇报，确保行车安全。

违规与事故处理

第四十一条　未经允许将车辆借给他人使用，如违反交通规则或发生事故，由驾驶人承担责任，并予以记过或辞退处分。

第四十二条　违反交通规则，其罚款由驾驶员负担。

第四十三条　如在运输途中遇不可抗拒的事故，应当急救伤患人员，向附近相关机关报案，并立即通知管理部及主管联合协助处理。如属于小事故，可自行处理后向运输配送主管报告。

第四十四条　意外事故造成车辆损坏，在扣除保险金额后视实际情况由驾驶人与公司共同负担。

第四十五条　发生交通事故后，如需向受害当事人赔偿损失，经扣除保险金额后，其差额由驾驶员与公司共同负担。

附则

第四十六条　本制度由仓储部制定，并经总经理办公会审议通过，由仓储部负责制度的修改及解释。

第四十七条　本制度自颁布之日起执行。

6.30 物料运输管理制度

物料运输管理制度

总则

第一条　目的

为了加强物料的运输管理，实现物料运输“安全、及时、准确、经济”的目标，综合企业相关管理规定，特制定本制度。

第二条　物料运输管理范围

1. 物料下站运输。

2. 物料上站运输。

3. 物料移库运输。

4. 物料入库运输。

5. 物料上门运输。

第三条　物料运输的任务

1. 按照客户或业务部门的要求，安排物料的运输、提货、验货、交接、查询和索赔等工作。

2. 合理安排使用物料运输工具，建立健全各项管理制度。

提货作业管理

第四条　运输调度专员接到货运通知和登记时，要验明各种运输单据，及时安排接货。

第五条　运输调度专员按物料要求、规格、数量填写运输派车单，并交运输人员。

第六条　运输人员领取任务后，需认真核对各种运输单据，包括发票、装箱单、提货单、检验证等，并问明情况办理提货。

第七条　提货

1. 运输人员提货时，首先按运输单据查对箱号和货号，然后对封袋、苫盖、铅封进行认真检查，确认无误后，由运输人员集体拆箱并对物料进行检验。

2. 提取零担物料时需严格检查包装质量，对开裂、破损包装内的物料要逐件点验。

3. 提取特殊贵重物料要逐个检验，注意易燃、易碎物料有无异响和破损痕迹。

4. 提货时应做好与货运员现场交接和验收。

5. 对包装异常等情况，要做出标记，单独堆放。

6. 在提货过程中发现货损、货差、水渍、油渍等问题要分清责任，并向责任方索要“货运记录”或“普通记录”，以便办理索赔。

续表

第八条　装运 1. 运输人员在确保票实无误，或对出现的问题处理后，方可装车。 2. 装车要求严格按物料性质、要求，以及堆码层数的规定，平稳装车码放，做到标识正确、箭头向上，大不压小，重不压轻，固不压液，易碎品单放，散破包装在内，完好包装在外，苫垫严密，捆扎牢固等。 **物料运输、卸货与交接** 第九条　运输人员必须按规定地点卸货。如货运方有其他要求需向调度员说明，以便重新安排调整。 第十条　卸货时按要求堆放整齐，方便点验。 第十一条　定位卸货要轻拿轻放，根据物料性质和技术要求作业。 第十二条　交货时，运输人员按货票向接货员一票一货交代清楚，并由接货员签字，加盖货已收讫章。 第十三条　货物移交后，由接货员在临时入库通知单或入库票上签字、盖章，交给仓储部。 第十四条　若运输货物移交有误，要及时与有关部门联系。 第十五条　运输任务完成后，运输人员需在派车单上注明物料情况，连同铅封交收货单位。 **物料运输过程管理** 第十六条　业务部进行货物运输，必须提前一至两天以工作联系单的形式通知运输调度专员。 第十七条　长途运输（800 公里以上），原则上安排两位驾驶员，以确保运输安全。 第十八条　如为单程运输，业务部需联系相关运输事宜，有关收费标准等相应事项另行规定。 第十九条　每次运输后，必须由车辆调度人员登记里程及各项费用。 第二十条　当公司运输车辆不够时，可以租用社会车辆，但必须严格按协议条款办理，做到安全、准时，保证货物质量和费用合理。 第二十一条　所有运输发票，必须经公司仓储部经理和运输配送主管签字方可报销。 **运单的传递与统计** 第二十二条　传递运输单据要按传递程序进行，做到统计数字准确、报表及时。 第二十三条　运输调度专员要认真核对汽车运输单据，发现差错、遗漏和丢失要及时更正、补填，并按规定时间交统计员。 第二十四条　统计员根据运输单据做好各项经济指标的统计、造册、上报与存档工作。 **附则** 第二十五条　本制度由仓储部负责制定、修改及解释。 第二十六条　本制度自 ×××× 年 ×× 月 ×× 日起实施。

6.31 特殊物料运输制度

特殊物料运输制度

特殊物料的范围

第一条　本制度所指特殊物料包括贵重品及危险品。

第二条　贵重及危险物料的范围

1. 贵重物料的范围

（1）黄金饰品、玉制品、玻璃器皿。

（2）精密仪器、电脑、高档家用电器。

（3）摄像、照相器材。

（4）工艺制品、钟表。

（5）皮毛制品。

（6）珍贵食品、补品、药材。

2. 危险物料的范围

（1）食品类：烟、酒、茶等。

（2）百货类：打火机、丁烷气、杀虫剂、樟脑粉等。

（3）化妆类：摩丝、发胶、香水、指甲油等。

特殊物料的运输

第三条　贵重品的运输要求

1. 双方需认真查验货物及运输现场条件，确定合理运输方案。

2. 运输时应选派机械性能好的车辆和驾驶技术好的司机，并指派作风正派、工作认真负责的人专门押运。

3. 设专人采取有效措施保护、监装、监卸。

4. 及时办理保险业务，出现问题及时通知有关部门，报告上级领导，并妥善解决。

5. 运输中不准停车。如遇特殊情况必须停车时，押运及保安人员应采取保护、监护措施，做好停车地点、时间、原因等情况记录。

第四条　危险品运输要求

1. 指派专车专人押运，严禁混装运输。

2. 押运员要掌握物料的危险性能，严格按操作规程作业，杜绝野蛮装卸。

3. 运输中需停车时，严禁吸烟或靠近高温明火场所。

4. 货物未交清楚时，押运员不得离开现场。

5. 凡因违反运输要求而造成物料损失的，应按有关规定追究当事人的责任。

6.32 货物装卸搬运制度

货物装卸搬运制度

搬运应遵循的原则

第一条　尽量减少搬运次数。搬运设计应尽量合理，如无必要，尽量不要搬运。

第二条　提高搬运的灵活性。物品无论是存放在仓库还是配货区都属于待运物品，因此应使之处在易于移动的状态，这样有利于搬运。

第三条　利用重力。利用重力可以减轻人力、物力的消耗，有利于节约能源。

第四条　机械化作业。如果企业条件允许，应尽可能采用机械化搬运，可以把作业人员从重体力劳动中解放出来，并提高生产劳动率，如使用叉车、液压车等。

第五条　力求使流程不受阻滞。

第六条　单元货载。将一定数量的货物集中并用托盘和集装箱盛放，搭建利于机械搬运、运输、存储的单元货载系统。

一般货物搬运

第七条　货物的种类和标识不能因搬运而使货物混乱不清。

第八条　在搬运货物前，应估计货物的重量和大小，太大太重不便于人力搬运时，最好采用其他方式搬运。

第九条　搬运货物前，最好采取保护措施，如穿戴手套、口罩、工作服、安全帽等。

第十条　搬运货物时，应先检查货物是否有钉，以及各部件是否有松动现象，以免造成损伤。

第十一条　搬运时应紧握货物，不可只用手指抓住货物，以免货物滑脱。脚步要稳，小心行走，以防滑倒或绊倒。

第十二条　放置货物时，要小心轻放，不能猛撞，以防损坏货物。

第十三条　有标识方法的货物，要按标识方法放置，同时，要将货物的物料标签向外，便于读数和识别。

危险物品搬运

第十四条　搬运前，安全管理部门应根据装卸危险物品的性质和作业环境制定安全防护措施，向仓储部下达安全注意事项通知书，在安全措施没有落实的情况下，不得安排搬运作业。

续表

第十五条　危险物品装卸前，应对车、船进行必要的通风和清扫。装卸后不得留有残渣，对装有剧毒物品的车、船，装卸后必须洗刷干净。 第十六条　装卸危险物品时必须由经过培训的装卸班组和装卸专员承担，作业部门必须按装卸安全注意事项通知书中的要求做好安全防护工作，备足有效的防护用具，禁止违章作业。 第十七条　危险物品应按装运危险物品的性质佩戴相应的防护用具，装卸时必须轻装轻卸，防止撞击、重压、拖拉和倾倒，不得损毁包装容器，并注意标志，正确稳妥堆放。 第十八条　严格禁止包装破漏的货物装船、装车，配送人员要认真把关。 第十九条　装运爆炸、剧毒、放射性、易燃液体、可燃气体等物品，必须使用符合安全要求的运输工具。禁止用电瓶车、翻斗车、自行车等运输爆炸物品，禁止用叉车、铲车搬运易燃、易爆、液化气体等危险物品。 第二十条　化学性质、防护或灭火方法相互抵触的化学危险物品，不得违反配装限制和混合装运。 第二十一条　装卸毒害品、放射性物品的工具和防护用具应专具专用，凡是装卸危险物品用过的工具，作业完毕后要清洗，并妥善保管。 **装卸设备的使用** 第二十二条　各种需用叉车等装卸工具搬运的产品，在运输前必须将产品合理叠放在卡板上，外包装上有特别标识的产品，必须按标识要求叠放。 第二十三条　装卸人员应根据物料箱的大小、重量，选择合适的卡板叠放货物，并将物料运送到指定的存放仓库。 第二十四条　铲车或叉车在对产品进行运输作业前，为防止产品途中跌落，必须用绑带固定好。 第二十五条　使用铲车或叉车运输作业时，应采用中速步伐行进；当转弯或遇路面有变化以及进出电梯时，应预先减速；在整个装卸作业过程中，应做到轻拿、轻放，严禁野蛮装卸。 第二十六条　对每辆车最后一排所装的产品，产品的重心应摆向车头方向，并在车箱加防护拉杆或防护带，以防车辆在开、关门时，产品从车上跌落。 第二十七条　使用叉车搬运的人员，禁止站在叉车上滑行，使用铲车的作业人员，必须持有效的上岗合格证方可操作铲车。 **危险物品码头装卸** 第二十八条　实施装卸作业，应严格按公司码头营运管理规章执行。 第二十九条　停靠码头的装有化学物品的船只，应以绳索系绑于码头专用设备上，同时在船上及陆上的系绑点附近应准备斧头等工具，以便随时能够切断绳索。 第三十条　停靠码头的装有化学物品的船只，白天应挂红旗，晚上应亮红色警示灯，以表明此为装卸危险物品的船只。

续表

第三十一条　装有化学物品的船只到达前，装卸专员应依装卸货物的种类、数量，决定应装进的储槽、输送管线及装卸程序。 第三十二条　船只停靠码头后，应布置防溢油扩散用的拦油索。 第三十三条　装卸作业前应先获得相关部门的核准，并完成本批货物的质量检验及留样等工作后，方可进行装卸作业。 第三十四条　装卸前码头负责人应检查确认船只和岸上的机械设备、输送管道、装卸软管、压力计、阀门等设备是否均处于安全、适用的状态。 第三十五条　船只和岸上的人员应按机器设备实施执行标准操作，双方均不得操作对方的设备。 第三十六条　装卸作业前，须在适当位置配置足量的符合使用要求的灭火器材，再放置好防静电用的船岸接地线和防泄漏用的器材设施。 第三十七条　装卸作业前，应明确储罐的位置、输送管线的走向、相关阀门的开关状态，以及接通船只和岸上的装卸软管的连接等是否牢固。 第三十八条　开泵前应通知控制室主管人员做好监控作业准备，对油槽液位的变化应做好相关记录等。 第三十九条　开泵初期将泵送压力设定在 $1kg/cm^2$ 以下，在全部输送管线、阀门安全无误后，方可提升泵送压力，但最高不得超过 $10kg/cm^2$。 第四十条　装卸作业期间，操作人员应定时记录相关数据和检查结果。 第四十一条　在装卸作业期间，若需要调整码头上装卸软管位置，应与船上人员保持联系，并在可能发生或发生状况时采取紧急措施。 第四十二条　装卸作业完成后，应立即进行以下几项工作。 1. 梳理船上管线、装卸软管及岸上管线； 2. 发货作业时丈量船舱液位，计算数量，取样确认； 3. 卸货作业后的干舱确认，并签发“干舱证明”； 4. 管端的盲封、装卸软管的整理、设施器材的整理、场地的清理等工作； 5. 丈量装卸储罐的液位及计算数量； 6. 比较装卸货数量与提单数量，若误差太大必须立即调查，并通知上级。 第四十三条　码头作业人员应严格按码头营运作业的各项规章操作，切实履行职责，确保顺利完成码头装卸作业任务。

6.33 叉车驾驶管理制度

叉车驾驶管理制度

司机

第一条　操作叉车的司机必须经过正式培训，并获得特种作业资格证。未经正式培训的人员不得操作叉车。

第二条　司机在每天开车前，应检查叉车的各部分，包括所有控制器、车制、车轮、警号及其他活动部分，若发现任何毛病或损坏，应立即停止使用并向有关单位报告，以便尽早安排修理。

操作

第三条　驾驶员要了解叉车的载重能力，切勿超载，行车时要保持叉车平衡。

第四条　作业时货物要平稳、牢固、分布均匀，铲运高大、贵重、易损货物时要捆牢，切勿运载松散或不正确堆放的货物。

第五条　叉车应装有背架及护拦，以防止货物由高处落向驾驶员。

第六条　行驶中应做到以下事项。

1. 开车前，应看清楚四周情况，行车时要视环境保持适当车速，一般不得超过 15 公里 / 小时。

2. 行车时，叉子要尽量贴近地面，起重门架要后倾。

3. 避免急起动、急刹车和高速转向。

4. 行车时，要集中精神，不东张西望，要经常留意头顶的障碍物。

5. 铲运影响视线的货物，应低速行驶。

第七条　作业中应遵守“八不准”。

1. 不准用货叉挑翻货盘的方法卸货。

2. 不准将货物升高，进行长距离行驶。

3. 不准用单货叉作业。

4. 不准用货叉直接铲运危险物品。

5. 不准用惯性取货。

6. 不准用惯性溜放圆形或易滚货物。

7. 不准在岸边直接铲运船上的货物。

8. 叉车的叉子不能作升降工作台使用，不准在货盘或货叉上带人作业，货叉举起后，货叉下严禁站人。

续表

叉车停放、检查和保养 第八条　驾驶员工作完毕后，应对机械进行检查、整理、清洁。 第九条　叉车未作业时，应停放在指定地点，叉臂放至地面。 第十条　停车离开前，应将叉子降下，拉下手刹并拔掉车匙。 第十一条　每日完工后，应再检查叉车情况。 第十二条　驾驶员必须严格按照例行保养规定对车辆进行检查保养。

6.34 道路危险货物运输管理规定

道路危险货物运输管理规定

目录

第一章　总则
第二章　运输基本条件
第三章　申请与审批
第四章　运输管理
第五章　维修管理
第六章　事故处理
第七章　监督检查
第八章　附则

第一章　总则

第一条　为加强道路危险货物运输管理，保障运输安全，特制定本规定。

第二条　凡在中华人民共和国境内从事道路危险货物运输（含搬运装卸、运输服务）的单位和个人，均应遵守本规定。

第三条　道路危险货物运输技术规范，按交通部标准 JT3130《汽车危险货物运输规则》和国家标准 GB13392《道路运输危险货物车辆标志》执行；危险货物品名分类以交通部颁发的《汽车运输危险货物品名表》为准。

第四条　各级交通主管部门负责本规定及有关技术规定的组织实施。

第二章　运输基本条件

第五条　凡从事道路危险货物运输的单位，必须拥有能保证安全运输危险货物的相应设施设备。

续表

第六条　从事营业性道路危险货物运输的单位，必须具有十辆以上专用车辆的经营规模，五年以上从事运输经营的管理经验，配有相应的专业技术管理人员，并已建立健全安全操作规程、岗位责任制、车辆设备保养维修和安全质量教育等规章制度。

第七条　直接从事道路危险货物运输、装卸、维修作业和业务管理人员，必须掌握危险货物运输的有关知识，经当地地（市）级以上道路运政管理机关考核合格，发给“道路危险货物运输操作证”，方可上岗作业。

第八条　运输危险货物的车辆、容器、装卸机构及工具，必须符合交通部 JT3130《汽车危险货物运输规则》规定的条件，经道路运政管理机关审验合格。

第三章　申请与审批

第九条　非营业性运输单位需从事道路危险货物运输，必须事前向当地道路运政管理机关提出局面申请，经审查，符合本规定运输基本条件的报地（市）级运政管理机关批准，发给“道路危险货物非营业运输证”，方可进行运输作业。

从事一次性道路危险货物运输，须报经县级道路运政管理机关审查核准，发给“道路危险货物临时运输证”方可进行运输作业。

第十条　凡申请从事营业性道路危险货物运输的单位，及已取得营业性道路运输经营资格需增加危险货物运输经营项目的单位，均须按规定向当地县级道路运政管理机关提出书面申请，经地（市）级道路运政管理机关审核，符合本规定基本条件的，发给加盖道路危险货物运输专用章的“道路运输经营许可证”和“道路运输营运证”，方可经营道路危险货物运输。

第四章　运输管理

第十一条　危险货物托运人在办理托运时必须做到：

1. 必须向已取得道路危险货物运输经营资格的运输单位办理托运；

2. 必须在托运单上填写危险货物品名、规格、件重、件数、包装方法、起运日期、收发货人详细地址及运输过程中注意事项；

3. 货物性质或灭火方法相抵触的危险货物，必须分别托运；

4. 对有特殊要求或凭证运输的危险货物，必须附有相关单证，并在托运单备注栏内注明；

5. 托运未列入《汽车运输危险货物品名表》的危险货物新品种，必须提交“危险货物鉴定表”。

凡未按以上规定办理危险货物运输托运，由此发生运输事故，由托运人承担全部责任。

第十二条　危险货物承运人在受理托运和承运时必须做到：

1. 根据托运人填写的托运单和提供的有关资料，予以查对核实，必要时应组织承托双方到货物现场和运输线路进行实地勘察，其费用由托运人负担。

2. 承运爆炸品、剧毒品、放射性物品及需控温的有机过氧化物、使用受压容器罐（槽）运输烈性危险品，以及危险货物月运量超过 100 吨，均应于起运前十天，向当

续表

地道路运政管理机关报送危险货物运输计划，包括货物品名、数量、运输线路、运输日期等。 3. 在装运危险货物时，要按《汽车危险货物运输规则》规定的包装要求，进行严格检查。凡不符合规定要求，不得装运。危险货物性质或灭火方法相抵触的货物严禁混装。 4. 运输危险货物的车辆严禁搭乘无关人员，运行中司乘人员严禁吸烟，停车时不准近明火和高温场所。 5. 运输结束后：必须清扫车辆，消除污染，其费用由货主负担。 未按以上规定受理托运和承运，由此发生运输事故，由承运人承担全部责任。 第十三条　凡装运危险货物的车辆，必须按国家标准 GB13392《道路运输危险货物车辆标志》悬挂规定的标志和标志灯。 第十四条　全挂汽车列车、拖拉机、三轮机动车、非机动车（含畜力车）和摩托车不准装运爆炸品、一级氧化剂、有机易燃物品；自卸车辆不准装运二级固体危险货物（指散装硫磺、萘饼、粗蒽、煤焦沥青等）之外的危险货物。未经道路运政管理机关检验合格的常压容器，不得装运危险货物。 第十五条　营业性危险货物运输必须使用交通部统一规定的运输单证和票据，并加盖“危险货物运输专用章”。 第十六条　凡运输危险货物的单位，必须按月向当地道路运政管理机关报送危险货物运输统计报表。 第十七条　专门从事危险货物运输的单位，要加强基础设施建设，逐步设置危险货物专用停车场及专用仓库，向专业化、专用化方面发展。 **第五章　维修管理** 第十八条　凡从事危险货物运输车辆维修、改装的单位，必须配备防爆、去污清洗等设备，划定专用修理车库，经道路运政管理机关审查批准，在技术合格证上加盖“危险货物运输车辆维修专用章”，方能从事维修、改装作业。 第十九条　运用明火维修装运过易燃、易爆危险货物的罐（槽）车，要执行“动火”审批制度，作业前必须车辆进行测爆和安全处理。 **第六章　事故处理** 第二十条　在运输危险货物的过程中，发生燃烧、爆炸、污染、中毒等事故，驾乘人员必须根据承运危险货物的性质，按规定要求，采取相应的救急措施，防止事态扩大；并应及时向当地道路运政机关和有关部门报告，共同采以措施，消除危害。 第二十一条　发生重大危险货物运输事故时，当地道路运政管理机关应及时赶赴现场，协助有关部门组织抢救，并做好现场记录，按有关规定进行处理。 第二十二条　凡发生人身伤亡或重大经济损失的危险货物运输事故，当地道路运政管理机关应在三天内将事故情况报告上级机关，并在三十天内提出处理意见，报告上级交通主管部门，通知车籍所在地道路运政管理机关。

续表

第七章　监督检查 第二十三条　各级道路运政管理机关应依照本规定，加强对道路危险货物运输的监督检查。凡从事道路危险货物运输的单位和人员，必须接受道路运政管理机关的监督检查。 第二十四条　道路运政管理机关应按本规定和有关技术规范，对道路危险货物运输单位的运输条件、安全管理、专用防护设备、运输单证、运输质量和技术业务规范等，进行定期或不定期检查，发现隐患应及时消除。 第二十五条　各级道路运政管理机关在检查中发现违章行为，应做好现场记录，经被检查人签认，作为处理违章的依据，按照交通部《道路运输违章处罚规定》（试行）处理。 **第八章　附则** 第二十六条　本规定由中华人民共和国交通部负责解释。 第二十七条　本规定自一九九四年三月一日起施行。

第7章 物流部工作实用图表举例

7.1 到货交接单

到货交接单，如表 7-1 所示。

表 7-1　到货交接单

编号：　　　　　　　　　　　　　　　　　　　　日期：　　年　　月　　日

收货人	发站	发货人	货物名称	标志标记	单位	件数	重量	货物存放处	车号	运单号	提料单号

提货人：　　　　　　　　　　　　　经办人：　　　　　　　　　　　　　接收人：

7.2 原材料验收单

原材料验收单，如表 7-2 所示。

表 7-2 原材料验收单

编号： 订购单编号： 日期： 年 月 日

进料时间	物料编号	厂商名称	订购数	交货数
订单编号	发票规格	品名 / 规格	点收数	实收数
检验项目	检验规格	检验状况	数量	
允收水准值		严重	一般	轻微
检验数量	不良数	不良率	判定	
			□允收□拒收□特采□全检	
质量经理	仓储经理	验收主管	验收专员	备注

7.3 零配件验收单

零配件验收单，如表 7-3 所示。

表 7-3 零配件验收单

编号： 填写日期： 年 月 日

采购单号		零件名称								编号				
供应商							数量							
验收项目	标准	抽样结果记录												备注
		1	2	3	4	5	6	7	8	9	10	11	12	
1.														
2.														
3.														
4.														
5.														

验收结果	□及格 □不及格 □其他	审核	验收专员

7.4 货物验收单

货物验收单，如表 7-4 所示。

表 7-4　货物验收单

订购单编号：　　　　　　　　　　编号：　　　　　　　　填写日期：　年　月　日

<table>
<tr><th rowspan="2">编号</th><th rowspan="2">名称</th><th rowspan="2">订购数量</th><th colspan="2">规格符合</th><th rowspan="2">单位</th><th rowspan="2">实收数量</th><th rowspan="2">单价</th><th rowspan="2">总价</th></tr>
<tr><th>是</th><th>否</th></tr>
<tr><td></td><td></td><td></td><td></td><td></td><td></td><td></td><td></td><td></td></tr>
<tr><td></td><td></td><td></td><td></td><td></td><td></td><td></td><td></td><td></td></tr>
<tr><td></td><td></td><td></td><td></td><td></td><td></td><td></td><td></td><td></td></tr>
<tr><td></td><td></td><td></td><td></td><td></td><td></td><td></td><td></td><td></td></tr>
</table>

<table>
<tr><td>是否
分批交货</td><td colspan="2">□是
□否</td><td>会计
科目</td><td></td><td>厂商
供应</td><td></td><td>合计</td><td></td></tr>
<tr><td rowspan="2">检查方式</td><td>抽样</td><td>%不良</td><td rowspan="2">验收
结果</td><td rowspan="2"></td><td rowspan="2">检查
主管</td><td rowspan="2"></td><td rowspan="2">检查员</td><td rowspan="2"></td></tr>
<tr><td>全数</td><td>个不良</td></tr>
</table>

<table>
<tr><td rowspan="2">总经理</td><td colspan="2">财务部</td><td colspan="2">仓储部</td><td colspan="2">采购部</td></tr>
<tr><td>财务主管</td><td>核算员</td><td>仓储主管</td><td>验收专员</td><td>采购主管</td><td>制单员</td></tr>
<tr><td></td><td></td><td></td><td></td><td></td><td></td><td></td></tr>
</table>

7.5 材料验收报告表

材料验收报告表，如表 7-5 所示。

表 7–5　材料验收报告表

编号：　　　　　　　　　　　　　　　　　　　　　　填写日期：　　年　　月　　日

<table>
<tr><td>材料名称</td><td colspan="2"></td><td>材料规格</td><td></td><td colspan="2">材料数量</td><td colspan="2"></td></tr>
<tr><td>采购单位</td><td colspan="2"></td><td>采购日期</td><td></td><td colspan="2">验收专员</td><td colspan="2"></td></tr>
<tr><td rowspan="5">验收记录</td><td>检验项目</td><td>检验标准</td><td>检验结果</td><td>不良数</td><td>是否合格</td><td>备注</td><td colspan="2">总评</td></tr>
<tr><td></td><td></td><td></td><td></td><td></td><td></td><td colspan="2" rowspan="2">□合格
□不合格</td></tr>
<tr><td></td><td></td><td></td><td></td><td></td><td></td></tr>
<tr><td></td><td></td><td></td><td></td><td></td><td></td><td rowspan="2">不合格通知单编号</td><td rowspan="2"></td></tr>
<tr><td></td><td></td><td></td><td></td><td></td><td></td></tr>
<tr><td>总经理</td><td colspan="4"></td><td colspan="2">验收主管</td><td colspan="2"></td></tr>
<tr><td>质量经理</td><td colspan="4"></td><td colspan="2">验收专员</td><td colspan="2"></td></tr>
<tr><td>仓库验收记录</td><td colspan="3"></td><td>验收数量</td><td colspan="4">□足额　□溢交　□短缺</td></tr>
</table>

7.6 商品验收报告单

商品验收报告单，如表 7–6 所示。

表 7–6　商品验收报告单

<table>
<tr><td>订单号码</td><td></td><td colspan="2">商品编号</td><td colspan="2"></td><td colspan="2">厂商编号</td><td colspan="2"></td><td>点收日期</td><td colspan="2"></td></tr>
<tr><td>借方科目</td><td></td><td colspan="2">贷方科目</td><td colspan="2"></td><td colspan="2">入库单位</td><td></td><td>需求期</td><td></td><td>交期</td><td></td></tr>
<tr><td>件号</td><td>品名规格</td><td>厂牌</td><td>单位</td><td>收货数</td><td>实收数</td><td>单价</td><td>金额</td><td>拒收数</td><td>拒收数现状</td><td>本订单未交量</td><td>再交</td><td>不交</td></tr>
<tr><td></td><td></td><td></td><td></td><td></td><td></td><td></td><td></td><td></td><td></td><td></td><td></td><td></td></tr>
<tr><td></td><td></td><td></td><td></td><td></td><td></td><td></td><td></td><td></td><td></td><td></td><td></td><td></td></tr>
<tr><td></td><td></td><td></td><td></td><td></td><td></td><td></td><td></td><td></td><td></td><td></td><td></td><td></td></tr>
<tr><td></td><td></td><td></td><td></td><td></td><td></td><td></td><td></td><td></td><td></td><td></td><td></td><td></td></tr>
<tr><td></td><td></td><td></td><td></td><td></td><td></td><td></td><td></td><td></td><td></td><td></td><td></td><td></td></tr>
<tr><td></td><td></td><td></td><td></td><td></td><td></td><td></td><td></td><td></td><td></td><td></td><td></td><td></td></tr>
<tr><td></td><td></td><td></td><td></td><td></td><td></td><td></td><td></td><td></td><td></td><td></td><td></td><td></td></tr>
<tr><td></td><td></td><td></td><td></td><td></td><td></td><td></td><td></td><td></td><td></td><td></td><td></td><td></td></tr>
<tr><td colspan="6">合计</td><td colspan="7">打卡（1）（2）</td></tr>
</table>

续表

金额：　佰　拾　万　仟　佰　拾　元整			发票号码		
使用单位		用途			
备注		货物验收主管		验收专员	

审核：　　　　　　　　　审批：　　　　　　　　　制单：

7.7 入库验收报告单

入库验收报告单，如表 7–7 所示。

表 7–7　入库验收报告单

编号：　　　　　　　　　　　　　　　　　　填写日期：

入库名称			数量		
验收部门			验收人员		
验收记录			验收结果	□合格 □不合格	
入库记录	入库单位		入库部门		
	主管经办		验收主管	验收专员	

7.8 验收日报表

验收日报表，如表 7–8 所示。

表 7–8　验收日报表

编　　号：　　　　　　　　　　　　　　日期：　　年　　月　　日

国外来料												
序号	品名	规格材料编号	数量	供应商	检验方式		不合格	不良数	主要不良表现	处置		
					全检	抽检				允收	拒收	选别

续表

国内来料													
序号	品名	规格材料编号	数量	供应商	检验方式		不合格	不良数	主要不良表现	处置		
					全检	抽检				允收	拒收	选别
备注												

检验主管：　　　　　　　　　　　　　　　　　　　　制表人：

7.9 验收月报表

验收月报表，如表 7-9 所示。

表 7-9　验收月报表

编号：　　　　　　　　　　　　填表日期：　年　月　日

进料验收报告汇总				
序号	供应商	检查批次	不合格批次	不良率
1				
2				
3				
4				

异常报表汇总							
物料异常报告编号	材料编号	品名 / 规格	批量	不良率	不良原因	供应商	处理结果

审核：　　　　　　　　审批：　　　　　　　　日期：　年　月　日

7.10 领料单（一）

领料单（一），如表 7-10 所示。

表 7-10　领料单（一）

领用单位：
日期：　年　月　日　　　　发料日期：　年　月　日
制造号码：　　　　领料单号：

材料编号	材料名称	规格	色纹	单位	领料数量	实发数量	备注
备注用途							

登卡：　　　　组长：　　　　领料人：

7.11 领料单（二）

领料单（二），如表 7-11 所示。

表 7-11　领料单（二）

领用单位：　　　　发料日期：　年　月　日

原（材）料名称	规格	数量	单位	用途说明

续表

原（材）料名称	规格	数量	单位	用途说明

部长：　　　　　　　　　　组长：　　　　　　　　　　班长：

7.12 领料单（三）

领料单（三），如表7–12所示。

表7–12　领料单（三）

年　　月　　日

工作单号	材料编号	材料名称	规格	计划领用数量	实发数量	单价	总价

仓库主管：　　　　　　发料：　　　　　　核准：　　　　　　领料：

7.13 领料单（四）

领料单（四），如表7–13所示。

表 7-13　领料单（四）

<table>
<tr><td rowspan="2">领料单号</td><td rowspan="2">材料编号</td><td rowspan="2">计划用材料名称</td><td rowspan="2">用途或制造单号</td><td colspan="2">数量</td><td rowspan="2">单位</td><td rowspan="2">日期</td></tr>
<tr><td>计划领用</td><td>实发材料</td></tr>
<tr><td></td><td></td><td></td><td></td><td></td><td></td><td></td><td></td></tr>
<tr><td></td><td></td><td></td><td></td><td></td><td></td><td></td><td></td></tr>
<tr><td></td><td></td><td></td><td></td><td></td><td></td><td></td><td></td></tr>
<tr><td colspan="3" rowspan="2">领料说明</td><td>领料类别</td><td colspan="4">□未超领料
□材料废品过多超用
□次品过多超用</td></tr>
<tr><td>发料记录</td><td colspan="4">□如数发给　□欠拨　□欠拨后已补足</td></tr>
</table>

会计：　　　　仓库：　　　　主管：　　　　领用人：

7.14 领退料单（一）

领退料单（一），如表 7-14 所示。

表 7-14　领退料单（一）

制造批号：　　　　　　　　　　领 / 退部门：

领 / 退日期：　年　月　日　　　　领 / 退单号：

领料	退料	品名	规格	材料编号	领 / 退数量	收 / 发数量	备注
领 / 退料用途及说明							

登账：　　　　仓储：　　　　主管：　　　　领退人：

7.15 领退料单（二）

领退料单（二），如表 7–15 所示。

表 7–15　领退料单（二）

领料：　　　　　　　　　　　　　　　　　　退料：

欠拨领料：　　　　　　　　　　　　　　　　编号：

制造号码		领 / 退单位		材料类别	□原料□材料□包装□其他		
材料名称	规格	材料编号	领 / 退数量	实际领用	实际退料	记录	
						已足	欠拨数量
用途说明	退料原因：□品质不良□剩余□制造取消						

7.16 退料单（一）

退料单（一），如表 7–16 所示。

表 7-16　退料单（一）

编号：　　　　　　　　　　　　　　　　　　　　日期：　　年　　月　　日

材料名称		物料编号	
材料重量（数量）		规格	
实收数量		退回数量	
退料原因			
备注			
验收主管		验收专员	
采购主管		采购专员	

审批：　　　　　　　　审核：　　　　　　　　填表人：

7.17 退料单（二）

退料单（二），如表 7-17 所示。

表 7-17　退料单（二）

退料部门：　　　　　　　　　　　　　　　　编号：

原领料批号：　　　　　　　　　　　　　　　日期：　　年　　月　　日

退料名称	材料编号	退料量	实收量	退料原因					
				溢领	省料	不适用	品质差	订单取消	其他
备注									

登账：　　　　　　点收：　　　　　　主管：　　　　　　退料人：

7.18 退料月统计表

退料月统计表，如表 7–18 所示。

表 7–18 退料月统计表

编号：　　　　　　　　　　　　　　　　　　　　　日期：　　年　　月　　日

品名	规格	材料编号	退回数量	实收数量	单价	金额	原料价格	退料原因

7.19 物料拒收月统计表

物料拒收月统计表，如表 7–19 所示。

表 7–19 物料拒收月统计表

月份：　　　　　　　　　　　　　　　　　　　　　日期：　　年　　月　　日

序号	交货单编号	材料名称	材料编号	数量	供应商	供应商编号	交货日	不良内容	处理方法
1									
2									

续表

序号	交货单编号	材料名称	材料编号	数量	供应商	供应商编号	交货日	不良内容	处理方法
3									
4									
5									
6									
7									
合计									

主管：　　　　　　　　　　　　　　　　　　　　　　　制表：

7.20 物资验收单汇总表

物资验收单汇总表，如表 7-20 所示。

表 7-20　物资验收单汇总表

编号：　　　　　　　　　　　　　　　　日期：　　年　　月　　日

序号	验收单名称	编号	物资类别				张数	其他相关单据名称	编号	张数
			原材料	辅料	零配件	设备				
1										
2										
3										
4										
总计								总计		
备注										

7.21 入库验收工作考核表

入库验收工作考核表，如表 7-21 所示。

表 7-21　入库验收工作考核表

绩效考核人员名单			
被考核人员			
考核地点		考核时间	
考核项目	考核内容	分值	实际得分
	熟悉入库物资、文件单证准备齐全	15	
验收前准备工作	仓库库场的安排恰当	10	
	货位准备和安排合理、恰当	10	
	验收工具和苫垫材料准备齐全、到位	10	
	单据填写正确、规范	15	
验收工作	验收前准备充分，与各部门配合好	10	
	检验内容全面	15	
	对发生的问题处理恰当、到位	15	
合计		100	

备注：考核满分为 100 分，60 ~ 70 分为及格，71 ~ 80 分为中，81 ~ 90 分为良好，91 分以上为优秀。

7.22 物料编号资料表

物料编号资料表，如表 7-22 所示。

表 7-22　物料编号资料表

编号：　　　　　　　　　　　　　　　　　　　　　　　　页次：

物料编号	类别	名称	规格	用途		单价	供应商	代用件编号
				专	共			

续表

物料编号	类别	名称	规格	用途		单价	供应商	代用件编号
				专	共			

7.23 物品入库日报表

物品入库日报表，如表 7–23 所示。

表 7–23　物品入库日报表

编号：　　　　　　　　　　　　　　　　入库日期：　　年　　月　　日

物品检验人			物品入库记录人			
物品名称	生产厂家	规格	入库数量	单价	总金额	仓库位置
相关负责人签字确认： 日期：　　年　月　日						

7.24 物料入库日报表

物料入库日报表，如表 7–24 所示。

表 7–24 物料入库日报表

编号： 入库日期： 年 月 日

物料采购人		检验员			入库记录人		
物料编号	入库单编号	检验单编号	数量	储位	进料方	订单编号	备注

审核：

7.25 进货日报表

进货日报表，如表 7–25 所示。

表 7-25　进货日报表

年　　月　　日

供应商编号	供应商	日计		月计			余额		
		进货净额	收支金额	进货金额	进货退货折让金额	净进货金额	余购金额	未结清票据余额	总债务余额

7.26 进货退回单

进货退回单，如表 7-26 所示。

表 7-26　进货退回单

编号：

厂商名称			厂商编号			制单日期				年　月　日
项次	件号	商标规格	数量	单位	单价	处理代号	补交日期			扣提金额
							年	月	日	
退回原因：										
备注：										
采购保管										

注　本单一式五联：

第一联“单购联”存管→采购；

第二联“厂商提料”存管→采购员购→厂商；

第三联“会计联”存管→采购→管理→会计；

第四联“扣提凭证”存管→采购→管理→会计→厂商；

第五联：“存管联”存管：指的是存货管理部门。

7.27 入库通知表

入库通知表，如表 7-27 所示。

表 7-27 入库通知表

通知日期： 年 月 日

<table>
<tr><td rowspan="3">日期</td><td>到货日期</td><td colspan="2"></td><td colspan="2">供货单位</td><td colspan="2"></td><td colspan="2">收货人</td><td colspan="2"></td></tr>
<tr><td>入库日期</td><td colspan="2"></td><td colspan="2">合同单号</td><td colspan="2"></td><td colspan="2">储位</td><td colspan="2"></td></tr>
<tr><td>验收日期</td><td colspan="2"></td><td colspan="2">运单号</td><td colspan="2"></td><td colspan="2">入库单号</td><td colspan="2"></td></tr>
<tr><td colspan="12">物料入库详细信息</td></tr>
<tr><td rowspan="2">物料编号</td><td rowspan="2">物料名称</td><td rowspan="2">计量单位</td><td colspan="5">数量</td><td rowspan="2">质量</td><td colspan="2">价格</td><td rowspan="2">说明</td></tr>
<tr><td>交货</td><td>多交</td><td>短交</td><td>退货</td><td>实收</td><td>购入</td><td>基本</td></tr>
<tr><td></td><td></td><td></td><td></td><td></td><td></td><td></td><td></td><td></td><td></td><td></td><td rowspan="7"></td></tr>
<tr><td></td><td></td><td></td><td></td><td></td><td></td><td></td><td></td><td></td><td></td><td></td></tr>
<tr><td></td><td></td><td></td><td></td><td></td><td></td><td></td><td></td><td></td><td></td><td></td></tr>
<tr><td></td><td></td><td></td><td></td><td></td><td></td><td></td><td></td><td></td><td></td><td></td></tr>
<tr><td></td><td></td><td></td><td></td><td></td><td></td><td></td><td></td><td></td><td></td><td></td></tr>
<tr><td></td><td></td><td></td><td></td><td></td><td></td><td></td><td></td><td></td><td></td><td></td></tr>
<tr><td></td><td></td><td></td><td></td><td></td><td></td><td></td><td></td><td></td><td></td><td></td></tr>
</table>

7.28 入库工作考核表

入库工作考核表，如表 7-28 所示。

表 7–28　入库工作考核表

绩效考核人员名单			
被考核人员			
考核地点		考核时间	
考核项目	考核内容	分值	实际得分
入库作业	凭证审核认真	15	
	登账规范、正确	10	
	立卡标识填写、码放正确	10	
	建档内容全面、整洁、编号有序、装订完好	10	
	签单准确、无误	10	
堆码作业	能根据不同的物资选择合适的堆码方式	15	
	能说出每种堆码方式的优缺点及适用范围	15	
	正确堆码	15	
合计		100	

备注：考核满分为 100 分，60 ~ 70 分为及格，71 ~ 80 分为中，81 ~ 90 分为良好，91 分以上为优秀。

7.29 零件表（一）

零件表（一），如表 7–29 所示。

表 7–29　零件表（一）

日期：　　　　　　　　　　　　　　　　　　　　　　　　第　　页

组件名称：				组件编号：			
	零件编号	零件名称	规格	单价	标准用量	供应商	备注
1							
2							
3							
4							
5							

续表

组件名称：				组件编号：			
	零件编号	零件名称	规格	单价	标准用量	供应商	备注
6							
7							
8							
9							
10							
11							
12							
13							
14							
15							
16							
17							
18							
19							
20							

审核：　　　　　　　　　　　　　　　　　　　　填表：

7.30 零件表（二）

零件表（二），如表 7-30 所示。

表 7-30　零件表（二）

日期：　　　　　　　　　　　　　　　　　　　　　　　　　　第　　页

产品名称：					填表者：		审核者：		
项目	件号	零件名称	规格尺寸	材质	单价	数量	经济产量	自制或外购	备注

7.31 入库单

入库单，如表 7-31 所示。

表 7-31　入库单

供货单位：　　　　　　　　　　　　　　　　收货单位：

库别：　　　　　　　　　　　　　　　　入库日期：　　年　　月　　日

种类	规格	等级	品名	单位	数量	单价	金额	包装数	件数

验收单位（盖章）　　　复核（盖章）　　　记账员（盖章）　　　制单（盖章）

7.32 收料单

收料单，如表 7-32 所示。

表 7-32　收料单

收料日	工程编号	本单编号	请购部门	订制单编号
年　月　日				

会计科目	品名规格	项次	材料编号	单位	量数	单价	金额

续表

收料日	工程编号	本单编号	请购部门	订制单编号
年 月 日				

会计科目	品名规格	项次	材料编号	单位	量数	单价	金额

备注		点收	检验	经办部门			
				主管		经办	

7.33 送货日报表

送货日报表，如表 7-33 所示。

表 7-33　送货日报表

送货者姓名：　　　　　　　　　　　　　　　　年　　月　　日

	行程	配送数量	交货金额	现收金额	配送总金额	现金		收款计	收款率	出发时间	回公司时间	行程时间	出发前公里数	回公司里数	行里程数	耗油量
						现金	余账收款									
上午																
下午																
报告事项（客户反映） 1. 对本公司的意见　2. 商品方面　3. 单价方面　4. 对于售货的要求　5. 其他																

7.34 退料缴库单

退料缴库单，如表 7–34 所示。

表 7–34　退料缴库单

退料单位：　　　　　　　　　　　　退料日期：　　　年　　月　　日
制造号码：　　　　　　　　　　　　缴库单编号：

材料名称	规格	单位	数量	退库详细原因

仓库收料人：　　　　　　　部长：　　　　　　　退料人：

7.35 外协加工料品盘点表

外协加工料品盘点表，如表 7–35 所示。

表 7-35　外协加工料品盘点表

经管部门：

编号：　　　　　　　　　　　　外协厂商：　　　　　　　　日期：　　　年　　月　　日

<table>
<tr><th rowspan="2">品名</th><th rowspan="2">规格</th><th rowspan="2">单位</th><th rowspan="2">账面数量</th><th rowspan="2">盘点数量</th><th colspan="2">盘盈</th><th colspan="2">盘亏</th><th rowspan="2">差异原因说明及处理</th></tr>
<tr><th>数量</th><th>金额</th><th>数量</th><th>金额</th></tr>
<tr><td></td><td></td><td></td><td></td><td></td><td></td><td></td><td></td><td></td><td></td></tr>
<tr><td></td><td></td><td></td><td></td><td></td><td></td><td></td><td></td><td></td><td></td></tr>
<tr><td></td><td></td><td></td><td></td><td></td><td></td><td></td><td></td><td></td><td></td></tr>
<tr><td></td><td></td><td></td><td></td><td></td><td></td><td></td><td></td><td></td><td></td></tr>
<tr><td></td><td></td><td></td><td></td><td></td><td></td><td></td><td></td><td></td><td></td></tr>
<tr><td></td><td></td><td></td><td></td><td></td><td></td><td></td><td></td><td></td><td></td></tr>
<tr><td></td><td></td><td></td><td></td><td></td><td></td><td></td><td></td><td></td><td></td></tr>
<tr><td></td><td></td><td></td><td></td><td></td><td></td><td></td><td></td><td></td><td></td></tr>
<tr><td></td><td></td><td></td><td></td><td></td><td></td><td></td><td></td><td></td><td></td></tr>
<tr><td></td><td></td><td></td><td></td><td></td><td></td><td></td><td></td><td></td><td></td></tr>
<tr><td></td><td></td><td></td><td></td><td></td><td></td><td></td><td></td><td></td><td></td></tr>
<tr><td></td><td></td><td></td><td></td><td></td><td></td><td></td><td></td><td></td><td></td></tr>
<tr><td></td><td></td><td></td><td></td><td></td><td></td><td></td><td></td><td></td><td></td></tr>
</table>

<table>
<tr><td rowspan="2">厂商确认章</td><td rowspan="2">厂商：
负责人：
地址：</td><td colspan="6">经管部门</td><td colspan="2">财务部门</td></tr>
<tr><td>部门主管</td><td></td><td>主管</td><td></td><td>经办</td><td></td><td>经办</td><td></td></tr>
</table>

一式三联：

①财产部门→经管部门→总经理室→经管部门（白色）

②财务部门→经管部门→总经理室→财务部门（红色）

③财务部门→经管部门→总经理室（黄色）

说明：1. 适用盘点项目：外协加工料品。

2. 用途：①经管部门与财务部门共同盘点。②盘点结果由外协厂商签认。

7.36 委外加工申请单

委外加工申请单，如表 7-36 所示。

表 7-36　委外加工申请单

编号：　　　　　　　　　　　　　　　　　　　　　　　　日期：

<table>
<tr><td>委外厂商</td><td></td><td>编号</td><td></td><td>品名</td><td></td><td>数量</td><td></td></tr>
<tr><td>交货日期</td><td colspan="3"></td><td rowspan="3">附件</td><td>图</td><td colspan="2"></td></tr>
<tr><td rowspan="2">品质要求</td><td rowspan="2" colspan="3"></td><td>样品</td><td colspan="2"></td></tr>
<tr><td>供应材料</td><td colspan="2"></td></tr>
<tr><td>制造说明</td><td colspan="7"></td></tr>
</table>

批准 / 日期：　　　　　　　　　　审核 / 日期：　　　　　　　　　　制表：

7.37 委托对外加工厂交货日报表

委托对外加工厂交货日报表，如表 7-37 所示。

表 7-37　委托对外加工厂交货日报表

厂商名称：　　　　　　　　　　　　　　　　　日期：　　年　　月　　日

<table>
<tr><td colspan="5">一、本日的生产报告</td></tr>
<tr><td>品名</td><td>前日的订货余额</td><td>本日交货量</td><td>本日的订货余额</td><td>延迟的处置对策</td></tr>
<tr><td></td><td></td><td></td><td></td><td></td></tr>
<tr><td></td><td></td><td></td><td></td><td></td></tr>
<tr><td></td><td></td><td></td><td></td><td></td></tr>
<tr><td></td><td></td><td></td><td></td><td></td></tr>
<tr><td></td><td></td><td></td><td></td><td></td></tr>
<tr><td></td><td></td><td></td><td></td><td></td></tr>
<tr><td colspan="5">二、明日的预定</td></tr>
<tr><td>品名</td><td>交货预定量</td><td>本日交货量</td><td>本日的订货余额</td><td>延迟的处置对策</td></tr>
<tr><td></td><td></td><td></td><td></td><td></td></tr>
<tr><td></td><td></td><td></td><td></td><td></td></tr>
<tr><td></td><td></td><td></td><td></td><td></td></tr>
</table>

续表

三、概况、联络、要求事项				
品名	前日的订货余额	本日交货量	本日的订货余额	延迟的处置对策
四、供应材料不良品以及要求（请尽可能具体的记载）				
五、运送途径				

7.38 委外加工交货日报表

委外加工交货日报表，如表 7–38 所示。

表 7–38　委外加工交货日报表

年　　月　　日

	委托厂商	产品名称	本日交货数量	本日实收数量	本日拒收数量	验收人员	本月累计		
							预订数量	交货数量	差额
交货内容									
材料领用	料号	品名		规格		数量	用途		领料人
备注									

主管:　　　　　　　　　　　　　　　　　　　　　　　制表:

7.39 委外加工验收单

委外加工验收单，如表 7–39 所示。

表 7-39　委外加工验收单

No.　　　　　　　　　　　　　　　　　　　　　　日期：

品名		规格		数量		交货日				
加工厂		编号		电话		联系人				
加工费用	元 / 件，共计　　元									
材料供应记录						交货记录				
料号						日期				
日期						送货单号				
领料单号						品名				
领料量						数量				
备注						验收				
品管				采购				仓库		
主管		检验员		主管		经办		主管		经办

7.40 外包申请单

外包申请单，如表 7-40 所示。

表 7-40　外包申请单

编号：　　　　　　　　　　　　　　　　　　　　　日期：

申请部门		订单号码		类别	8 成品 8 材料 8 半成品	
品名	规格	用途	单位	数量	需用日期	
外包原因	设定底价	制造说明				

续表

	工缴基数			
	基数			
	单位工缴			
	总工缴			
经理 批示		申请 部门	主管	
			经办	
询价记录				厂商决定说明
厂商				
单价				
运费				
总价				
交期				
付款条件				
经理 批示		申请 部门	主管	
			经办	

7.41 物料卡

物料卡，如表 7-41 所示。

表 7-41　物料卡

编号：　　　　　　　　　　　　　　　　　　　建卡日期：

物料名称		料号		储放位置			
物料等级		安全存量		订购点			
		最高存量		放置时间			
日期	入库	出库	结存	日期	入库	出库	结存

续表

说明：1. 每一物料设一卡；

2. 物料进出当日清账；

3. 每月盘点对账。

7.42 物料库存卡

物料库存卡，如表 7-42 所示。

表 7-42　物料库存卡

物料名称	物料编号	供应厂商	交货期间	每日预计使用量	最低库存量	收发记录				说明
						收料单号码	收料量	发出量	结存量	

7.43 物料欠发单

物料欠发单，如表 7-43 所示。

表 7-43　物料欠发单

编号：　　　　　　　　　　　　　　　　　　　　日期：　　年　　月　　日

领料单位				
材料编号	**名称规范**	**单位**	**欠发数量**	**备注**
欠发原因：				
主管单位：		采购单位：		填表人：

7.44 物品领用记录卡

物品领用记录卡，如表 7-44 所示。

表 7–44 物品领用记录卡

类别：

材料编号： 件号：

名称：

出品厂商： 单位： 单价：

型号： 序号： 位置：

年 月 日	单据号码	领用单位	收入	发出	结存	备注

主管： 制表：

7.45 限额领料单

限额领料单，如表 7–45 所示。

表 7-45　限额领料单

领料部门：　　　　　　　　　　　　　　　　　　　　第　　号

用途：　　　　　　　　年　　月　　日　　　　　　　发料仓库：

材料编号	材料名称规格	计量单位	计划投产量	单位消耗定额	领用限额	材料编号	实发																			
							数量	单价									金额									
								佰	十	万	仟	佰	十	元	角	分	仟	佰	十	万	仟	佰	十	元	角	分

日期	领用						限额结余数量
	数量	领料人	发料人	数量	退料人	收料人	

生产计划部门：　　　　　　　　　供销部门：　　　　　　　　　仓库：

7.46 材料仓库月报

材料仓库月报，如表 7-46 所示。

表 7-46　材料仓库月报

月份：　　　　　　　　　　　分类：　　　　　　　　　　日期：

品名	规格	料号	单位	供应厂商	昨日结存	本月进仓	本月出仓	本日结存	备注

续表

品名	规格	料号	单位	供应厂商	昨日结存	本月进仓	本月出仓	本日结存	备注

审核：　　　　　　　　　　　　　　　　　　　　　　　　　　制表：

7.47 原材料管理表

原材料管理表，如表 7–47 所示。

表 7–47　原材料管理表

月份：　　　　　　　　　　　　　　　　　　　　　　　　　　年　　月　　日

原料名	预定			实际			差异	摘要
	数量	单价	金额	数量	单价	金额		

7.48 原材料库存卡

原材料库存卡，如表 7-48 所示。

表 7-48　原材料库存卡

品名			材料编号			最低存量		
规格			色号			计数单位		
放置地点			压纹			换算数量		
月	日	凭证号码	订单号码	入库数量	出库数量	结存数量	核对记号	备注

编号：　　　　　　　　　　　　　　　　　　年度：

主管：　　　　　　　　　　　　　　　　　　制表：

7.49 原材料库存月报表

原材料库存月报表，如表 7-49 所示。

表 7-49　原材料库存月报表

年　　月　　日

品名	规格	单位	上月结存		本月进库		本月发出		本月结存		备注
			数量	金额	数量	金额	数量	金额	数量	金额	

7.50 货品运送清单

货品运送清单，如表 7-50 所示。

表 7–50　货品运送清单

编号：　　　　　　　　　　　　　　　　　　　　日期：

目的地			发运方式				
项次	品名	规格	单位	数量	件数	订购单号	备注
1							
2							
3							
4							
5							
6							
7							
8							
9							
10							
11							
12							
13							
14							
15							
16							
17							

运送人：　　　　　　　　　　　　　　　　　　　　发货人：

7.51 收货单

收货单，如表 7–51 所示。

表 7–51　收货单

编号：　　　　　　　　　　　　　　　　　　　　　　　日期：

货品类别	□材料　□半成品　□成品　□包装材　□消耗材								
订购单号		厂商名称			厂商编号			收货日期	
收货明细									
项次	品名	规格	订购数量	单位	实收		单价	金额	备注
					件数	数量			
1									
2									
3									
4									
5									
6									
7									
8									
9									
10									
11									
合计									
说明			检验结果			收货部门	主管	经办	
			检验员						

7.52 送货验收单

送货验收单，如表 7–52 所示。

表 7-52　送货验收单

编号：　　　　　　　　　　　　　　　　　　　　　　　　日期：

进料时间	年　月　日	厂商名称	订购数	
料号			交货数	
订单号码		品名规格	点收数	
发票号码			实收数	

检验项目	检验规格	抽检数	检验状况	不良数量	判定

检验数量		不良数		不良率	%			
综合判定	允收		拒收		特采		选别	

备注		仓库主管		入库员		品管主管		检验员		点收员

7.53 特别领料单

特别领料单，如表 7-53 所示。

表 7-53　特别领料单

编号：　　　　　　　　　　　　　　　　　　　　　　　日期：

原领料单 No.		品名		型号		计划生产数	
生产不足数						制单 No.	
不足原因							
材料追加明细							
料号							
追加数量							
日期							
会计		厂长		主管		申请	

说明：1. 特别领料单是弥补正常领料单因制成品不足所追加之材料使用；

2. 特别领料单的领用程序须严格。

7.54 退料入库单

退料入库单，如表 7-54 所示。

表 7-54　退料入库单

退库单号：　　　　　　　　　　　　　　　　　　　　　日期：

退料单位			工令号		
项次	名称	规格	单位	数量	退料原因
1					
2					
3					
4					
5					
6					
7					
8					

续表

退料单位				工令号	
项次	名称	规格	单位	数量	退料原因
9					
10					
11					
12					
13					
14					
15					
16					
17					

仓管：　　　　　　　　　　主管：　　　　　　　　　　退料：

说明：1. 制造现场将滞留现场的过剩或不用材料退回仓库；

2. 每周办理退料一次。

7.55 仓库温湿度表

仓库温湿度表，如表 7–55 所示。

表 7–55　仓库温湿度表

库号：　　　　　　　　　　放置位置：　　　　　　　　　　储存商品：

安全温度：　　　　　　　　安全相对湿度：

日期	上午								下午								备注
	天气	干球/℃	湿球/℃	相对湿度%	绝对湿度（g/m^3）		调节措施	记录时间	天气	干球/℃	湿球/℃	相对湿度%	绝对湿度（g/m^3）		调节措施	记录时间	
					库内	库外							库内	库外			

续表

日期	上午								下午									备注
	天气	干球/℃	湿球/℃	相对湿度%	绝对湿度(g/m³)		调节措施	记录时间	天气	干球/℃	湿球/℃	相对湿度%	绝对湿度(g/m³)		调节措施	记录时间	
					库内	库外							库内	库外			

7.56 巡查记录表

巡查记录表，如表 7-56 所示。

表 7-56　巡查记录表

日期	月　日	月　日	月　日	月　日	月　日	月　日	月　日
检查项目	星期一	星期二	星期三	星期四	星期五	星期六	星期日
库房清洁							
作业通道							
用具归位							
货物状态							
库房温度							
相对湿度							
照明设备							

续表

日期	月　日	月　日	月　日	月　日	月　日	月　日	月　日
检查项目	星期一	星期二	星期三	星期四	星期五	星期六	星期日
消防设备							
消防通道							
防盗							
托盘维护							
检查人							

注　1. 消防设备每月进行一次全面检查；
2. 破损的托盘每月集中进行维护处理。

7.57 报损申请表

报损申请表，如表 7–57 所示。

表 7–57　报损申请表

时间：　　　　　　　　　　　　　报损仓库：

物资编号	商品名称	规格	数量	原因说明	拟处理方式

7.58 仓库安全管理实施计划表

仓库安全管理实施计划表，如表 7–58 所示。

表 7–58　仓库安全管理实施计划表

主题	实施内容	负责人	查核	日期														
				星期														

7.59 仓库安全日志

仓库安全日志，如表 7–59 所示。

表 7–59　仓库安全日志

安全			事故					事故频率	对策指示事项
人员	时间	物资名称	存放场所	物资编号	内容	原因	损失额		

7.60 仓库安全日报表

仓库安全日报表，如表 7-60 所示。

表 7-60　仓库安全日报表

日期：　　　　　　　　气候：　　　　　　　　温度：　　　　　　　　湿度：

检查结果			
建议事项			
主要负责人		意见	
经理指示			

7.61 仓库安全事故报告书

仓库安全事故报告书，如表 7-61 所示。

表 7-61　仓库安全事故报告书

事故内容			
发生地点			
见证人		事故责任人	
发生日期	年　月　日	发生时间	□上午□下午□时
事故原因			
事故状况			
处理方式	负责人：		
根本对策	负责人：		
追踪检查	负责人：		

审核：

7.62 安全改善通知书

安全改善通知书，如表 7-62 所示。

表 7-62　安全改善通知书

制表：

不安全因素	不合规则或不安全情形	建议改善事项	改善期限	改善经过或结果

检查人：　　　　　　主管负责人：　　　　　　主管：

7.63 仓库保管工作考核表

仓库保管工作考核表，如表 7-63 所示。

表 7-63　仓库保管工作考核表

绩效考核人员名单			
被考核人员			
考核地点		考核时间	
考核项目	考核内容	分值	实际得分
温湿度管理	正确读出干球和湿球的温度	10	
	正确读出相对湿度，查出绝对湿度	10	
	正确填写温湿度记录表	10	

续表

物资防锈、除锈处理	正确涂防锈油防锈	6	
	选择合适的气相纸，正确包装物资	6	
	正确涂防锈油防锈	6	
	正确用手工除锈	6	
	正确涂防锈材料	6	
	正确用防锈材料包装物资	5	
物资防霉、除霉处理	正确涂刷防霉剂	6	
	正确喷洒防霉剂	6	
	正确放置防霉剂	6	
	找出库内长霉物资	6	
	正确晾晒	6	
	正确除去霉迹	5	
合计		100	

备注：考核满分为 100 分，60 ~ 70 分为及格，71 ~ 80 分为中，81 ~ 90 分为良好，91 分以上为优秀。

7.64 仓库防火防盗工作考核表

仓库防火防盗工作考核表，如表 7–64 所示。

表 7–64　仓库防火防盗工作考核表

绩效考核人员名单				
被考核人员				
考核地点		考核时间		
考核项目	考核内容		分值	实际得分
防火工作	能及时查出仓库内的消防隐患，并提出整改措施		20	
	正确检查仓库的消防设施是否齐全有效		15	
	能够根据检查情况对仓库的消防工作提出整改意见		10	

续表

防盗工作	能及时发现仓库防盗隐患，并提出整改措施	20	
	正确填写《门卫放行登记表》	15	
	正确填写《仓库巡查表》	10	
	正确填写《交接班表》	10	
合计		100	

备注：考核满分为 100 分，60 ~ 70 分为及格，71 ~ 80 分为中，81 ~ 90 分为良好，91 分以上为优秀。

7.65 盘存表

盘存表，如表 7-65 所示。

表 7-65　盘存表

编号：　　　　　　　　　　经管部门：　　　　　　　日期：　　年　　月　　日

项次	品名	料品编号资产	规格	单位	账载数量	盘点数量	差异数	差异说明

主管：　　　　　　　　　　会点：　　　　　　　　　　盘点：

一式二联：①财务部门→经管部门（白色）

②财务部门→经管部门→财务部门（红色）

说明：①存货外资产由经管部门填记账载数量。存货不必先填账载数量。

②实际盘存数量，由会点人填记，并计算其差异数，填记入差异数栏。

③存货由盘点统计表转记实际盘点数量，然后列记账载数量并求出差异数。

④差异说明由经管部门填注。

7.66 盘存调整表

盘存调整表，如表 7-66 所示。

表 7-66　盘存调整表

年　　月　　日

品名	编号	单位	账面现结存数	增加数	减少数	调整后结存数	调整原因说明

复核：　　　　　　　　　　　　　　　　　　　　制表：

7.67 盘点人员编组表

盘点人员编组表，如表 7-67 所示。

表 7-67　盘点人员编组表

盘点日期：　　　年　　月　　日

部门									
盘点项目									
日期									
盘点人									
会点人									
复盘人									
备注									

7.68 盘点统计表

盘点统计表，如表 7-68 所示。

表 7-68　盘点统计表

编号：　　　　　　　　经管部门：　　　　　　日期：　　　年　　月　　日

品名	编号	单位	数量	数量	数量	数量	数量	合计

复盘人：　　　　　　　　会点人：　　　　　　　　盘点人：

一式二联：

①财务部门→经管部门（白色）

②财务部门→经管部门→财务部门（红色）

说明：

①盘点时，由盘点人点数秤重，由会点人填记。

②同一物品堆置不同地方或分次点计时，依数量栏内逐一列计，事后再加以合计。

③由会点人签章（复写），再送盘点及其主管（复盘人）签认。

④盘点人应将盘点统计数量，转记入盘存表。

7.69 破损报告单

破损报告单，如表 7-69 所示。

表 7-69　破损报告单

报废单位：

日期：　　年　月　日　　　　收料日期：　　年　月　日

制造号码：　　　　字　　　No.

损废原因					原领用途			
材料类别	品名	规格	色纹 材质	单位	数量		估计价值	备注
					退回	实收		

会计：　　　　收料：　　　　部长：　　　　填表：

7.70 盘存单

盘存单，如表 7–70 所示。

表 7–70　盘存单

编号：　　　　　　　　　　　　　　　　　　　　　盘点日期：

货物编号	货物名称	货物规格	单位	账面数量	盘点数量	复盘数量	盘点人	复盘人

7.71 盘点卡（一）

盘点卡（一），如表 7–71 所示。

表 7–71　盘点卡（一）

卡号：　　　　　　　　　　　　　　　　　　　　　盘点日期：

品名		规格			
编号		单位			
储放位置		货架号			
账面数量		实盘数量		差异	
说明					
复盘人					
盘点人					

7.72 盘点卡（二）

盘点卡（二），如表 7-72 所示。

表 7-72　盘点卡（二）

盘存单编号：	
货品编号：	盘点日期：
货品名称：	
数量：	单位：
存放位置：	
盘点人：	
盘存单编号：	
货品编号：	盘点日期：
货品名称：	
数量：	单位：
存放位置：	
查核人：	

7.73 存货明细账

存货明细账，如表 7-73 所示。

表 7-73　存货明细账

货号：　　　　单位：　　　　存放地点：　　　　No.

年		传票号数	摘要	单价	进货		出货		结存	
月	日				数量	金额	数量	金额	数量	金额

续表

年		传票号数	摘要	单价	进货		出货		结存	
月	日				数量	金额	数量	金额	数量	金额

7.74 存货盘点单

存货盘点单，如表 7-74 所示。

表 7-74　存货盘点单

盘点区号：　　　　　　　　　　　　　　　　　　　　　　　盘点日期：

　　　年　　月　　日　　　　　　　　　　　　　　　　　　组别：

<table>
<tr><td colspan="2" rowspan="4">□原料□在制品□废料□成品</td><td colspan="2">编号</td></tr>
<tr><td colspan="2">品名</td></tr>
<tr><td colspan="2">规格</td></tr>
<tr><td colspan="2">单位</td></tr>
<tr><td colspan="4">盘点时本物位置：</td></tr>
<tr><td colspan="4">盘点数量：更正：</td></tr>
<tr><td colspan="2">存货状况
□良料□次料□废料□其他</td><td colspan="2">备注</td></tr>
<tr><td>复核员</td><td colspan="2">记录员</td><td>盘点员</td></tr>
<tr><td></td><td colspan="2"></td><td></td></tr>
</table>

注　本单应事先编号，以利控制

7.75 盘点表

盘点表，如表 7–75 所示。

表 7–75 盘点表

盘点范围： 盘点时间： 年 月 日

责任人	盘点项目			数量					
	品种	入库	出库	账面数量	实际盘点数	差量	批次	票号	出库率

7.76 盘点盈亏汇总表

盘点盈亏汇总表，如表 7–76 所示。

表 7–76 盘点盈亏汇总表

品名	规格	账面资料		实盘资料		盘盈		盘亏		差异原因	对策
		数量	金额	数量	金额	数量	金额	数量	金额		

续表

品名	规格	账面资料		实盘资料		盘盈		盘亏		差异原因	对策
		数量	金额	数量	金额	数量	金额	数量	金额		

总经理		财务部经理		仓储部经理		制表人	

备注：此表一式两联，第一联由仓库依据此单登记卡片，第二联是财务账联。

7.77 盘点总结报告表

盘点总结报告表，如表 7-77 所示。

表 7-77　盘点总结报告表

货品名称	所属类别	编号	规格	单价	盘点情况	存在问题	改善建议或措施

7.78 盘点盈亏报告表

盘点盈亏报告表，如表 7–78 所示。

表 7–78　盘点盈亏报告表

编号：　　　　　　　　　　　　经管部门：　　　　　　　　日期：　　年　月　日

品名	料品编号资产	规格	单位	账面数量	盘点数量	盘盈		盘亏		差异原因说明	拟处理对策及建议
						数量	金额	数量	金额		

<table>
<tr><td rowspan="2">（副）总经理批示</td><td rowspan="2"></td><td rowspan="2">财务部门</td><td>部主管</td><td>主管</td><td>制表</td><td rowspan="2">经管部门</td><td>部主管</td><td>主管</td><td>经管人</td></tr>
<tr><td></td><td></td><td></td><td></td><td></td><td></td></tr>
</table>

一式三联：（1）财务部门→经管部门→财务部门→总经理→经管部门（白色）

（2）财务部门→经管部门→财务部门→总经理→财务部门（红色）

（3）财务部门→经管部门→财务部门→总经理→总经理室（黄色）

7.79 货物盘点更正表

货物盘点更正表，如表 7–79 所示。

表 7–79　货物盘点更正表

货品名称	货品编号	单位	规格	账面数额			盘点实存			数量盈亏				价格增减				原因说明	负责人	备注
										盘盈		盘亏		盘盈		盘亏				
				数量	单价	金额	数量	单价	金额	数量	金额	数量	金额	数量	金额	数量	金额			

7.80 盘点工作考核表

盘点工作考核表，如表 7–80 所示。

表 7-80　盘点工作考核表

绩效考核人员名单				
被考核人员				
考核地点		考核时间		
考核项目	考核内容		分值	实际得分
盘点业务	盘点前期准备工作充分		5	
	填写盘点卡认真、准确、清晰		10	
	填写盘点记录表认真、准确、熟练		10	
	采用正确的方式修改填写错误的盘点表		10	
	复核、填写复盘数据认真、准确		10	
	采用正确的复核确认方式处理初盘、复盘有差异的盘点数据		10	
	盘点作业流程完整，没有遗漏		5	
盘点后处理业务	账目核对严谨、认真、准确		10	
	编制盈亏报表及时、认真、正确、熟练		10	
	盈亏原因分析合理、全面		10	
	采用正确的方式处理盘点盈亏数据		5	
	对在盘点中发现的物资差额、错误、变质、损耗和呆滞等结果，能提出合理的处理意见及纠正、预防措施		5	
合计			100	

备注：考核满分为 100 分，60~70 分为及格，71~80 分为中，81~90 分为良好，91 分以上为优秀。

7.81 库存计划表

库存计划表，如表 7-81 所示。

表 7-81　库存计划表

日次	品名及规格	材料编号	生产量		单位用量	用量小计	损耗率%	总用量	库存量	计划用量	单价	金额	需要时间（天）			备注
													10	20	30	
月份									填写日期							

7.82 库存控制表

库存控制表，如表 7-82 所示。

表 7-82　库存控制表

<table>
<tr><td colspan="2">储位</td><td colspan="2"></td><td colspan="2">编号</td><td></td></tr>
<tr><td colspan="2">材料编号</td><td colspan="2"></td><td colspan="2">单位</td><td></td></tr>
<tr><td colspan="2">商品名称</td><td colspan="2"></td><td colspan="2">规格</td><td></td></tr>
<tr><td colspan="2">订购点
安全存量</td><td colspan="2"></td><td colspan="2">最低安全库存</td><td></td></tr>
<tr><td>日期</td><td>凭单号码</td><td>摘要</td><td>入库量</td><td>出库量</td><td>结存量</td><td>备注</td></tr>
<tr><td></td><td></td><td></td><td></td><td></td><td></td><td></td></tr>
<tr><td></td><td></td><td></td><td></td><td></td><td></td><td></td></tr>
<tr><td></td><td></td><td></td><td></td><td></td><td></td><td></td></tr>
<tr><td></td><td></td><td></td><td></td><td></td><td></td><td></td></tr>
<tr><td></td><td></td><td></td><td></td><td></td><td></td><td></td></tr>
<tr><td></td><td></td><td></td><td></td><td></td><td></td><td></td></tr>
</table>

7.83 存量管制表

存量管制表，如表 7-83 所示。

表 7-83 存量管制表

<table>
<tr><td rowspan="2">商品名称</td><td rowspan="2"></td><td>单位</td><td></td><td rowspan="2">请购点</td><td rowspan="2"></td><td rowspan="2">采购前置时间</td><td rowspan="2"></td></tr>
<tr><td>库号</td><td></td></tr>
<tr><td>规格</td><td></td><td>架位</td><td></td><td>请购量</td><td></td><td>月拨发量</td><td></td></tr>
<tr><td>件号</td><td></td><td>图号</td><td></td><td>安全存量</td><td></td><td>每月平均拨发量</td><td></td></tr>
</table>

<table>
<tr><td rowspan="2">日期</td><td rowspan="2">凭单号码</td><td rowspan="2">摘要</td><td rowspan="2">入库收/欠发</td><td rowspan="2">出库发/欠收</td><td rowspan="2">结存数量</td><td colspan="3">请购量</td><td colspan="3">分配</td><td rowspan="2">可利用量</td></tr>
<tr><td>请购量</td><td>请购交货日期</td><td>总请购量</td><td>分配量</td><td>计划使用日期</td><td>总分配量</td></tr>
<tr><td></td><td></td><td></td><td></td><td></td><td></td><td></td><td></td><td></td><td></td><td></td><td></td><td></td></tr>
<tr><td></td><td></td><td></td><td></td><td></td><td></td><td></td><td></td><td></td><td></td><td></td><td></td><td></td></tr>
<tr><td></td><td></td><td></td><td></td><td></td><td></td><td></td><td></td><td></td><td></td><td></td><td></td><td></td></tr>
<tr><td></td><td></td><td></td><td></td><td></td><td></td><td></td><td></td><td></td><td></td><td></td><td></td><td></td></tr>
<tr><td></td><td></td><td></td><td></td><td></td><td></td><td></td><td></td><td></td><td></td><td></td><td></td><td></td></tr>
<tr><td></td><td></td><td></td><td></td><td></td><td></td><td></td><td></td><td></td><td></td><td></td><td></td><td></td></tr>
<tr><td></td><td></td><td></td><td></td><td></td><td></td><td></td><td></td><td></td><td></td><td></td><td></td><td></td></tr>
<tr><td></td><td></td><td></td><td></td><td></td><td></td><td></td><td></td><td></td><td></td><td></td><td></td><td></td></tr>
<tr><td></td><td></td><td></td><td></td><td></td><td></td><td></td><td></td><td></td><td></td><td></td><td></td><td></td></tr>
<tr><td></td><td></td><td></td><td></td><td></td><td></td><td></td><td></td><td></td><td></td><td></td><td></td><td></td></tr>
<tr><td></td><td></td><td></td><td></td><td></td><td></td><td></td><td></td><td></td><td></td><td></td><td></td><td></td></tr>
</table>

7.84 存货调节表

存货调节表，如表 7-84 所示。

表 7-84　存货调节表

日期：　　　年　　月　　日

盘点单编号	存货编号	品名规格	单位	库存数量				单价	金额	账面数量	差异			备注
				盘点	加	减	调整后				数量	单价	金额	

7.85 日存货汇总表

日存货汇总表，如表 7-85 所示。

表 7-85　日存货汇总表

日期：　　　年　　月　　日

批号	等级	规格	昨日	缴库		发送		退回		本日
			结存	本日	本月累计	本日	本月累计	本日	本月累计	结存

7.86 年度存货汇总表

年度存货汇总表，如表 7-86 所示。

表 7-86 年度存货汇总表

项目		年末余额		
		本年计划	本年实际	上年实际
1. 库存材料	（1）原材料 ①原料及主要材料 ②辅助材料 ③外购半成品 ④修理用备件 ⑤燃料 （2）包装物 （3）低值易耗品			
2. 在途材料				
3. 委托加工材料				
4. 在产品				
5. 自制半成品				
6. 产成品				
7. 分期收款发出商品				
合计				
附注				
1. 各项存货年平均余额 （1）每百元销售收入占用的存货资金 （2）存货周转天数				
2. 存货内容		账面实际成本	可变现净值	可能发生的损失
（1）已知提取变现损失准备的存货 （2）可变现净值低于成本的其他存货 （3）待处理存货短缺及毁损				

7.87 材料库存日报表

材料库存日报表，如表 7-87 所示。

表 7-87　材料库存日报表

日期：　　　年　　月　　日

商品名称	规格	材料编号	单位	上月结存		本月进库		本月出库		本月结存		备注
				数量	金额	数量	金额	数量	金额	数量	金额	

仓库主管：　　　　　　　　　　　　　　　　　　　　制表：

7.88 成品库存日报表

成品库存日报表，如表 7-88 所示。

表 7-88　成品库存日报表

日期：　　　年　　月　　日

名称	批号	等级	规格	昨日结存		本日缴库		本日出库		本日退回		本日结存	
				数量	金额	数量	金额	数量	金额	数量	金额	数量	金额

库存主管：　　　　　　　　　　　　　　　　　　　　制表人：

7.89 材料库存月报表

材料库存月报表，如表 7-89 所示。

表 7-89 材料库存月报表

月份： 月 填写日期： 年 月 日

商品名称	规格	材料编号	单位	上月结存		本月进库		本月出库		本月结存		备注
				数量	金额	数量	金额	数量	金额	数量	金额	
仓储部经理			库存控制主管					经办人				

7.90 成品库存月报表

成品库存月报表，如表 7-90 所示。

表 7-90　成品库存月报表

商品名称	批号	等级	规格	上月结存		本月缴库		本月出库		本月退回		本月结存	
				数量	金额	数量	金额	数量	金额	数量	金额	数量	金额

仓储部经理：　　　　　　　　库存控制主管：　　　　　　　　经办人：

7.91 年度材料耗用预算表

年度材料耗用预算表，如表 7-91 所示。

表 7-91　年度材料耗用预算表

年度：

材料品名	1 月	2 月	3 月	4 月	5 月	6 月	7 月	8 月	9 月	10 月	11 月	12 月	合计

续表

材料品名	1 月	2 月	3 月	4 月	5 月	6 月	7 月	8 月	9 月	10 月	11 月	12 月	合计

说明：1. 依据年度销售计划（产品别）预算；
　　　2. 预算贵重材料耗用便于资金预算。

7.92 材料领用单

材料领用单，如表 7-92 所示。

表 7-92　材料领用单

成本负担部门：　　　　制造单号码：　　　　发料日期：　　　　领料单号码：

材料别	材料名称	规格	单位	领用量	实际投入量	结余量	说明

续表

材料别	材料名称	规格	单位	领用量	实际投入量	结余量	说明
用途说明							

7.93 材料欠拨单

材料欠拨单，如表 7-93 所示。

表 7-93　材料欠拨单

编号：　　　　　　　　　　　　　　　　　　　　　日期：　　年　月　日

领料单位		制造号码		
材料编号	名称规范	单位	欠拨数量	备注
欠拨原因： 主管：　　单位：　　采购单位：　　填表员：				

7.94 材料退料单

材料退料单，如表 7–94 所示。

表 7–94　材料退料单

年　　月　　日

品名	规格	材料编号	退回数量	单价	金额	原领料价格	该批实际材料价格
退料原因说明							

7.95 物品报废单

物品报废单，如表 7–95 所示。

表 7-95　物品报废单

□设备工具类□产品类□原材料类

日期：　　　年　　月　　日　　　　　　　　　　　　　　编号：

<table>
<tr><td colspan="3">报废物品名称</td><td>物品编号</td><td>报废数量</td><td>原用途或制造号码</td></tr>
<tr><td colspan="4">报废原因及状况</td><td>处置方式</td><td></td></tr>
<tr><td colspan="5">成本计算（限产品类物品报废时填）</td><td>评定价值</td></tr>
<tr><td>材料</td><td>人工</td><td>分摊费用</td><td>合计</td><td>单位成本</td><td>合计单价</td></tr>
<tr><td></td><td></td><td></td><td></td><td></td><td></td></tr>
<tr><td colspan="2">经理</td><td>入账</td><td>价值评定</td><td>审核</td><td>填表</td></tr>
<tr><td colspan="2"></td><td></td><td></td><td></td><td></td></tr>
</table>

7.96 物品转售申请单

物品转售申请单，如表 7-96 所示。

表 7-96　物品转售申请单

日期：

物品名称		数量		物品类别	产品	材料	呆料	废料	机具	用品	杂物
申请单位		转售原因									
转售物品明细	物品名称规格	数量	转售单价	总价	售予厂商						
	合计										
核准	总经理：	会计：	主管：	经办：							

7.97 消耗物品领料单

消耗物品领料单，如表 7-97 所示。

表 7-97　消耗物品领料单

领用单位：　　　　　　　　　　　　　　　　　　　日期：　　年　　月　　日

品名	规格	色纹材质	单位	数量		详细用途
				计划领用	实发	

仓库：　　　　　　　　　　　主管：　　　　　　　　　　　领料人：

7.98 原物料领用记录表

原物料领用记录表，如表 7-98 所示。

表 7-98　原物料领用记录表

日期	批号	料号	规格名称	领用单号码	上期结存	本期收入	本期发出	本期结存	说明

续表

日期	批号	料号	规格名称	领用单号码	上期结存	本期收入	本期发出	本期结存	说明

7.99 搬运费月报表

搬运费月报表，如表 7–99 所示。

表 7–99　搬运费月报表

编号：　　　　　　　　　　　　　　　　　　日期：　　年　　月　　日

部门	人事费	折旧费	材料费	修缮费	动力及燃料费	分摊费	其他	合计	每小时搬运费	每公斤搬运费	每台搬运费	摘要

主办：　　　　　　　　　　会计：　　　　　　　　　　制表（盖章）：

7.100 材料部月报表

材料部月报表，如表 7-100 所示。

表 7-100　材料部月报表

日期：　　　年　　月

区分	订购金额	已收金额	未收余额	出货实绩	库存（金额）				缺货（发生件数）			交期延迟		索赔退货		降低成本			
					标准品	计划品	库存基准	实绩	目标	实绩	评价	目标	实绩	现单价	降低单位	降低金额	备注		

资料处理	供应商工厂开拓、替换	改善事项	设备引进	出席状况			
				区分	出勤	缺勤	在职

7.101 材料收发月报表

材料收发月报表，如表 7-101 所示。

表 7-101 材料收发月报表

材料类别	原料		物料	呆料	废料	年 月 第 页 共 页						
材料编号	材料名称	规格	单位	上月结存		本月进库		本月领出		本月结存		备注

审核： 制表：

7.102 成品材料收发月报表

成品材料收发月报表，如表 7-102 所示。

表 7-102 成品材料收发月报表

材料编号	材料名称	制成品			单位	上月结存			本月收入	本月发出	本月结存
		合格品	滞存品	不良品		数量	单价	金额			

7.103 库存管理明细表

库存管理明细表，如表 7-103 所示。

表 7-103　库存管理明细表

订购									进货			出货				抵押		摘要
月　日	订单编号	订购数	交货日	交货数	检收日	合格数	不合格数	未交货余额	月日	订单号码	数量	月日	订单号码	数量	库存数	月日	余额	

7.104 库存金额统计表

库存金额统计表，如表 7-104 所示。

表 7-104　库存金额统计表

日期：　　　年　　月　　　　　　　　　　　　　　　　部门：

日期	订单销货			直接销货			出货			库存额	备注
	销货金额	销货退回	合计	总销货额	折扣	销货净额	销货成本	进货退回	合计		
上期转入											
1											
2											
3											
4											
5											
6											

续表

日期	订单销货			直接销货			出货			库存额	备注
	销货金额	销货退回	合计	总销货额	折扣	销货净额	销货成本	进货退回	合计		
7											
8											
9											
10											
11											
12											
13											
14											
15											
16											
17											
18											
19											
20											
21											
22											
23											
24											
25											
26											
27											
28											
29											
30											
31											
转入下期											

7.105 库存品记录表

库存品记录表，如表 7–105 所示。

表 7–105　库存品记录表

类别：　　　　　　　　　　　　　　　　　　　　　　　　日期：

品名规格	转入日期	转自批号	数量	处置方式	备注

厂长：　　　　　　　　　　主管：　　　　　　　　　　制表：

7.106 料品别收发存月报表

料品别收发存月报表，如表 7–106 所示。

表 7-106　料品别收发存月报表

年　　月

类别品名规格	期初结存			本期入库			本期出库			期初结存		
	单价	数量	金额	单价	数量	金额	单价	数量	金额	单价	数量	金额

批准:　　　　　　　　　　复核:　　　　　　　　　　制表:

7.107 物料盘点表

物料盘点表，如表 7-107 所示。

表 7-107 物料盘点表

编号：　　　　　　　　　　　　　　　　　　　　日期：

部门					盘点日期				
盘点卡号	料号	单位	实盘数量	账面数量	差异数量	单价	差异金额	差异原因	储放位置
合计									
批示					会计		复盘		盘点

7.108 材料、辅料盘点清册

材料、辅料盘点清册，如表 7-108 所示。

表 7-108 材料、辅料盘点清册

盘点卡号	料号	品名	规格	数量	单位	使用状况	备注

续表

盘点卡号	料号	品名	规格	数量	单位	使用状况	备注

主管：　　　　复盘：　　　　盘点人：

7.109 成品、在制品盘点清册

成品、在制品盘点清册，如表 7-109 所示。

表 7-109　成品、在制品盘点清册

盘点卡号	料号	品名	规格	数量	单位	使用状况	备注

主管：　　　　复盘：　　　　盘点：

7.110 存量管制卡

存量管制卡，如表 7-110 所示。

表 7-110 存量管制卡

卡号：

品名		料号		请购点		安全存量	
规格		存放	库号： 架位：	一次请购量		采购前置时间	

日期	凭证号码	摘要	入库		出库		结存数量	请（订）购量						
			收	欠收	发	欠发		订购量	订购单号	订购日	请求交货日	实际交货日	交货量	备注

7.111 库存盈亏明细表

库存盈亏明细表，如表 7-111 所示。

表 7-111 库存盈亏明细表

分类： 日期：

项次	品名	料号	单位	账面数量	盘点数量	差异	原因
1							
2							
3							
4							
5							
6							
7							
8							
9							
10							
11							

厂长： 主管： 制表：

7.112 物资报废表

物资报废表，如表 7-112 所示。

表 7-112　物资报废表

<table>
<tr><td rowspan="2">物资名称</td><td>物资种类</td><td>物资编号</td><td>报废数量</td><td colspan="2">原用途或制造编号</td></tr>
<tr><td>□设备工具类
□产品类
□原材料类
□行政物资类</td><td></td><td></td><td colspan="2"></td></tr>
<tr><td>报废原因</td><td colspan="2"></td><td>处理方式</td><td colspan="2"></td></tr>
<tr><td>成本计算</td><td colspan="2"></td><td>价值评定</td><td colspan="2"></td></tr>
<tr><td>材料</td><td></td><td>分摊费用</td><td></td><td>单位成本</td><td></td></tr>
<tr><td>人工</td><td></td><td>合计</td><td></td><td>合计单位</td><td></td></tr>
<tr><td>经理</td><td></td><td>价值评定</td><td></td><td>填表人</td><td></td></tr>
<tr><td>入账</td><td></td><td>填表日期</td><td></td><td>审核人</td><td></td></tr>
</table>

7.113 安全存量警示表

安全存量警示表，如表 7-113 所示。

表 7-113　安全存量警示表

品类						
材料编号	单位	品名规格	现有库存量	安全存量基准	差异数量	建议采购量

7.114 呆料处理月报表

呆料处理月报表，如表 7–114 所示。

表 7–114　呆料处理月报表

编号：　　　　　　　　　　　　　　　　　日期：　　　年　　月　　日

项次	物料名称	编号	材料类别	数量	原单价	原价值	处置方式	处置	
								费用	收入
主管			制表			日期			

7.115 废料处理月报表

废料处理月报表，如表 7–115 所示。

表 7–115　废料处理月报表

编号：　　　　　　　　　　　　　　　　　日期：　　　年　　月　　日

序号	物料名称	编号	材料类别	数量	原单价	原价值	处置	
							费用	收入

7.116 滞料处理记录表

滞料处理记录表，如表 7-116 所示。

表 7-116　滞料处理记录表

编号：　　　　　　　　　　　　　　　　　　　　　日期：　　年　　月　　日

物料名称		物料编号		数量	
处理方式	□废弃　□转用 □转售　□其他处理方式				
处理说明					
损失分析					

7.117 滞料处理汇报表

滞料处理汇报表，如表 7-117 所示。

表 7-117　滞料处理汇报表

编号：　　　　填表日期：　　年　　月　　日　　第　　页　共　　页

物料名称	上月结存	本月发生	本月处理情况明细												
			出售					报废					合计		
			账面	时价	售价	账面损益	售价时价差异	账面	时价	废料处理收入	账面损失	账面金额	账面	损益	本月结存

续表

物料名称	上月结存	本月发生	本月处理情况明细												
			出售					报废					合计		
			账面	时价	售价	账面损益	售价时价差异	账面	时价	废料处理收入	账面损失	账面金额	账面	损益	本月结存
滞料处理负责人							表格汇总人								

7.118 呆废料处理报告

呆废料处理报告，如表 7-118 所示。

表 7-118　呆废料处理报告

编号：　　　　　　　　　　　　　　　　　　　　日期：

项次	申请单号	品名	规格（料号）	单位	数量	拟处理			拟标售底价		备注
						移转别用	废弃	标售	单价	总价	
1											
2											
3											
4											
5											
6											
7											
8											

续表

项次	申请单号	品名	规格（料号）	单位	数量	拟处理			拟标售底价		备注
						移转别用	废弃	标售	单价	总价	
9											
10											
11											
12											
13											
14											
15											
16											

批准： 审核： 报告：

7.119 库存物资异动更正单

库存物资异动更正单，如表 7-119 所示。

表 7-119 库存物资异动更正单

物资编号		物资名称		物资类别			
单位		最低存量		请购点		采购期限	
请购量		最高存量					
备注							
审核人		填单人		填单日期			

7.120 领料单

领料单，如表 7-120 所示。

表 7-120　领料单

编号：　　　　　　　　　　　　　　　　领料人：

领用部门				材料用途			
领用日期				发料日期			
材料名称	编号	材料规格	单位	请领数量	实发数量	单价	备注
备注							
发料人签字				审核人			

7.121 领料表

领料表，如表 7-121 所示。

表 7-121 领料表

领料部门：　　　　　　　　　　　　　　　　编号：

生产通知单号：　　　　　　　　　　　　　　日期：　　年　　月　　日

领料用途															
材料编号	品名	规格	单位	请领数量	实发数量	单价	金额								
							佰	拾	万	仟	佰	拾	元	角	分
附件：　　张					合计										

主管：　　会计：　　记账：　　发料：　　领料：　　制单：

7.122 限额领料单

限额领料单，如表 7-122 所示。

表 7-122　限额领料单

领料部门：　　　　　　　　　　　　　　　　单号：

用途：　　　　　　　　　　　　　　　　　　发料仓库：

材料编号	材料名称规格	计量单位	计划产量	单位消耗定额	领用限额	实发																		
						数量	单价									金额								
							佰	拾	万	仟	佰	拾	元	角	分	佰	拾	万	仟	佰	拾	元	角	分

日期	领用			退料			限额结余数量
	数量	领料人	发料人	数量	退料人	收料人	

生产计划部门：　　　　　　　　　　供销部门：　　　　　　　　　　仓库：

7.123 定额领料单

定额领料单，如表 7-123 所示。

表 7-123　定额领料单

编号：

<table>
<tr><td colspan="2">领料单位</td><td colspan="3"></td><td>仓库</td><td colspan="3"></td></tr>
<tr><td colspan="2">日期</td><td colspan="3">年　月　日至　年　月　日</td><td>物料用途</td><td colspan="3"></td></tr>
<tr><td colspan="2">计划生产量</td><td colspan="3"></td><td>实际生产量</td><td colspan="3"></td></tr>
<tr><td rowspan="2">物料名称</td><td rowspan="2">物料编号</td><td rowspan="2">物料规格</td><td rowspan="2">单位</td><td rowspan="2">领用限额</td><td rowspan="2">调整后的领用限额</td><td colspan="3">实际耗用量</td></tr>
<tr><td>数量</td><td>单价</td><td>金额</td></tr>
<tr><td></td><td></td><td></td><td></td><td></td><td></td><td></td><td></td><td></td></tr>
<tr><td colspan="9">领料记录</td></tr>
<tr><td rowspan="2">领料日期</td><td rowspan="2">请领数量</td><td colspan="3">实际发放量</td><td colspan="3">退料数量</td><td rowspan="2">限额结余</td></tr>
<tr><td>数量</td><td>发料人</td><td>领料人</td><td>数量</td><td>发料人</td><td>领料人</td></tr>
<tr><td></td><td></td><td></td><td></td><td></td><td></td><td></td><td></td><td></td></tr>
<tr><td></td><td></td><td></td><td></td><td></td><td></td><td></td><td></td><td></td></tr>
<tr><td></td><td></td><td></td><td></td><td></td><td></td><td></td><td></td><td></td></tr>
<tr><td></td><td></td><td></td><td></td><td></td><td></td><td></td><td></td><td></td></tr>
<tr><td></td><td></td><td></td><td></td><td></td><td></td><td></td><td></td><td></td></tr>
<tr><td></td><td></td><td></td><td></td><td></td><td></td><td></td><td></td><td></td></tr>
<tr><td></td><td></td><td></td><td></td><td></td><td></td><td></td><td></td><td></td></tr>
<tr><td></td><td></td><td></td><td></td><td></td><td></td><td></td><td></td><td></td></tr>
<tr><td></td><td></td><td></td><td></td><td></td><td></td><td></td><td></td><td></td></tr>
<tr><td></td><td></td><td></td><td></td><td></td><td></td><td></td><td></td><td></td></tr>
<tr><td>生产部</td><td></td><td>采购部</td><td></td><td>仓储部</td><td></td><td>领料单位</td><td colspan="2"></td></tr>
</table>

7.124 领料月报表

领料月报表，如表 7-124 所示。

表 7–124　领料月报表

编号：　　　　　　　　　　　　　　　　日期：　　年　　月　　日

物料名称	物料规格	单位	前月结存量	本月领用量	本月耗用		本月结存量	备注
					耗用量	他用量		

经理		主管		经办		填表	

7.125 提货单

提货单，如表 7–125 所示。

表 7-125 提货单

日期：　　年　　月　　日

<table>
<tr><th>项目</th><th>产品</th><th>材料编号</th><th>品名</th><th>规格</th><th>单位</th><th>数量</th><th>说明</th></tr>
<tr><td></td><td></td><td></td><td></td><td></td><td></td><td></td><td rowspan="4">□销货
□样品
□检验
□其他</td></tr>
<tr><td></td><td></td><td></td><td></td><td></td><td></td><td></td></tr>
<tr><td></td><td></td><td></td><td></td><td></td><td></td><td></td></tr>
<tr><td></td><td></td><td></td><td></td><td></td><td></td><td></td></tr>
<tr><td colspan="2">厂长批示</td><td colspan="3">生产部经理</td><td>质量管理部</td><td>仓储部</td><td>提货人</td></tr>
<tr><td colspan="2"></td><td colspan="3"></td><td></td><td></td><td></td></tr>
</table>

7.126 成品出库单

成品出库单，如表 7-126 所示。

表 7-126 成品出库单

客户：　　　　　　　　　　　　　　　　日期：　　年　　月　　日

序号	箱（包）号	成品类别	出库日期	净重	备注
1					
2					
3					
4					
合计					

主管：

7.127 发货单

发货单，如表 7-127 所示。

表 7-127　发货单

客户名称：　　　　　　　　　　　　　　　　发货日期：

发货仓库：　　　　　　　　　　　　　　　　仓库地址：

<table>
<tr><th>货号</th><th>品名</th><th>规格</th><th>牌号</th><th>国别及产地</th><th>包装及件数</th><th>单位</th><th>数量</th><th>单价</th><th>总价</th><th>金额</th></tr>
<tr><td></td><td></td><td></td><td></td><td></td><td></td><td></td><td></td><td></td><td></td><td></td></tr>
<tr><td></td><td></td><td></td><td></td><td></td><td></td><td></td><td></td><td></td><td></td><td></td></tr>
<tr><td></td><td></td><td></td><td></td><td></td><td></td><td></td><td></td><td></td><td></td><td></td></tr>
<tr><td></td><td></td><td></td><td></td><td></td><td></td><td></td><td></td><td></td><td></td><td></td></tr>
<tr><td colspan="3" rowspan="2">危险品标识章</td><td>运费</td><td colspan="2"></td><td colspan="2">包装押金</td><td colspan="3"></td></tr>
<tr><td>金额</td><td colspan="7">（大写）佰 拾 万 仟 佰 拾 元 角 分（小写）¥：</td></tr>
</table>

审核：　　　　　　　　　　　　　　　　　　　　制单：

7.128 出库复核记录表

出库复核记录表，如表 7-128 所示。

表 7-128　出库复核记录表

编号：　　　　　　　　　　　　　　　　日期：　　年　　月　　日

<table>
<tr><th>序号</th><th>出库日期</th><th>货物名称</th><th>货物编号</th><th>货物规格</th><th>数量</th><th>批号</th><th>提货单位</th><th>发货人</th><th>质量情况</th></tr>
<tr><td>1</td><td></td><td></td><td></td><td></td><td></td><td></td><td></td><td></td><td></td></tr>
<tr><td>2</td><td></td><td></td><td></td><td></td><td></td><td></td><td></td><td></td><td></td></tr>
<tr><td>3</td><td></td><td></td><td></td><td></td><td></td><td></td><td></td><td></td><td></td></tr>
<tr><td>4</td><td></td><td></td><td></td><td></td><td></td><td></td><td></td><td></td><td></td></tr>
<tr><td colspan="2">审核人意见</td><td colspan="8"></td></tr>
</table>

7.129 出库变更表

出库变更表，如表 7-129 所示。

表 7-129　出库变更表

	2A 2B	国外购生产物料 国内购生产物料	编号：						
			日期：　　年　月　日						
	2C	杂项物料							
厂商序号	代号		厂商全名		说明				
	简称								
	品类代号	材料编号	品名规格	计量单位	出库数量	计价单位	验收合格量	原订购单编号	备注（扣款项）

7.130 送货单

送货单，如表 7-130 所示。

表 7-130　送货单

收货单位				送货单位			
送达地点				送货时间			
发运物品详细内容							
货物名称	型号	规格	单位	数量	单价	总额	备注

续表

有关说明：					
收货方验收情况	验收人员		收货方负责人签字	负责人	（公章）
	日期			日期	

说明：此送货单一式三联，第三联送财务办理结算用，第二联送仓储部提货用，第一联在货到目的地后用作签收，并由送货人员带回交给部门主管。

7.131 送货日报表

送货日报表，如表 7-131 所示。

表 7-131　送货日报表

送货者姓名：　　　　　　　　　　　　　　　　　填写日期：

项目	配送数量	交货金额	现收金额	配送总金额	现金		收款	收款率	出发时间	回公司时间	行程时间	出发前公里数	回公司公里数	行程公里数	耗油量
					现金	余账收款									
上午															
下午															
合计															
报告事项（客户反映）															
1. 对本公司的意见															
2. 物料方面															
3. 单价方面															
4. 对售货的要求															
5. 对售后方面的要求															
6. 其他															

7.132 送货统计表

送货统计表，如表 7-132 所示。

表 7-132　送货统计表

接单日期	制造单号	品名	规格	订货量	单价	金额	需求日期	物料供应状况			预定日期		品质记录	完工日期
											自	至		

7.133 交货日报表

交货日报表，如表 7-133 所示。

表 7-133　交货日报表

编号：　　　　　　　　　　　　　　　　　　　　　日期：　　年　月　日

编号	出货地点	货品样式	个数	件数	货品类别			数量	交货地点	备注
					大分类	中分类	小分类			

续表

编号	出货地点	货品样式	个数	件数	货品类别			数量	交货地点	备注
					大分类	中分类	小分类			

7.134 货物运达回报表

货物运达回报表，如表 7-134 所示。

表 7-134　货物运达回报表

贵公司委托　　　　　　单位所承运的货物已于　年　月　日运达　　。

提运凭证内所载各项货物如数予以查收，除运损情形详附记录外，特先回报运输配送部门查对。

提运凭证号码								
共　　　份								
主管：						收料人：		
货物运损记录								
凭证号码	货物名称	规格	单位	实提数量	实收数量	短少数量	运损情况	备注

注　本表由收货单位收货后填写，并加盖公章，交承运者收执。

7.135 运送货物作业日报表

运送货物作业日报表，如表 7-135 所示。

表 7-135　运送货物作业日报表

车牌号码：　　　　　　　　　　　　　　　　　　　　驾驶员：

编号	起运时间	起运地点	送达时间	送达地点	客户	品名	破损		
							品名	数量	原因
		昨日表数		今日表数		本日实量		备注	
行走里程									
汽油									
机油									

填报人：　　　　　　　　　　　　　　　　　　　　填报日期：

7.136 运输作业日报表

运输作业日报表，如表 7-136 所示。

表 7-136　运输作业日报表

日期：　　　年　　月　　日

编号	车牌号码	驾驶员	运输区间	单程距离	客户	品名	数量		摘要
							个数	重量	

续表

编号	车牌号码	驾驶员	运输区间	单程距离	客户	品名	数量		摘要
							个数	重量	

7.137 运输月报表

运输月报表，如表 7–137 所示。

表 7–137 运输月报表

日期： 年 月 日

输送类别	实际工作天数	实际工作时间数	输送来回次数	输送个数	输送重量	输送距离	移动率	单位作业量	摘要

7.138 驾驶员作业日报表

驾驶员作业日报表，如表 7-138 所示。

表 7-138　驾驶员作业日报表

管理者：　　　　　　　　　　　　　　　　　　　　　　　　年　　月　　日

一班次行驶				二班次行驶			
开始时间	目的地	终了时间	车辆编号	开始时间	目的地	终了时间	车辆编号
备注：							

7.139 运输车辆费用预算表

运输车辆费用预算表，如表 7-139 所示。

表 7-139　运输车辆费用预算表

单位：万元

车辆		货车	面包	货厢 5T	货厢 8T	总计
数量		10	4	2	2	18
保费	单价					
（年）	金额					
养路费	单价					
（年）	金额					
道桥费	单价					
（年）	金额					
油料	单价					
（年）	金额					
更换轮胎	单价					
（6 万 km ／车）	金额					
小修	单价					
（年）	金额					
运输管理费	单价					
（年）	金额					
大修	单价					
（年）	金额					
年审	单价					
（年）	金额					
合计						

7.140 车辆保养修理记录表

车辆保养修理记录表，如表 7-140 所示。

表 7-140　车辆保养修理记录表

年		项目	金额	保养前已行驶公里数	经手人签章	主管签章
月	日					

7.141 车辆维护记录表

车辆维护记录表，如表 7-141 所示。

表 7-141　车辆维护记录表

车型			牌照号码			驾驶员	
序号	日期	维修原因	维修项目	金额	工时	维修人	备注
1							
2							
3							
4							
5							
6							
7							

7.142 车辆费用报销单

车辆费用报销单，如表 7-142 所示。

表 7-142　车辆费用报销单

申请人		单位		车号	
报支期间				车型	
项目	张数	金额			
			单据粘贴处		
小计					

主管：　　　　　　　　领款人：　　　　　　　　填表日期：

7.143 车辆费用支出月报表

车辆费用支出月报表，如表 7-143 所示。

表 7-143　车辆费用支出月报表

税捐保险费		修理保养费		过桥费		汽油费		上月里程	
说明	金额	说明	金额	说明	金额	说明	金额	本月里程	
								行驶里程	
								本月总费用	
								每公里费用	
								每公里汽油费用	
合计		合计		合计		合计		备注	

	日期	金额	经手人	日期	金额	经手人	日期	金额	经手人	日期	金额	经手人
汽油费明细												

主管：　　　　　　　　　　　　　　填表：

7.144 车辆事故报告表

车辆事故报告表，如表 7-144 所示。

表 7-144　车辆事故报告表

日期：　　　　　　　　　　报告者：　　　　　　　　　　签章：

发生时间：　年　月　日上午 / 下午　时　分			
事故种类	1. 撞人事故（轻伤住院、重伤、病危死亡） 2. 车辆本身（颠覆冲撞、冲出路外、零件损坏、其他） 3. 车辆相撞（擦撞、追撞、冲撞、其他）		
发生地点			
事故原因 事故情况		现场概图	
共乘者		见证人	
当事人		对方	
姓名		姓名	
单位		单位	
本人地址		本人地址	
联络处		公司地址	
车种年份		车种年份	
车牌号码		车牌号码	
驾照号码		驾照号码	
保险公司		保险公司	
保险单号码		保险单号码	
损失额明细		损失额明细	
损失部分		损失部分	
备注		备注	

7.145 油料库存月报表

油料库存月报表，如表 7-145 所示。

表 7-145 油料库存月报表

项目	种类							
	汽油		柴油		机油		合计	
	公升	金额	公升	金额	公升	金额	公升	金额
上月购油								
本月购油								
本月发油								
本月结存								
备注								

7.146 配送效率调查表

配送效率调查表，如表 7-146 所示。

表 7-146 配送效率调查表

日期： 年 月 日

调查项目	进货	验货	保管	分拣	流通加工	分类	集货	装车
作业数量								
作业人员								
作业时间								
作业场所								
设备数量								

7.147 交通事故报告表

交通事故报告表，如表 7-147 所示。

表 7-147　交通事故报告表

年　　月　　日　　　　报告者　　　　　　　　　科签章

发生时间　　年　月　日上午　下午　时　分			
事故种类	1 人车相撞（轻伤住院、重伤、病危死亡） 2 车辆本身（颠覆冲撞、冲出路外、零件损坏、平交道、其他） 3 车辆相撞（擦撞、追撞、冲撞、其他）		
发生地点			
事故原因、事故情况、共乘者		现场概图、见证人	
当事人		对方	
姓名		姓名	男（女）岁
单位		公司名	
本人地址		本人地址	
联络处		公司地址	
车种年份		车种年份	
车牌号码		车牌号码	
驾照号码		驾照号码	
保险公司		保险公司	
保险单号码		保险单号码	
损失额明细		损失额明细	
备注：			

7.148 交通事故报告书

交通事故报告书，如表 7-148 所示。

表 7-148　交通事故报告书

姓名：　　　　　　　　　　　　　　　　　　　　　　　年　　月　　日

我方记入事项				对方记入事项			
驾驶人姓名		所属部门		姓名		年龄	岁
车型、车号			住址			电话	
发生年月日时				上班地点	（公司名称、地址、电话）		
事故确认者				事故发生地点			
事故概要				车型、车号			
损坏程度				损坏程度			
公司暂时负担金额				公司给对方的暂时负担金额			
保险理赔金额							
对方赔偿金额				本公司负担差额（相抵）			
本人负担金额				对方当事人负担金额			
和解内容							
备注：							

总经理：　　　　　　业务经理：　　　　　　经理：　　　　　　填表：

7.149 汽车驾驶日报表

汽车驾驶日报表，如表 7-149 所示。

表 7-149 汽车驾驶日报表

年　月　日

<table>
<tr><td colspan="2">车辆号码</td><td colspan="2"></td><td colspan="2">管理者姓名</td><td colspan="2"></td></tr>
<tr><td rowspan="5">检查事项</td><td colspan="2">o 方向盘</td><td>o 机油</td><td rowspan="5">仪表指示</td><td colspan="3" rowspan="5">出车房置程数
进车房置程数
本日里程数</td></tr>
<tr><td colspan="2">o 刹车</td><td>o 刹车油</td></tr>
<tr><td colspan="2">o 轮胎</td><td>o 离合器油</td></tr>
<tr><td colspan="2">o 离合器</td><td>o 散热器异状</td></tr>
<tr><td colspan="2">o 引擎</td><td>o 车灯</td></tr>
<tr><td>燃料购入</td><td>汽油（柴油）</td><td></td><td>机油</td><td></td><td>交付金额</td><td colspan="2">元</td></tr>
<tr><td colspan="3">出车时间</td><td colspan="2">驾驶员姓名</td><td colspan="3">目的地及其他</td></tr>
<tr><td colspan="3">:　～　:</td><td colspan="2"></td><td colspan="3"></td></tr>
<tr><td colspan="3">:　～　:</td><td colspan="2"></td><td colspan="3"></td></tr>
<tr><td colspan="3">:　～　:</td><td colspan="2"></td><td colspan="3"></td></tr>
<tr><td colspan="3">:　～　:</td><td colspan="2"></td><td colspan="3"></td></tr>
<tr><td colspan="3">:　～　:</td><td colspan="2"></td><td colspan="3"></td></tr>
<tr><td colspan="3">:　～　:</td><td colspan="2"></td><td colspan="3"></td></tr>
<tr><td colspan="3">:　～　:</td><td colspan="2"></td><td colspan="3"></td></tr>
<tr><td colspan="3">:　～　:</td><td colspan="2"></td><td colspan="3"></td></tr>
<tr><td colspan="3">:　～　:</td><td colspan="2"></td><td colspan="3"></td></tr>
<tr><td colspan="3">:　～　:</td><td colspan="2"></td><td colspan="3"></td></tr>
<tr><td colspan="3">:　～　:</td><td colspan="2"></td><td colspan="3"></td></tr>
<tr><td colspan="3">:　～　:</td><td colspan="2"></td><td colspan="3"></td></tr>
</table>

7.150 汽车行驶记录表

汽车行驶记录表，如表 7-150 所示。

表 7-150　汽车行驶记录表

年　月　日						本日行驶	
						昨日存油	
						本日领油	
						本日耗油	
						本口存油	
起止时间		起止地点		路码表指示		用车人签字	备考
起	止	起	止	起	止		

7.151 器具保管登记卡

器具保管登记卡，如表 7-151 所示。

表 7-151　器具保管登记卡

使用单位：　　　　　　　　　　　　使用人：　　　　　　　　姓名：

职务：　　　　　　　　　　　　　　建卡日期：　　　　年　　月　　日

保养日期	财产编号	品名	数量	单价	总价	使用人签认	移交人	备注